风起云飞扬

钱乘旦讲大国崛起

钱乘旦 著

Professor Qian's
Lectures on the Rise and Fall
of the World Powers

北京大学出版社
PEKING UNIVERSITY PRESS

图书在版编目(CIP)数据

风起云飞扬：钱乘旦讲大国崛起 / 钱乘旦著. 北京：北京大学出版社，2024. 10. --
ISBN 978-7-301-35444-5

Ⅰ. K109

中国国家版本馆CIP数据核字第2024QA2108号

本书所插地图由中国地图出版社授权使用，审图号：GS（2024）2673号

书　　名	风起云飞扬：钱乘旦讲大国崛起 FENGQI YUN FEIYANG: QIAN CHENGDAN JIANG DAGUO JUEQI
著作责任者	钱乘旦 著
责任编辑	张文华
特约编辑	于铁红
标准书号	ISBN 978-7-301-35444-5
出版发行	北京大学出版社
地　　址	北京市海淀区成府路205号　100871
网　　址	http://www.pup.cn　　　新浪微博：@北京大学出版社　@阅读培文
电子邮箱	编辑部 pkupw@pup.cn　　总编室 zpup@pup.cn
电　　话	邮购部 010-62752015　发行部 010-62750672　编辑部 010-62750883
印　刷　者	天津联城印刷有限公司
经　销　者	新华书店
	710毫米×1000毫米　16开本　25.25印张　230千字 2024年10月第1版　2025年1月第2次印刷
定　　价	98.00元

未经许可，不得以任何方式复制或抄袭本书之部分或全部内容。
版权所有，侵权必究
举报电话: 010-62752024　电子邮箱: fd@pup.cn
图书如有印装质量问题，请与出版部联系，电话：010-62756370

目 录

引 子 ... v

第一讲　总论：什么是世界大国 ... 003

什么是世界大国 ... 004
世界大国的共同特征 ... 011

第一篇　重商主义大国

第二讲　葡萄牙、西班牙："世界"的发现者 ... 019

地理大发现 ... 020
对世界的影响 ... 034
为什么是葡萄牙、西班牙 ... 042

第三讲　荷兰：重商主义的高峰 ... 057

低地之国 ... 058
民族独立 ... 060
商业霸权 ... 063
"荷兰的世纪" ... 068

第二篇　早期工业化大国

第四讲　英国（上）：统一国家的形成 ...079

文明边缘的海岛 ...080
中世纪的遗产 ...085
民族国家的起点 ...092

第五讲　英国（下）：第一个工业化国家 ...099

寻找新的政治制度 ...100
引领工业化发展方向 ...112
为什么是英国，及英国的失误 ...120

第六讲　法国（上）：艰难的立国之路 ...129

从"高卢"到法国 ...130
混沌的中世纪 ...135
由战乱到稳定 ...138
专制主义典范 ...147

第七讲　法国（下）：革命改造世界 ...155

专制主义的危机 ...156
革命的逻辑 ...159
战争与革命 ...169
革命的惯性与终结 ...175

第三篇　资本主义强权大国

第八讲　德国（上）：破碎的德意志 ... 191

日耳曼，德意志，"德国" ... 192
从强大皇权到皇权虚悬 ... 195
分裂，分裂，更分裂 ... 199

第九讲　德国（下）：赶超现代化 ... 213

奥地利的盛衰 ... 214
普鲁士的突起 ... 219
德国统一与崛起 ... 225

第十讲　日本：东亚帝国梦 ... 241

"拿来主义"与"屏蔽效应" ... 242
"公武并立"与幕府政治 ... 247
明治维新与军国主义形成 ... 250
帝国梦的破灭 ... 259

第四篇　20世纪超级大国

第十一讲　苏联（上）：俄罗斯的前世今生 ... 269

俄罗斯国家的形成 ... 270

俄罗斯帝国的崛起 ... 274
向现代世界靠拢 ... 288
西方还是东方？ ... 292

第十二讲　苏联（下）：社会主义世界大国 ... 299

战争、改革与革命 ... 300
社会主义国家道路 ... 306
社会主义经济建设 ... 314
苏联解体及其后 ... 322

第十三讲　美国（上）：从美国到美帝国 ... 329

美国特殊论：虚构的理论 ... 330
美国独立：国家的出现 ... 336
美国发展：强国的形成 ... 345
美国扩张：帝国的道路 ... 352

第十四讲　美国（下）：当代资本主义集大成 ... 363

政治制度演变 ... 364
经济体制转型 ... 369
美国的现在和未来 ... 380

结语：世界新变局 ... 389
后　记 ... 393

引 子

大风起兮云飞扬

威加海内兮归故乡

安得猛士兮守四方

——刘邦《大风歌》

公元前202年，刘邦建立汉帝国

此后两千余年

中国雄踞东亚大地

哺育和创造中华文明

…… ……

斗转星移，天地轮回

浮云世事，过眼烟灰

五百年前西风起

方始见

大国起落兴与衰

…… ……

"世界大国"一定是在世界整体变化的过程中发挥关键作用的国家。换言之，它们改变世界。一个国家一旦发挥这种作用，这个国家就成为世界大国；改变世界是"世界大国"最基本的特征，而这些大国的兴与衰、崛起与没落，就标志着时代的变迁。

第一讲

总 论
什么是世界大国

◎ 什么是世界大国
◎ 世界大国的共同特征

"大国崛起"这个话题一段时间颇受关注，不仅因为大国塑造了历史的走向，而且因为中国的发展引起全世界的注意，"大国"这个问题被抬上桌面。本课程把近代以来世界上出现过的九个"大国"向大家做简单介绍：介绍它们的成长、它们的发展以及衰落。尽管到目前为止可以称得上"世界大国"的国家很少，但是一个学期的时间、每星期两节课讲那么多内容，时间还是不够，所以只能简单介绍。

讲大国崛起不仅要讲基本故事，讲一些人和事情；更要把大国问题、大国兴衰的机制讲清楚，寻找普遍"规律"，看看有没有共性。"共性"这个词比"规律"好，因为它不带有先定论的意向。

通过讲课，希望大家能够明白：所谓"世界大国"是什么？这个现象何以出现？在每一个历史阶段"世界大国"的特征是什么？为什么一些国家崛起，另一些国家衰落？大国兴衰的内在动力是什么？作为历史课，历史的过程是必须交代的，不交代就不能算是历史课；但这门课不仅要讲过程，还要讲道理、讲思想，不讲思想仍然不是历史课。历史本身就有思想，也有道理；学历史不仅要了解历史的过程，更要学会历史的道理。大国兴衰有其内在的机制，如果大家能够理解这些机制，这门课就算成功了。

一 什么是世界大国

本课程名为"大国崛起"，首先就要给"大国"下一个定义。在给出定义之前有一个问题需要说明：我们说的"大国"不是笼而统之的大国，而是"世界大国"；"世界大国"不意味着国土大、人口多、资源丰富等等，不意味着人们一般理解中所谓"大"的国家。"大"在中文语境中有好几种意思：第一是体量大，比如大树、大楼、大海等等；第二是伟大的"大"，比如康熙大帝、彼得大帝、大人物、大发明家等等；第三是"强大"之大，"世界大国"的"大"指的是"强大的国家"，英文表述是"great powers"，指其力量大。"世界大国"即指强国，不是笼而统之的"大"国家。

进而，"世界大国"并非历史上从来都有，它是很晚才出现的现象。人们会说，历史上从来就不乏"强大的"国家，像罗马这样的国家显然很强大，阿拉伯帝国和波斯帝国也曾经很强大，亚洲东部的中华帝国延绵两千多年，地域辽阔，物产丰富，当然很强大。此外，中东出现过奥斯曼帝国，东欧出现过拜占庭帝国，印度次大陆也有过莫卧儿王朝，更早还有孔雀王朝，它们一度都很强大。确实，那些都是曾经的大国，但不是"世界大国"，因为当那些"大国"存在的时候，"世界"尚待形成。

这不是说，当那些大国存在的时候，地球不存在；而是说，当那些国家存在的时候，作为人类共同活动的舞台的"世界"不存在。地球和世界不是同一个概念，地球是一个星球，世界是人类世界；当人类还没有成为同一体的时候，世界就没有形成。也许有人说，人类在几百万年前就形成了，人类文明至少也有5000年历史，人类都生存在地球上，世界是不是很早就出现了？答案是否定的。原因是人们不知道世界的存在，不知道在这个星球上有一个人类命运共同体，甚至不知道我们生存在同一个"地球"上，彼此之间不通往来。古代中国人知道有"天下"，而不知有"世界"；古代希腊罗马人有"世界"的观念，但他们的"世界"只是地中海世界，而不是全世界。居住在世界其他地方的人大体上也是这样，他们的知识范围局限在很小一个地理区域内，而不知其外还有"世界"。

造成这种情况的原因，是人类在很长时间中，各地区文明是分开隔离的，各自发展，彼此之间联系很少，相互不了解，甚至不知道对方的存在。只举一个例子：在汉帝国存在的时候，西方有一个罗马国家，两地文明都已经发展到很高的程度了，一个在东亚，一个在地中海地区，但两种文明相互隔绝，彼此几乎不知道对方。中国人对罗马国家有一点点印象，知道在很远、很远的西方有一个国家叫大秦，大秦就是指罗马国家。班超出使西域，派了手下人去寻找大秦，但没有成功；罗马则有杂耍艺人到过长安，中国的史书上有过记载。这些就是我们今天知道的汉帝国和罗马国家之间交往的故事。可见，两大文明在很长时间里是相互隔绝的，彼此只有一点点知晓。西方的基督教很早就传入中国，不过那是聂斯脱利派，属于基督教一个边缘的东方教派，中国人称之为"景教"。西方对中国的了解更是十分模糊，只知道在遥远的东方有一个极富裕的国度，盛产各种珍贵物品，至于更多的情况，则近乎神话了。

中国和印度之间的交往稍微多一点，大家都知道《西游记》里的"唐僧取经"，以及真正的"唐僧"玄奘西行印度的故事。即便如此，两种文明间的交流和了解仍然很少。佛教从印度传到中国，成为古代中国人的主要信仰之一，以至如来、观音这些佛教形象在中国家喻户

新疆高昌古城景教寺院壁画，约9—10世纪

第一讲 ｜ 总论：什么是世界大国 ｜ 005

玄奘西行图

晓；但中国人对印度社会却几乎一无所知，对那里的人民则知之更少。印度对中国的了解同样如此，两种文明之间隔了一道喜马拉雅山，真所谓近如比邻、远及天涯。

中国与中东之间有比较多的接触，有过战争（如怛罗斯之战），但更多的是通商。波斯商人和阿拉伯商人很早就从中国购买商品，运往西方，也会把中东的物产送到中国，如波斯的马、阿拉伯的珠宝等等。伊斯兰教在中国西部传播甚广，中国的文化也由各种途径为中东地区有所了解；此外，关于中国的传说，大体上也是通过中东流向西欧的。尽管如此，中国和中东之间的相互接触仍旧不多，主要的通道是经商通道，陆上经由"西域"（即中亚），海上经由"南洋"（即南中国海）。这些商业活动夹带着关于双方的各种传闻，其中大部分是道听途说，加一些添油加醋的想象，还有无中生有的八卦。明清中国出现过一批关于海外逸事的笔记、小说，如《三宝太监西洋记》《镜花缘》等，其素材常取自这些传闻。

相比之下，欧洲与中东之间的交往就相当频繁，双方地理相接，自古就往来不绝。古代希腊人、罗马人都曾占领过中东地区，他们在中东留下的遗产至今仍在发挥作用。中世纪时西欧处于弱势，古希腊、古罗马创造的文化成就有许多是在中东地区保留下来的；如果没有这些保留，就不会有后来的文艺复兴。欧洲与中东在历史上发生过许多战争，中世纪有欧洲

萨珊波斯银币曾在丝绸之路上广泛流通

人的十字军东征,稍晚出现的情况则是伊斯兰教向基督教地区的渗透和入侵,奥斯曼甚至消灭了拜占庭帝国,将原本属于基督教的地区改变为伊斯兰地区。这两种文明在历史上的互动是各文明间最频繁、最直接的,可谓既对抗又合作。

大约公元1500年资本主义在欧洲出现时,世界上存在着四大文明地区,可称为四大文明圈。每一个文明圈都有其发展的轨迹,也有其核心价值体系。最东面是东亚文明圈,这是个巨大的文明圈,不仅包括中国,也包括亚洲东部许多地方,受中华文化影响很大,其核心价值体系是儒学。往西、偏南是南亚文明圈,存在于印度次大陆,它的标志是婆罗门教-印度教,以及受前者影响产生的佛教。东亚文明圈和南亚文明圈之间有一个过渡地带,一度被称为"印度支那",意指处于印度和中国之间的地带。今天人们不说那个地方叫"印度支那",今天人们称之为"东南亚",但从字面上看,它仍然在东亚和南亚之间。这个地方兼具东亚和南亚两种文明的特征,是交混的,直到今天仍然如此。

再往西就进入一个庞大的文明圈,它的特点非常显著,就是伊斯兰文

1453年奥斯曼军队攻占君士坦丁堡，拜占庭帝国灭亡

化。伊斯兰教在公元7世纪形成，它的出现将中东这个地区许多古老的文明整合为一。现在学术界公认，人类最早的文明是在中东地区出现的，许多古代文明都在这个地区发源，包括两河文明、尼罗河文明、古波斯文明、赫梯文明、犹太文明甚至早期基督教等等，都产生在这个地区；但一直到伊斯兰教创建之后，才形成共同的文明特征和价值取向，形成了我们今天熟悉的西亚北非文明圈。

最西面的文明圈是欧洲文明圈，它的价值观体系是基督教。但基督教又一分为二，分为东部和西部。东部以东正教为特征，西部是天主教。宗教改革以后从天主教中分裂出新教。新教有许多派别，但从文明圈角度看，它属于欧洲西部亚文明圈，和欧洲东部亚文明圈在价值取向和思想观念方面有明显的差异，这也为以后不同的历史发展道路预设了前提。有趣的是，古罗马历史上曾经把罗马帝国分为两个管辖区，分别由两组行政机构管辖，而东、西罗马之间的界线，与后来东欧、西欧的地理分界线大体重合。

东亚文明圈和南亚文明圈之间有一个过渡区，即东南亚，刚才已经说过了。南亚文明圈和西亚北非文明圈之间也有过渡区，在今天阿富汗和伊朗东部一带。阿富汗曾经是佛教区，留下很多佛教遗址，但后来这个地区被伊斯兰化了，整个中亚都是这样。在今天的印度和巴基斯坦这两个国家，既有穆斯林，也有印度教徒，这就是交叉带，历史上有过很多变化。

伊斯兰文明圈和基督教文明圈之间也有交叉带，最典型的是巴尔干半岛，两种宗教在这个地方犬牙交错，情况非常复杂。历史上这里经常打仗，第一次世界大战就是在这里被点燃的。最近一次是科索沃战争，战争导火线是不同宗教背景的族群之间的冲突；而美国利用矛盾谋取地缘政治利益，对南联盟进行了数十天的狂轰滥炸，延续了基督教和伊斯兰教之间一千多年的冲突。当时就有人说，这是新的十字军东征。东亚文明圈和伊斯兰文明圈之间也有交叉带，那就是古代中国人所说的"西域"，今天所谓的"中亚"。那里的居民有些比较像蒙古人，另一些更像雅利安人；文化上也是这样，丝绸之路遗留的古迹，有些来自东方，有些来自西方。怛罗斯之战是古代著名的战役，战后基本上确定了东亚文明和伊斯兰文明之间的界线。

除了这四大文明圈，地球上其他地方很少有文明存在。中美洲、南美洲曾经有过正在生长的文明，包括玛雅、阿兹特克和印加，长期处在成长的过程中，没有完全成熟。非洲西部也曾出现过正在生长的文明，以加纳、马里、桑海等古国为代表。这些地区的古代文明后来都被西方殖民者摧毁了。除此以外，在地球其他广大地区，如亚欧大陆北端、非洲撒哈拉以南、北美洲全部、大洋洲全部等等，直到资本主义产生时大体上不存在文明。

各文明之间是隔绝的，彼此联系非常少，地理障碍通常是主要因素。比如中国和印度之间有喜马拉雅山，中国和东南亚之间有热带雨林、"瘴气"弥漫；欧洲和中东被海洋分割，中亚则是大片沙漠和戈壁滩。美洲与亚欧大陆相隔大西洋，人们并不知道美洲的存在；大洋洲情况更是如此，它在我们这个地球上，其实就是漂浮于大洋中的一个孤岛。人们当时的技术水平很难克服这些地理障碍，因此地区与地区之间的隔离、文明与文明之间的隔离是正常的事，几千年都是这样。

然而，15世纪以后情况发生变化，地理障碍逐渐消除，隔绝的状态慢慢改变，不同地区和不同文明之间的人开始有所了解，来往也多了。人们渐渐意识到，人类有一个"世界"，世界逐渐形成。从那以后，地区和地区之间的联系越来越广泛，越来越频繁，直到今天成为"地球村"。如今，世界上任何地方发生的事，哪怕是一件很小的事，都可以被轻而易举地记录下来，然后传向全世界。这样一个"世界"是很晚才出现的，从15世纪开始算起，到现在也只是600年左右。

所以，在"世界"尚未出现之前怎么会有"世界大国"？"世界大国"是一个特定概念，并非一般的"大国"。前面提到的那些地方，罗马帝国、中华帝国、奥斯曼帝国、阿拉伯帝国诸如此类，虽然是"大国"，却不是"世界大国"；因为它们不可能发挥世界性作用，无论它们的影响有多大，都不可能影响全世界。但是从15世纪开始，能够影响整个世界的国家出现了，这些才是"世界大国"。世界大国是一个很晚才出现的新现象，我们讨论的世界大国就是指这些国家，大国兴衰问题也只能从那个时候开始，从"世界大国"出现的时候开始。

于是，"世界大国"的定义就很明确了，它指的是：

> 从资本主义世界体系开始形成起，对世界的整体发展和格局变化产生重大影响的国家。

定义中有两个关键词，第一个关键词是"世界体系"。世界体系在资本主义出现之前不存在，如上文所说，各种文明在几千年间相互隔离，彼此联系很少。然而从15世纪开始世界逐渐连为一体，形成同一个体系，即世界体系。世界体系是资本主义的产物，也是资本主义的属性，到20世纪才有所变化。世界体系的出现引导出"世界大国"的出现，每一个时代都会产生它那个时代的"世界大国"；而任何一个时代的"世界大国"都和那个时代的世界体系相关，体现着那个时代的特征。

第二个关键词是"重大影响",这是"世界大国"定义中的核心要义。如果说第一个关键词是交代时间和空间,那么第二个关键词则是交代本质——"世界大国"一定是在世界整体变化的过程中发挥关键作用的国家。换言之,它们改变世界。一个国家一旦发挥这种作用,这个国家就成为世界大国;改变世界是"世界大国"最基本的特征,而这些大国的兴与衰、崛起与没落,就标志着时代的变迁。用这个标准衡量,世界上有九个国家曾经是或现在是世界大国,它们是:

葡萄牙,西班牙,荷兰;英国,法国;德国,日本;苏联;美国

请注意标点符号,每个分号代表一个时代,这些国家分别体现着不同时代的特征。

九个国家处于不同的时代,却又有共同的特征,概括起来有四点:

— 世界大国的共同特征 —

第一,有强劲的经济基础和综合实力,这个特点很容易理解。用通俗的话表达,就是任何世界大国,其经济力量在那个时代处于领先,有雄厚的经济基础,可以支撑强大的综合国力。这是从经济角度对世界大国进行观察。改革开放后,中国人对这个问题形成了深刻的认识,因此不需要多讲。

第二,有整合的国家制度与社会结构,对这个特点需要做一些解释。制度和结构是人类社会的基本特点,哪怕在原始社会,也有制度,也有结构。人是社会动物,没有制度是不可能的,有社会就一定有制度,当然也有结构。事实上不仅人有制度和结构,某些动物也有制度和结构,人们对动物的研究证明了这一点。这里需要指出的是,对世界大国而言,它的制度和结构是整合的;整合的意思是说,无论有多少制度,无论是什么结构,它们相互不抵触、不冲突,不会南辕北辙,不会各走东西。一个国家如果制度不配套、结构不整合,就不可能成为世界大国。假定一个部门制定这种政策,另一个部门制定那种政策,不同的政策相互抵触,国家的力

| 第一讲 | 总论:什么是世界大国 | 011

19世纪20年代初期,英国达勒姆郡赫顿煤矿早期的蒸汽火车

量就被瓦解了,让人们无所适从。世界大国需要有国家力量的支撑,制度混乱和结构无序的国家做不到这一点。

  需要说明的是:在制度和结构方面我们强调"整合",而不是"好"和"坏",这里没有价值判断,没有"先进"与"落后"之分、"正确"与"错误"之分、"优越"与"低劣"之分,这些都属于主观判断,并不是客观存在。人们很容易认为定性判断是客观标准,一谈到制度与结构,就有"好"和"坏"之分,"卓"和"劣"之分;尤其在谈论"世界大国"的时候,"好"和"坏"就更加重要——没有"好"制度,怎么能成为"世界大国"呢?于是"世界大国"就和"好"联系起来了,进而"世界大国"就成了"好"的相关词;一旦成为"世界大国",它就是一个"好"国家,它的一切都是"好"。这是人们在谈论"世界大国"时很容易形成的一个误区——把"世界大国"理解为"好"。从这种理解出发,一个时代的"世界大国"就是那个时代的"好"了,这就很容易弄懂为什么很多人把某个时代的霸权国家视为道德楷模和行为标准，认定其一举一动都是"好"，毋庸置疑。然而"好"和"坏"确实只是主观判断，人们随时随地都在做"好""坏"的判断。比如哪一种苹果"好"，哪一种苹果"不好"；哪一座楼房"好"，哪一座楼房"不好"；等等。但所有的判断都是因人而异、因时而异的，一些人说"好"，不意味着所有人都说"好"或永远"好"；一些人说"不好"，也不意味着所有人都认为"不好"或永远"不好"。制度和结构也是这样，没有哪一种制度是一向"好"或永远"好"的，也没有哪一种结构是从来合理或永远正确的。对"世界大国"来说，它们的制度在某一时期很有道理，适合那个时代的需要；但过了那个时代，"好"的就"不好"了，"先进"成为"落后"，"进步"变成了"退步"，人们的认识会发生变化，判断的标准也跟着变化。因此，对制度和结构的判断只能是符合或不符合时代要求，符合就可以存在，不符合就不应该存在。历史的逻辑就在于此，一切都在变，而且永远都在变。

第三，具有吸引力的文化与精神特点，这是一种软实力。前面两个特点基本上属于硬实力，包括制度和结构，它们仍属于硬实力范畴。尽管制度是看不见的，结构是摸不着的，但人们随时随地都能感觉到，不可能绕开；如果要硬碰，一定碰得头破血流。但文化和精神是一种软实力，其特点是"具有吸引力"，判断标准同样不是"好"和"坏"，同样不是"先进"或"优秀"。"优秀"的文化未见得吸引人，所谓"阳春白雪，和者必寡"。试问：现在西方国家有多少人愿意坐在歌剧院欣赏多明戈的男高音呢？相反，大量年轻人喜欢在酒吧间乱喊狂吼，追捧有刺激性的流行音乐。从艺术角度看，孰"好"孰"不好"是很清楚的；但"好"的没有吸引力，有吸引力的很难称得上"好"。"世界大国"在文化和精神上的特点不是它的文化或精神"好"，而是有吸引力。"有吸引力"指的是许多人追捧、许多人模仿，无数人追风赶潮流，其艺术水平并不重要。品位在这里不起作用，高尚在这里并无所谓，"世界大国"用自己的精神影响力吸引他人，并不因为它"好"，而因为它的影响力。美国是这方面的典型，美国文化几乎毁坏了欧洲优秀的文化传统，然而却风靡全球，因为它有影响力。

第四，要有能够在全球施加国际战略影响的能力，这也是一种软实力。世界上有许多国家，其中一些有很大的影响力，另一些则完全没有影响力。在所有国家中，"世界大国"一定具有最大的影响力，它利用这种影响力执行它的战略布局，追求它的国家利益。影响力既来自硬实力，也来自软实力，而一旦影响力形成了，就能在很多方面补充和替代硬实力。外交通常是"世界大国"实施其国际战略影响力的手段。外交看似柔软，实则体现着这个国家的整体实力；外交后面是强大的国家力量，外交一旦失败，经常紧跟着发生战争。正因为如此，施加国际战略影响的能力是"世界大国"的特征之一，最能施加这种影响的国家，是最强大的国家。

"世界大国"普遍具有以上特点，尽管在某些情况下，某个大国不同时具备所有这些特点；但总体而言，这些特点是世界大国的共同特征，一旦某个国家表现出这些特点，它的大国地位就明确了。本课程以下的讲述将分头介绍迄今为止存在过的九个"世界大国"的情况，了解它们的兴衰过程。读者在听讲时可以不断回顾这些特点，以弄懂它们的大国地位，即为什么说它们是"世界大国"。必须再次强调：大国只意味着强国，不意味着它们在道德上崇高、文化上优秀、举止上为人师表，或具有任何"好"品质；"世界大国"在许多方面并不优秀，经常给世界留下痛苦的记忆。我们不能把"世界大国"等同为"好"国家，或"优秀"国家；它们能成为"世界大国"自然有其道理，但不是"好"。本课程就试图讲清楚这些道理，以便解释一个时代如何造就一个大国，以及一个大国如何引领一个时代。我们从时代变迁与大国兴衰的关系角度切入，把握时代脉络，理解历史风云。

第一篇

重商主义大国

葡萄牙和西班牙的活动改变了历史发展的方向，成为后来一批欧洲国家追随的楷模。它们的榜样可以概括为：政治上摆脱封建分裂状态，建立统一的民族国家；经济上以重商主义为指导，在世界范围内寻求财富。这就是重商主义时代世界大国的标志。

第二讲

葡萄牙、西班牙

"世界"的发现者

◎ 地理大发现

◎ 对世界的影响

◎ 为什么是葡萄牙、西班牙

重商主义时期的世界大国是葡萄牙、西班牙、荷兰,这三个国家还分处两个阶段,葡萄牙、西班牙属于重商主义早期,荷兰属于重商主义晚期。葡萄牙和西班牙是最早出现的"世界大国","世界"由它们而出现。但人们今天对这两个国家已经印象不深了,多数人不知道最早的世界大国是这两个国家,它们已经被忘记了。

葡萄牙和西班牙地处欧洲西南角的伊比利亚半岛上,是两个毗邻的国家。欧洲在亚欧大陆上就像是一个插入大海的半岛,而伊比利亚半岛则是那个半岛上的小半岛,这个半岛被海水环绕,只有东北角和欧洲大陆相连,连接之处是比利牛斯山脉。伊比利亚半岛是个美丽的地方,它风景旖旎,有山有水，气候温和湿润，在大西洋环流的保护下，冬天不冷，夏天不热，非常适合于人类居住，所以很早就有人类在此活动。

就国土面积而言，葡萄牙只有9万多平方千米，比我国的浙江省还要小。1500年前后葡萄牙人口不到200万；而现在的中国，人口200万以上的城市多的是。葡萄牙的资源很少，葡萄酒是它主要的出口产品。可以说这个国家既是小国又是寡民，而且资源不丰富。但恰恰是这个国家成为第一个"世界大国"，很难让人置信。葡萄牙的邻国西班牙面积大约50万平方千米，在欧洲算是比较大了；1500年前后西班牙人口大约700万，在当时的欧洲也算不少。不过总体而言，放在世界范围内进行比较，西班牙仍旧是个"小国"。16世纪世界上有很多国家都比它大：人口比它多，面积比它广，资源比它丰富。在这些方面葡萄牙和西班牙都望尘莫及。于是问题来了：葡萄牙和西班牙这两个小国为什么被认为是最早的"世界大国"？原因在于：这两个国家发现了"世界"，它们的活动把分散在各地的国家和地区连接在一起，"世界"由此而形成，资本主义世界体系因此而出现了。我们现在这个"世界"就是从那个时候开始的，其深刻影响一直延续到今日。于是，让我们回顾"世界大国"的定义，它是指：

从资本主义世界体系开始形成起，对世界的整体发展和格局变化产生重大影响的国家。

— 地理大发现 —

葡萄牙和西班牙正是这样两个国家，它们是"世界"的发现者。

"地理大发现"这个概念大家都熟悉，中学历史书上有，一般的历史知识都会提到这个概念。地理大发现之前，人类的地理知识非常贫乏，人们只知道自己生活的这个地区，超出这个地区的情况就只有道听途说了。美洲、大洋洲、撒哈拉以南的非洲都是人们不知道的，人们所说的"文明"地区只包括亚欧大陆南部和非洲北部沿地中海长长的一条。

地理大发现改变了这种情况。人们"发现"了美洲、大洋洲和撒哈拉以南的非洲，找到了从非洲西海岸绕过好望角到达亚洲东部的海上通道，并且最终弄明白大地是一个"球"，而不是一块板；也弄清楚从地球任何一个地方向同一个方向永远走下去，一定会回到原点。古希腊时期曾有人猜到这种情况，说大地是一个球；但那只是天才的猜想，还无法证明。基督教兴起后大地被认为是一块板，那以后人们就不再说什么了，因为那是上帝的教导。

文艺复兴以后情况逐渐发生变化，人们的认识也逐渐摆脱神学的束缚，许多现象让人们感觉大地是一个球，而不是一块板。最能说明问题的现象是航海水手们都熟悉的：如果在大海中航行，远方出现一条船，你最先看到它的哪个部分，是桅杆还是船身？水手们都知道是桅杆，然后才看到船身和船舷。这个现象说明：你和那条船之间有一条弧线而不是直线；如果是直线，你应该一眼就看到那条船的全部。可是，如果在大地任何两点之间的连线都是弧线，那么所有弧线连在一起就是一个球面。由此可知大地是一个球，而不是一块板。文艺复兴时期，人们提倡用自己的头脑思考问题，而不是盲从《圣经》的说法。这就为地理大发现准备了思想基础，"世界"的发现也就有可能。

发现"世界"的是两个国家——葡萄牙和西班牙，它们靠大航海发现了"世界"。15世纪初葡萄牙人进入海洋，开始了为时近一个世纪的海上探险活动。第22页这幅地图是地理大发现的示意图，地图中红色线条是葡萄牙人活动的轨迹，尽管线条不少，但箭头所指方向却是一致的：都指向东方。说明葡萄牙人出海航行，目的地是东方。前面说过，伊比利亚半岛被海水包围，海洋是半岛人熟悉的领域，葡萄牙人很早就在海洋上活动，他们中有许多优秀的水手。但组织葡萄牙人远洋航行的是一位名叫亨利的王子，人称"航海家亨利"，是他创办了一所水手学校，培养出当时欧洲最出色的远洋航海家。这些人在亨利的指挥下一批又一批驶向海洋，许多人永远消失了，再也不回来。另外一些人返回葡萄牙，带回来关于非洲西海岸的各种知识，包括水文、风向、洋流、港湾等等。亨利去世后，他的侄

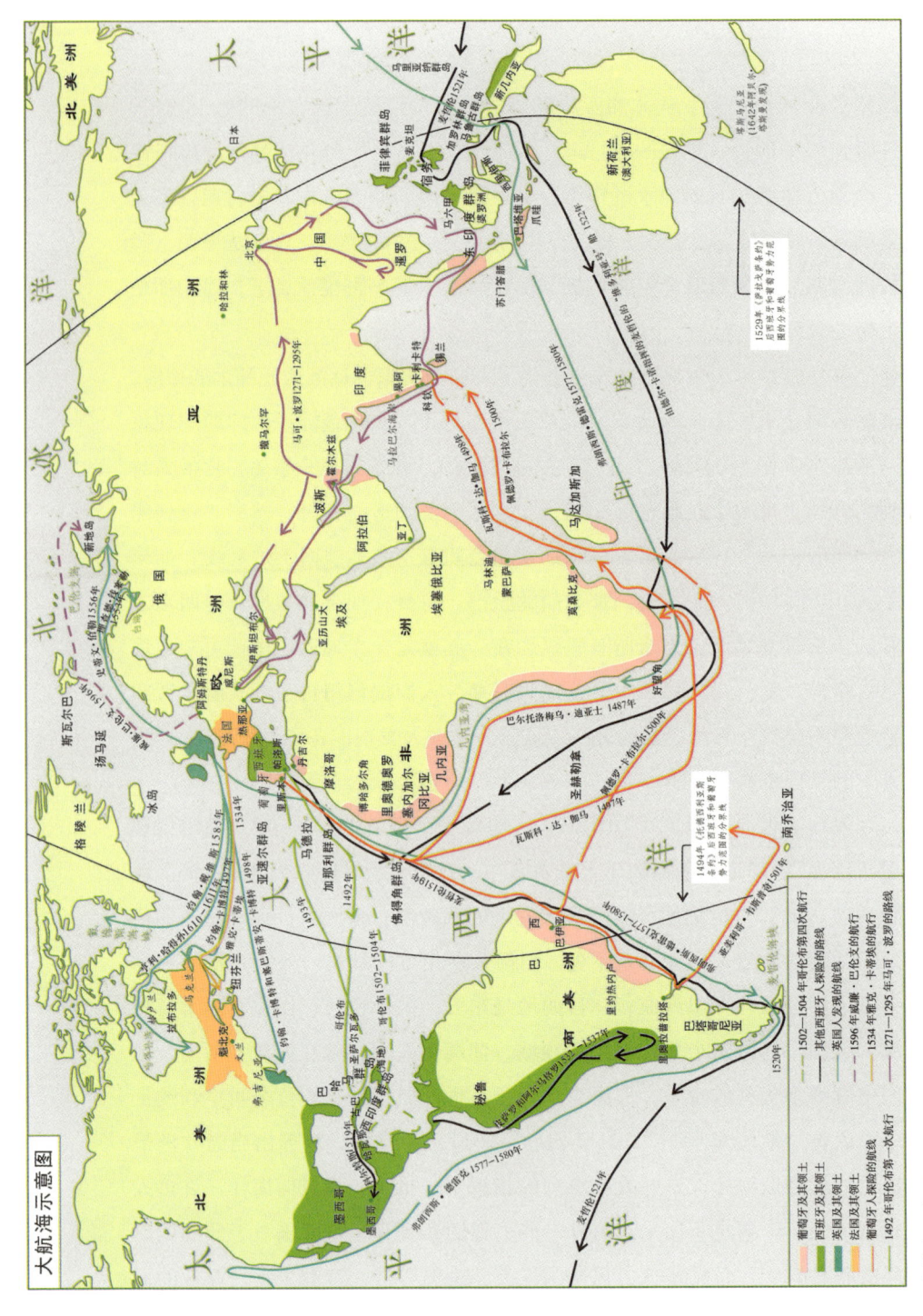

大航海示意图

孙葡萄牙国王若昂二世继续他的事业，继续向海洋进军。无数葡萄牙人前赴后继，付出巨大代价，经过大约100年努力，开辟了从欧洲驶往亚洲的海上通道，这就是所谓的"新航道"。地图中红色线条都有明确的指向，就是向东方。葡萄牙人为什么要到东方去？这是我们需要探讨的问题。

前面说过，人类文明在资本主义发生前已形成四大文明圈。这些文明圈有非常显著的特点，就是东方三个文明圈的发展程度要高于最西边那个文明圈，也就是欧洲文明圈，这种情况一直延续到地理大发现。西方学者也承认这个事实，有一本书叫《大分流》，作者是美国学者彭慕兰。彭慕兰和加州学派的其他学者一样，都认为在18世纪之前的大约1000年时间中，中国的经济发展长期领先于世界，事实正是这样。西罗马帝国解体后西欧进入封建社会，也就是所谓"中世纪"，西方人称之为"黑暗时代"。在中世纪近1000年时间中，全世界其他文明地区都有过明显的发展，而西欧最落后。欧洲东部也比西部要发达，中世纪的拜占庭帝国创造过高度发展的文明成果，其经济、社会、文化各方面都是西欧所无法比拟的。南亚、西亚、北非这些地方都出现强大的国家，其发展程度明显高于西欧。所以从总体上说，中世纪近1000年间人类文明的分布态势是东方先进、西方落后，东方富裕、西方贫穷，东方发达、西方不发达，最不发达的地区是西欧。此处的"东方"是指西欧以东的地区，站在西欧的角度看世界，所有其他文明区域都在"东方"。

关于东方富裕的故事已在西方流传了很久。十字军东征的过程坐实了这些传说。11—13世纪，大量西欧骑士以捍卫耶稣圣陵的名义进入"东方"，其实只是现在的中东地区。他们在那里亲眼见识了当地的富庶，感觉到相比之下，西欧很贫穷。事实确实如此，那些骑士来自西欧，西欧当时处在封建状态下，每一个骑士都有一块领地，领地庄园自给自足，骑士们的生活是很拮据的。"东方"的繁华让他们惊讶，关于东方富裕的传说得到了印证。而更遥远的东方让他们更加羡慕，因为那些更高档的消费品来自那里，那些地方对他们来说不仅神秘，而且可望而不可即。东方的丝绸、瓷器、茶叶甚至食糖，在西方上流社会，也就是宫廷、贵族那里广受青睐，却十分难得。比如丝绸，到了中国的宋代已经是相当普及了，家境稍好的人家都能穿戴。但在同时期的西欧，却只能在宫廷和大贵族那里偶然见到。中国的瓷器也是这样。宋代有很多瓷器送往海外，西欧是最遥远的目的地，最难到达，价格也最高昂。

香料也是西欧人喜爱的。香料在中国很普通，南方人做菜一般都会用香料；而在家中点香、出门戴香囊这些习俗，很早就盛行于中国士绅阶层。除中国之外，香料的使用在东亚其他地区、东南亚、南亚甚至西亚也很普遍，是一种常见的日用品。香料的产地在印度、东南亚南海岛屿这些地方，东方是香料的来源地。

西方人喜欢香料出于一种特殊的需要。西欧中世纪生产力低下，农牧业技术水平低，到了冬天牛羊没有草料吃，所以深秋时节就需要将其屠宰，否则不能过冬。牛羊养殖在西欧是一个很重要的生产部门，每年都会有大量牲畜被屠宰，牛羊肉被保存起来供食用，一直到第二年。但牛羊肉的保存是一件麻烦的事，特别在开春以后，天气转暖，肉类的保存就非常困难。香料是一种很好的防腐剂，因此，西欧人需要大量香料，而香料的来源地却在东方。把香料从东方运过来是非常困难的，结果就是香料的价格极其高昂。

所有这些都让西欧人感觉到东方是富裕之地，因为所有的好东西都在东方。关于东方富裕的信念后来变得更有说服力了，其中有一个人起了推波助澜的作用，这个人是马可·波罗。马可·波罗有一部游记，不少中国人都知道这部游记。但这部游记不是他写的作品，是他在战争中被俘，坐在监狱里太无聊，与狱友聊天形成的。后来战俘被释放，狱友把他说的故事写出来，然后又出版。这部书的出版对西欧社会造成冲击，因为按照游记中的说法，马可·波罗曾到过中国，在中国生活了近17年，见过中国皇帝，还当过中国的地方官。这样一个人把他的所见所闻讲出来，那么，关于东方富裕的说法就再也不是传说了！

马可·波罗是个真实存在的人，他在意大利的史书里有记载，然而他

马可·波罗觐见忽必烈

有没有到过中国却是一件不确定的事。因为直到现在，史书里找不到他在中国的记载；按照中国的惯例，做过地方官，总会有记录保留下来。不过没有记录不能说明马可·波罗没有到过中国，也许他在中国使用的名字不是马可·波罗，而是其他姓名，甚至是一个中国名字，正如现在很多外国人在中国愿意取一个中国名字一样。也有可能他在监狱里聊天时添油加醋，为了把自己吹嘘成重要人物，而杜撰他受到中国皇帝的接见并委以官职，但事实上他只是个普通的商人。很多人认为《马可·波罗游记》是道听途说的产物，马可·波罗随他的父亲和叔父到中亚经商，听说了许多关于中国的事。不过这部游记对西欧人的心理冲击却是巨大的，因为它出自一个有亲身经历的人之口，在他的笔下中国遍地是黄金，给读者造成想象的空间，就如同20世纪许多人对美国的想象那样。

无论马可·波罗有没有到过中国，西欧人对中国的富裕都是深信不疑了。我们必须明白马可·波罗生活的时代，那是中国的元代，元代是蒙古人建立的朝代。蒙古人征服的范围，从亚洲东部一直延伸到欧洲多瑙河流域，如此广大的地域全都落入蒙古人统治之下。只有在这个背景下，马可·波罗和他的父亲、叔父才可能从意大利一直走到中国的元大都——即便他们事实上并没有到中国，而从欧洲走到中国的可能性却是存在的。在第22页地图中，紫色线条的东行部分就是想象中马可·波罗到中国的路线，当时，整条路线所经之地大部分处在蒙古人统治下。

马可·波罗对中国的富裕感到震惊，而《马可·波罗游记》对中国的描述又使欧洲人感到震惊，这个现象是需要我们细究的，其中隐藏着很深的寓意。大家都知道，自唐代以降，唐宋元明清五个朝代，元是其中最落后的一个，文化也最不发达。蒙古统治者文化水平低，朝廷文书经常文理不通，不会写文言文，甚至只是大白话。我曾见过元朝皇帝的一块御碑，是皇帝下的诏书，责令地方官员把各地贡品送到北京来，包括"猫儿、鸡儿、鱼儿"等等，确实是地地道道的大白话了，元朝的发展水平可见一斑。而马可·波罗呢，他是意大利威尼斯人。威尼斯在那个时候的欧洲是个非常富裕的地方，西欧最富裕的几个城市都在意大利北方，包括佛罗伦萨、威尼斯、热那亚、米兰等。莎士比亚有一部名剧叫《威尼斯商人》，说的就是威尼斯的富裕。然而马可·波罗作为一个威尼斯商人，一个很有钱的欧洲人，看到中国的情况，竟盛赞中国的富裕，让人感觉那里遍地是黄金，令人无比羡慕。如果说元代中国让富裕的威尼斯人感到折服，而元代又是1000多年里中国最差的一个时期，那么中国和欧洲之间的差异就很清楚了。显然，《马可·波罗游记》刺激了西欧人的想象力，他们对"东方"的向往更强烈了。于是，到东方去，去寻找财富，就成了一代又一代西欧人的梦想，也成为地理大发现的第一大动机。

但伊斯兰教的强势扩张把马可·波罗去中国的路线堵死了。马可·波罗是在蒙古人统治时期去中国的，蒙古帝国一旦崩溃，这条路就很难走。奥斯曼国家的出现及其在亚、欧、非三大洲交会处的强大统治，使欧洲穿越亚洲腹地去往东方的通道严重受阻。在当时伊斯兰教和基督教尖锐对立的背景下，欧洲人经由陆路到亚洲东部，包括印度和中国，都变得极不方便。于是，去东方寻宝的冲动和对抗伊斯兰教的需要结合起来，终于造就了地理大发现。

执行这项使命的是亨利王子。基督教有一个古老的传说，据说在地中海以南某个地方有一个基督教国家，国王是基督徒，人称约翰长老。约翰长老统治下有许多基督徒，他有强大的军事实力，是一个强有力的统治者。这个传说始终吸引着西欧的基督徒，他们认为：如果欧洲人能够和约翰长老结成同盟，就能从南北两翼进行夹击，把穆斯林消灭掉。当时有很多西欧人希望做到这一点，希望去找到约翰长老。

航海家亨利

亨利王子年轻时随他的父亲、葡萄牙国王若昂一世去攻打非洲，占领了非洲最北部的一个城市叫休达，把它作为葡萄牙的殖民地。他在当地听人说，如果从休达一直往南走，穿过撒哈拉大沙漠，进入非洲腹地，就可以找到很多黄金，而黄金在当时的欧洲，是人们所孜孜以求的。但穿越撒哈拉大沙漠是非常难的事，除了自然环境恶劣之外，还有沿途的匪盗抢劫。亨利王子认为，如果乘船沿着非洲西海岸一直往南，就有可能绕过撒哈拉大沙漠，相对容易地到达传说中的黄金之地，说不定还可以顺便找到基督教国王约翰长老。这样，他决定创办一所学校来培养水手，并把校址选在葡萄牙最南端面向大西洋的圣维森特角。这所学校办得非常成功，他从当时的基督教世界招聘了很多一流的专业人才，包括数学家、天文学家、海洋学家、地理学家、地图绘制师、船舶设计师等等，还有一流的造船工匠。星象家也很重要，对于航海来说，观测星象是必备的技能。他把这些人延揽到学校给学员们上课，结果就培养出当时欧洲最出色的水手，由他们开创了葡萄牙的海外探险活动。

大约从1418年开始，亨利把他的水手一批一批向外派遣，每一次规模都不大，比如说两三艘小船，人员几十上百个；任务也很清楚，就是沿着非洲西海岸向南航行。每次任务只向南推进一段距离，但必须把沿途看到的一切做详细的记录，包括水温有多高，水速有多快，海水有多深，风向是怎样的，风速是怎样的，岸上都有什么——有人还是树，植被是怎样的，海岸线的形状是怎样的，天上有没有飞鸟，水里有什么鱼，等等。所有这一切都要做详细记载，然后就可以返程。接着亨利再派第二批水手，从第一批返程的那个地方继续向前。当时欧洲人脑子里有个概念，就是不能跨越博哈多尔角，因为越往南气温越高，过了博哈多尔角阳光会非常辣，直至把人烤焦，变成黑炭，因此博哈多尔角是一条死亡线。可是亨利王子的水手们终于冲过了这条线，他们的皮肤晒黑了，却没有被烧成炭，他们最后越过了赤道进入南半球。这以后，就不是越走越热，而是越走越冷了。

从古希腊开始欧洲人就知道非洲，他们把地中海以南的陆地称为阿非利加，"非洲"这个概念就由此而来。但那时的"非洲"只是地中海南岸一小条地块，穿过沿岸肥沃的地带是沙漠，沙漠以外是什么，人们并不知道。据传说，越过沙漠有黄金，可能还有约翰长老，但亨利的水手们既找不到黄金，更找不到约翰长老，面对的只是无穷无尽的海水和非洲海岸线。中古时期的欧洲人相信，大地是一大块陆地，陆地中间有一些水，地中海就是陆地包围的一大片水，所以叫"地中海"。根据这个"地包水"的理论，非洲其实是没有尽头的，它和其他陆地一起包围了一大片水。

但亨利王子突然想

托勒密扇子形世界地图，图中欧洲至阿拉伯半岛的形象基本可见

迪亚士的探险船队

到：也许非洲有尽头，也许可以找到这个尽头；如果找到这个尽头，也许可以绕过非洲，到达更遥远的东方。这个念头让他持续不断地向外派出水手，葡萄牙人一拨又一拨地向南方挺进。最终，迪亚士在1488年来到好望角，非洲的尽头终于被找到，而这时离亨利去世已经20多年了。1497年，达·伽马沿着迪亚士的航线绕过好望角进入印度洋，并于次年到达印度。经过80年的前赴后继，葡萄牙人终于打通了从欧洲西部抵达世界东方的海上通道，其寻宝的夙愿终得以实现。约翰长老没有找到，东方的宝库却被打开了。

这以后，葡萄牙人把世代仰慕的东方宝物一船一船运回国，包括丝绸、瓷器、茶叶等等，当然还有香料。香料盛产在今天的印度尼西亚，那个所谓的"千岛之国"。印度尼西亚东北角有一个群岛，葡萄牙人称之为"香料群岛"，我们今天把它叫作马鲁古群岛。群岛的每一个岛上都生长一种不同的香料，而我们知道，香料在当时的西欧是非常昂贵的。开辟东方航线后，葡萄牙人垄断了香料贸易，加上其他物产如丝绸、瓷器等，巨大的商业利润涌向葡萄牙。一个小小的欧洲国家，通过商业贸易发财致富，从一个穷乡僻壤之地突然变成西欧最富裕的国家，而其财富完全是从远洋探险得来的，这对于其他西欧国家来说是巨大的刺激！

与此同时，西班牙也开始海上冒险活动，试图与葡萄牙竞争。西班牙是葡萄牙的邻国，葡萄牙的成功让西班牙羡慕不已，同时又暗中嫉妒。国与国之间的关系和人与人之间的关系差不多，一旦邻国成功，自己就心生不悦。于是西班牙也要到海外去碰碰运气、寻找财富，这样就出现了哥伦布这个人。

现代人都知道哥伦布，不知道哥伦布是难以想象的。哥伦布其实是意大利人，出生在意大利的热那亚。他年轻时曾在葡萄牙居住，后来去了西班牙。在葡萄牙的时候他就不断向葡萄牙国王兜售他的主张，说他可以带一个船队向西航行，最终一定能够到东方，到那个遍地是宝藏的地方。但葡萄牙国王没有接受他的建议。当时，葡萄牙人已经在海上拼搏了半个多世纪，付出了巨大的代价，也取得了巨大的成功，所以根本就不愿听哥伦布的天方夜谭。哥伦布很失落，就跑到西班牙，向斐迪南国王和伊莎贝拉女王兜售他的计划。按照他的方案，人们可以向西航行最终到达东方，其路途更近、时间更短、花钱更少。这两位西班牙国王终于在1492年接受了他的提议，给他资助，让他带领一支小小的船队，向西航行，目标是东方遥远的中国。

从欧洲出发向西航行可以到东方，这显然没有错，但哥伦布犯了一个错误，他把地球的直径少算了三分之一。按照这个算法，向西航行到亚洲东部，就比绕过非洲进入印度洋、再穿过马六甲海峡到同一地方要近得多。他是通过计算得到这个结论的，但计算的前提出错了，地球的体积被缩小了。他不知道在欧洲西海岸和亚洲东海岸之间还有一大块陆地，因此一直到死他都坚信自己到了印度（第22页地图中的草绿色线条是哥伦布的航线)。亚美利哥·韦斯普奇发现了他的错误,证明他所到之处不是印度,而是"新大陆"。结果,这块"新大陆"就以韦斯普奇的名字命名了——亚美利加,而它原本可以被命名为"哥伦布洲"的!

哥伦布第一次远航回来,西班牙全国都很兴奋,因为他带来了希望:他带回一些金光闪闪的石块,还有几个土著。他说这些居民是"印度人",结果,一直到现在,居住在美洲的当地土著仍被称为"印度人"(Indians);后来,当哥伦布的错误被发现以后,人们才把这些人称为"西印度人",以区别于住在真正印度的"东印度人"。中国人则把他们称作"印第安人",这个叫法是中国人的音译。

为表彰哥伦布为国家做出的贡献,西班牙国王给他授勋、封爵、赏钱;一时间,哥伦布成为西班牙人心目中的英雄。但很快人们就发现问题了:美洲这个地方很荒凉,不像是个文明发达之地,这里看不到财富,怎么会是富裕无比的东方呢?人们于是变得很愤怒,认为哥伦布是个骗子,他欺骗了整个西班牙。哥伦布的结局是很凄惨的,他死的时候穷困潦倒,

1493年哥伦布首次航行归来觐见斐迪南国王和伊莎贝拉女王

没有人理睬他，只有一个神父为他祈祷。

不过，哥伦布确实给西班牙带来了真正的宝藏，随着西班牙对美洲的征服步步深入，人们意识到他的发现是无价之宝。美洲蕴藏着无比的财富，是真正的"金山银山"。美洲的文明并不成熟，但印第安人积聚了大量黄金。对印第安人来说，黄金只是高贵的象征，他们喜欢那闪亮的金光，认为它代表尊严和地位；然而对西班牙人来说，黄金却是梦寐以求的财富，是他们冒险和征服的目标。在千百年时间中，印第安人把黄金储藏在屋宇中、石窟中；而在短短百十年时间里，征服了美洲的西班牙人就将其悉数运往西班牙。美洲还有丰富的银矿蕴藏，很快就成为西班牙人掠夺的对象。西班牙人从非洲运来大量黑人，强迫他们开采银矿。据学者推算，大约在150年时间里，西班牙人从美洲运回200吨黄金、16000吨白银，如果换算成今天的美元，那就是一个天文数字！源源不断流入西班牙的黄金和白银造就了一个富裕的西班牙，使它成为当时欧洲最强大的国家。葡萄牙从东方得到的珍贵物产，如丝绸和香料，只是商品，必须把这些商品运回欧洲卖掉，才能变成金银；而西班牙在美洲拿到的却是真金白银，那是真正的财富，不是商品。商品需要出售才能转化成金银，西班牙人不费气力，只靠征服、屠杀、抢劫，就得到巨大的财富。世界上第一个超级大国由此诞生了，那就是西班牙。

因此，在16世纪，西班牙称霸欧洲，成为世界上第一个霸权国家。它用无数的财富购买奢侈品，打造了国家的繁荣景象；它也靠这些财富建立起强大的军队，包括海军，用这支军队欺负其他国家，强迫欧洲接受它的霸权。查理五世时期西班牙达到强盛的顶峰。查理作为哈布斯堡家族的首领，在西欧拥有的地区不仅包括西班牙本土，还包括意大利北部和南部，尼德兰（今天的荷兰、比利时、卢森堡），奥地利家族领地及其属地，如今天的捷克、斯洛伐克、匈牙利一部分、波兰一部分等，以及名义上的德意志神圣罗马帝国。在美洲，有一个庞大的西班牙美洲帝国，其范围从今天的美国西南部一路向南，直至南美最南端。美洲的财富支撑着西班牙的强大,这就是地理大发现给它带来的好处。

此处需要提到一个人,就是麦哲伦。麦哲伦出生于葡萄牙,后来为西班牙效劳。1519年他受查理五世委托带领船队向西航行,企图做一次环绕地球的探险。他的船队从西班牙出发斜穿大西洋,最终来到美洲最南端(见第22页地图中的黑色线条)。船队在狂风暴雨袭击下穿越了后来被命名的麦哲伦海峡,进入太平洋。尽管麦哲伦在与菲律宾土著的冲突中被打死了,但船队中剩下的船员沿着早期葡萄牙人的航线继续向西航行,终于回到了西班牙,时间是1522年。麦哲伦船队的航行第一次证明地表是一个球面,而不是一块板,许多人之前的推测和猜想被证实了。这次航行给西班牙带来的是它在太平洋水域势力范围的确立,并且将菲律宾变成自己的殖民地。

总之,地理大发现把葡萄牙和西班牙这两个小国变成了"世界大国",把它们抬上了世界舞台。若没有地理大发现,人们怎么也不会想到在人类历史上会出现这样两个国家,它们发挥过重要作用,改变了历史进程,并且将自己从小国变成了"大国"。今天在很多中国人的脑子里,关于西班

麦哲伦

"维多利亚号",麦哲伦船队中唯一一艘完成环球航行的船只

| 第二讲 | 葡萄牙、西班牙:"世界"的发现者

— 对世界的影响 —

牙的印象似乎只有"皇家马德里"、斗牛、探戈舞；关于葡萄牙的记忆是澳门，是葡人如何借地"晒网"，然后赖着不走。但在十五六世纪，这是两个超级大国，它们通过地理大发现改变了世界。

地理大发现在地理学上的意义是无与伦比的。在此之前，人们不知道什么是"世界"，更不知道地表是一个球面。今天我们在月亮上看地球，地球是圆的，是一个蓝色的球。而在此之前人们以为大地是平板，因为人们一眼望去，大地是平的，是一块板。地理大发现证明了地表是一个球面，从任何地方出发，绕地球一圈，都可以回到原地。这对我们了解这个星球、认识这个星球非常重要。此外，人们了解了陆地和海洋的分布情况，"发现"了美洲，"发现"了太平洋，非洲最南端和美洲最南端都被"发现"了。因此，通过海洋通道，可以抵达地球上任何一个洲。所以从科学的角度看，地理大发现意义重大。

但它更重要的是改变了世界，改变了历史发展的进程。

第一，地理大发现把地球上各个地区连接起来，形成一个"世界"。此前，各地区、各国家、各种文明之间是相互隔离的，彼此不知道或很少知道对方；此后，不同人群之间的联系就越来越多、越来越密切了，到20世纪连接为一体，变成"地球村"。这个过程是从地理大发现开始的，而地理大发现的开启者是葡萄牙和西班牙。继这两个国家之后，西欧其他国家先后进入海洋，目的都是寻找财富，扩张领土，争夺殖民地。葡萄牙和西班牙是最早建立殖民帝国的国家，其他国家也迅速效尤。

第二，通过占领殖民地，葡萄牙、西班牙建立了庞大的世界帝国。葡萄牙建立了一个海洋帝国，它的船队沿非洲西海岸南下，一路抢占了许多殖民地。其中最重要的两个殖民地，一个是现在的安哥拉，一个是现在的莫桑比克，分别位于西非和东非，地理位置十分重要。尽管在地理大发现时限于力量不足和技术水平不够，欧洲人很难进入非洲腹地，但他们在沿海设立的据点却为以后大规模殖民扩张打下了基础。非洲南端的好望角是战略要地，在海洋交通勾连亚欧大陆的时代，谁占领好望角，谁就控制了亚欧航道。葡萄牙人最早发现好望角，最早占领了这个地方，也就最早控制了东西方海上通道，为其建立海洋帝国提供了保障。

从好望角进入印度洋，葡萄牙人沿非洲东海岸北上，一路又建立了许多据点，包括红海入海口、霍尔木兹海峡等。第乌海战后葡萄牙控制了整个印度洋，并在印度沿海密密麻麻地建立了许多商栈和兵站。几乎同时，葡萄牙人又控制了马六甲海峡并且在香料群岛获得落脚点，随即北上，在中国东南沿海找到了根据地，就是现在的澳门。日本是葡萄牙人涉足东方的最遥远地区，在所有西方国家中，是葡萄牙人最早打开了日本的大门。如本页地图所示，大西洋里也星星点点地散布着许多葡萄牙殖民地，包括马德拉群岛、亚速尔群岛、佛得角群岛这些最重要的大西洋岛屿。葡萄牙帝国还包括了南美洲的巴西，尽管起初只局限于沿海地区，但巴西丰富的资源与辽阔的土地，对葡萄牙有着无比重要的意义。

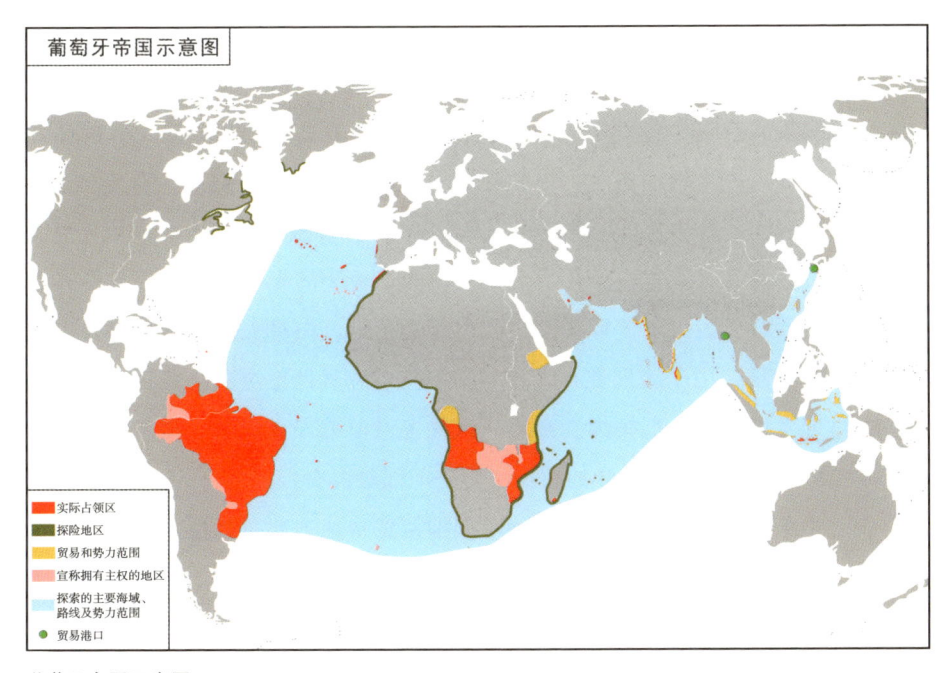

葡萄牙帝国示意图

葡萄牙帝国是靠无数的战争建立起来的。达·伽马起初进入印度洋，是在阿拉伯水手的帮助下到达印度的；但后来，葡萄牙就要用战争的手段来征服这个地区了。达·伽马之后约50年间，葡萄牙人与东非土著、与阿拉伯人、与伊朗人、与奥斯曼帝国军队、与印度人进行过无数次战争，并且还以晒网为借口"借用"了澳门。葡萄牙帝国是在火与血的基础上建立的，而后来所有的西方殖民帝国无不如此。

西班牙也用同样的手段建立起自己的帝国。首先在西非，即后来的西属撒哈拉；其次在加勒比地区，就是哥伦布最早到达的地方，那里有许多岛屿成为西班牙殖民地。但西班牙帝国最主要的地盘在美洲大陆，其范围从今天美国西南部一路向南，穿越中美洲，沿安第斯山脉直至美洲最南端，包括火地岛。这是一个庞大的美洲帝国，从北到南10000多千米，领土范围覆盖现在南北美洲的很多国家。麦哲伦船队完成环球航行之后，西班牙逐渐把菲律宾收入帝国版图。帝国范围最大时，总面积达到3000多万平方千米。

西班牙帝国更是和火与血分不开。西班牙对美洲的征服极其惨烈，土著印第安人在这个过程中被消灭了90%以上，有些岛屿和大陆上有些地方的印第安人完全被消灭了，以致后来不得不从非洲引进黑人，来开发这些地方。海地岛是一个典型的例子。岛上原有约100万印第安人，西班牙殖民者入侵后的几十年里，原住民全都被消灭，今天岛上的居民大多是黑人的后代。西班牙消灭土著印第安人不仅是靠枪炮，白种人带来的疾病是更加致命的武器；由于美洲在几万年时间里与世界其他地方隔绝，美洲印第安人对许多疾病没有抵抗力。西班牙殖民者对印第安人的奴役和虐待加剧了本地居民的死亡，西班牙的殖民史更是一部血泪史。

追随葡萄牙和西班牙，其他欧洲国家竞相建立起世界性大帝国，英帝国、法帝国、俄帝国、荷兰帝国、比利时帝国、意大利帝国、德帝国和美帝国先后出现。到19世纪结束的时候，世界被瓜分完毕。最早瓜分世界的就是葡萄牙和西班牙。我们看第22页的地图，靠左边有一条从上到下的弧线，被

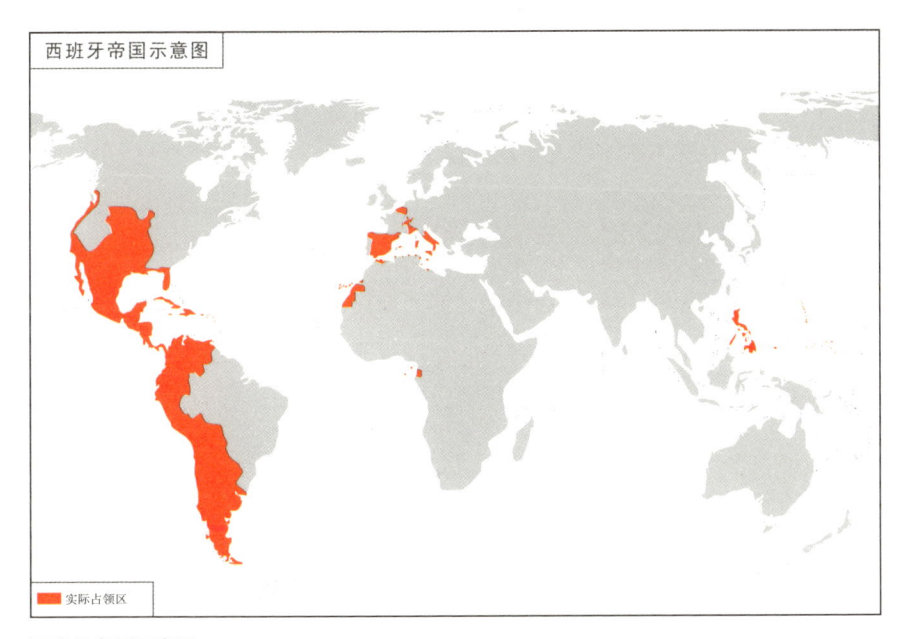

西班牙帝国示意图

西班牙殖民者对美洲原住民的迫害

| 第二讲 | 葡萄牙、西班牙："世界"的发现者 | 037

称为教皇子午线。1493年，就在哥伦布完成美洲之行回到西班牙那一年，葡萄牙和西班牙为避免在地理大发现过程中可能出现的冲突，请教皇出面，在亚速尔群岛和佛得角群岛以西100里格（1里格约为3海里）的地方划了一道子午线，子午线以东为葡萄牙势力范围，以西为西班牙势力范围。第二年，两国又把这条线向西移动了270里格，这就是我们看到的地图上这条线。

麦哲伦船队的环球航行完成之后，1529年，葡、西两国又在东半球划了一道线，线以东是西班牙势力范围，线以西是葡萄牙势力范围。葡萄牙据此取得了对香料群岛的控制权，西班牙则得到除巴西之外的整个美洲以及太平洋的控制权。两个国家自行分割，拿一张地图瓜分世界，而不顾这个世界上有没有其他人，也不顾其他人喜欢不喜欢。瓜分世界是地理大发现的后续影响之一，是由葡萄牙和西班牙这两个最早的"世界大国"开启的；后来的西方国家，只要感觉自己有一点力量了，就要千方百计地挤进瓜分世界的行列，直至20世纪依然如此。瓜分世界引发了无数的冲突和战争，给世界带来无穷苦难。两次世界大战都是由瓜分世界、争夺势力范围引发的，如此悲剧，是否该牢牢记取？

第三，随着帝国出现，殖民主义紧跟而来。殖民的传统从古希腊时期就开始了。那时，希腊各城邦为解决人口压力引起的社会经济问题，向当时还处在蛮荒时代的地中海沿岸各地移民，建立殖民地。那时，"殖民"的意思是向海外移民。罗马人继承了这个传统，不仅向各地派军队征服，并且最终建立了一个地中海大帝国。葡萄牙、西班牙恢复了古代希腊、罗马的殖民传统，并开辟了现代殖民主义。现代殖民主义的特点是抢占别人的土地和资源，并将当地居民置于自己的统治下。此后500年，西方列强纷纷仿效葡萄牙、西班牙，在世界各地建立殖民大帝国；直到20世纪第二次世界大战结束后，西方殖民体系才土崩瓦解。

海外扩张、殖民帝国、瓜分世界、掠夺财富，这些就是地理大发现的后果。地理大发现绝不能被简单地理解为科学史上的壮举，它给人类社会造成的影响巨大而深远。我们可以说，没有地理大发现，就没有现在这个世界。我们甚至可以说：科学成就只是一个副产品，是无意中被带出来的；启动地理大发现运动的人，其初衷不是去探讨地球的奥秘、不是去做科学考察，他们是为财富而去、为基督教的布道使命而进入海洋的。像哥伦布、达·伽马这样的人，甚至连布道的使命都不具备，他们的目标仅仅是发财、是寻找财富。而刚刚统一了自己的国家、热衷于扩张领土的君主们，他们支持海外探险，是因为重商主义符合自己的胃口，他们想在最短的时间内获取最多的财富。

第四，地理大发现是人类历史的转折点。如果说在公元前后，东方的汉帝国和西方的罗马帝国旗鼓相当、不相上下，文明发展都十分辉煌；那么从公元5世纪起，东方的先进和西方的落后就成为常态，延续了约1000年，直到葡萄牙和西班牙进入海洋，开启地理大发现。这以后，西方开始追赶东方，东方则相形见绌，逐渐落伍，最终沦为西方国家的殖民地或半殖民地。西方先进、东方落后的态势到19世纪就十分清楚了，那个时候，西方控制了全世界。

第五，地理大发现创造了一个世界体系，将人类历史转变成"世界史"。对这个问题需要做一些说明。在地理大发现之前，人类活动都是地区性的，各地人群被分割在不同的地区，相互之间很少来往，甚至不来往。地理大发现改变了这种状态，地区间的分割被海上贸易活动冲破了，商业贸易将全世界连接为一个整体。海上贸易古已有之：古代希腊、罗马有，中国也有；古代波斯有，印度也有；西亚、北非阿拉伯地区同样有。古代的东西方之间有一条海上贸易线，把东方的物产送往西方，西方则接受来自东方的商品。中国商人在三国、东晋时期就有不少海上贸易活动，中国和东南亚的联系相当密切。

从那以后，尤其自宋代以后，中国商人下"南洋"，将大量商品输往域外。泉州有一个海外交通史博物馆，里面有很多特殊的展品。这个城市曾经是一个国际性的商业港口，许多商人来自各方，其中有些商人在泉州去世，就葬在当地，墓碑留了下来。这些墓碑有用阿拉伯文书写的，也有用古

泉州元代印度教寺庙遗迹中的湿婆像，收藏于泉州海外交通史博物馆

波斯文书写的；有东南亚文字，也有印度文字。从宗教属性看，有祆教，有佛教，有伊斯兰教，甚至还有基督教。在很长时间中，中国商品由泉州出口送往其他国家，最远可以抵达西欧。但商品的输送是接力棒式的，也就是说，商品从中国运往东南亚，比如马来半岛或大巽他群岛、小巽他群岛，中国商人在这段航程上也许起主要作用。接下来，商品穿过马六甲海峡进入印度洋，印度商人、波斯商人可能在这一片海域发挥主要作用。再往下，阿拉伯商人的作用越来越大，商品在他们手上经由波斯湾或红海运到岸边，用马和骆驼穿越陆地送到地中海东岸港口，即人们说的黎凡特海岸边，然后由意大利商人接手运往威尼斯、佛罗伦萨等商业城市，最后配送到西欧各地。东方的丝绸、瓷器等就是这样送到欧洲各地的，而威尼斯、佛罗伦萨等城市也是因为这条商业通道的存在而富裕起来的。这种接力棒式的传送延续了数百年甚至上千年，直至葡萄牙人打通从欧洲直接通往亚洲的海上航道，用西方的火炮打败了沿线各国的竞争者，最终垄断了东西方贸易。

西班牙人从另一个方向进入海洋，他们穿越大西洋，横跨美洲大陆，越过太平洋，到达菲律宾，在地球的另一面开辟了海上贸易通道。这样，我们看到葡萄牙人和西班牙人一个向东、一个向西，分别绕过半个地球，都来到世界东方。然而他们一个到中国澳门之后折向北方，最终到日本；另一个到菲律宾之后不再西进，也许是受到瓜分世界的影响。菲律宾和中国澳门之间有一小段距离是隔断的，没能在地球上围成一个圈。但是，由于王位继承的原因，1580—1640年间，西班牙国王也接管葡萄牙王位，兼任葡萄牙国王，把伊比利亚半岛上的两个国家置于同一位君主统治下，中国澳门和菲律宾之间的航线也就打通了。于是人们看到：环绕地球一周的海上通道形成了，一个世界贸易体系最终形成。美洲的白银跨越太平洋进入东亚，亚洲的物产经过印度洋输入欧洲，欧洲和美洲之间有茂密的商业来往，三大洋的商业活动相互关联，海洋贸易和内陆贸易在港口城市交会，原先分散在各地区的贸易活动被同一个网络所联结，形成了世界体系。我们今天这个世界的全球经贸一体化是从那个时候起步的，世界各地的物产都可以在这个新的贸易网络中流动，这就是葡萄牙和西班牙带给世界的新格局。马克思认为，世界历史是形成的，不是从来就有的，形成的动力就是打破将世界各地分隔开的障碍。葡萄牙和西班牙的海上活动显然是打破障碍第一击，并且是关键的一击。

总之，葡萄牙和西班牙站在一个新时代的起点上，它们通过海上活动控制了海洋，成为海上商业霸主和最早的世界大国。它们的活动引起了世界性的连锁变化，定格了以后几百年的世界历史。还有一个变化，虽说不大，却也不小：殖民活动改变了世界人种分布状况，白种人从欧洲走向全世界，黑人被强制贩卖到美洲，原先生活在美洲的土著被消灭了，全世界

16世纪西班牙塞维利亚港的繁忙景象，船队往来于西班牙与美洲殖民地之间

都出现了人种迁徙大潮流。以往那种白种人在欧洲、黄种人在亚洲、黑色种群在非洲、印第安人在美洲的布局完全被打破了，人种混杂的现象出现了，而尤以美洲最典型。在巴西每年举办的狂欢节上人们可以亲身感受到这种现象。在狂欢节的时候，任何肤色的人都在展示自己，仿佛是世界人种的大博览。

然而，这就涉及地理大发现过程中那段最悲惨的故事了，即奴隶贸易。西班牙的征服消灭了美洲印第安人，为了补充劳动力、开发美洲，西班牙人从非洲进口奴隶，卖给庄园主，迫使他们从事繁重的劳动，比如开采银矿、开发种植园等等。围捕和输送奴隶的过程非常残暴，是灭绝人性的。黑人在非洲被暴力抓获，或被诱捕，然后被成批装载上船，如同货物那样运送到美洲。在抓捕和输送过程中有大量黑人死亡，据现在可以知道的数据，150年中有大约1000万非洲黑人被卖到美洲，这些人在美洲成为奴隶，艰苦劳动，死亡率极高。白人殖民者因此获取巨大利润，非洲则因人口流失而承受巨大伤害。西班牙的强大与富裕是建立在血与火的掠夺和奴隶贸易之上的，后来英国人占据北美、建立殖民地，步西班牙的后尘，将奴隶贸易推向更高潮。

— 为什么是葡萄牙、西班牙 —

接下来的问题是：为什么葡萄牙和西班牙成了最早的世界大国，而不是其他国家？欧洲有英国、法国、德国、意大利、俄罗斯、瑞典、荷兰、丹麦等等，为什么不是它们，而是葡萄牙和西班牙？全世界有其他更多国家，有些国家还很大，并且很强，比如中国、印度、波斯、奥斯曼等等，为什么不是它们呢？说到大航海，印度商人、波斯商人、阿拉伯商人，还有中国商人，早就在海上从事商业贸易，况且在葡萄牙和西班牙发动大航海运动之前，中国航海家郑和就已经开始下西洋，庞大的中国舰队曾抵达东非。那个时候，明帝国十分强大，奥斯曼帝国势头正猛，莫卧儿帝国正在崛起，伊朗的萨法维王朝也一时兴盛——为什么不是它们，而是葡萄牙和西班牙，成为最早的"世界大国"？为了回答以上问题，需要在葡萄牙和西班牙的建国史中寻找答案。我们看第43页的四幅小地图：

这是我们熟悉的伊比利亚半岛，是葡萄牙和西班牙这两个国家的所在地。半岛上很早就有人类活动，至今还保留着许多精美的古人类壁画。文明产生后，希腊人在这里建立了一些小块殖民地，把文明的火种带到此处。罗马人逐渐把半岛变成几个行省，在这里统治了好几百年。公元5世纪西罗马帝国解体，之后，一个"蛮族"的分支在这里建立西哥特王国，与以前的罗马居民融合，并接受了基督教。古代伊比利亚半岛的历史差不多就是这样。

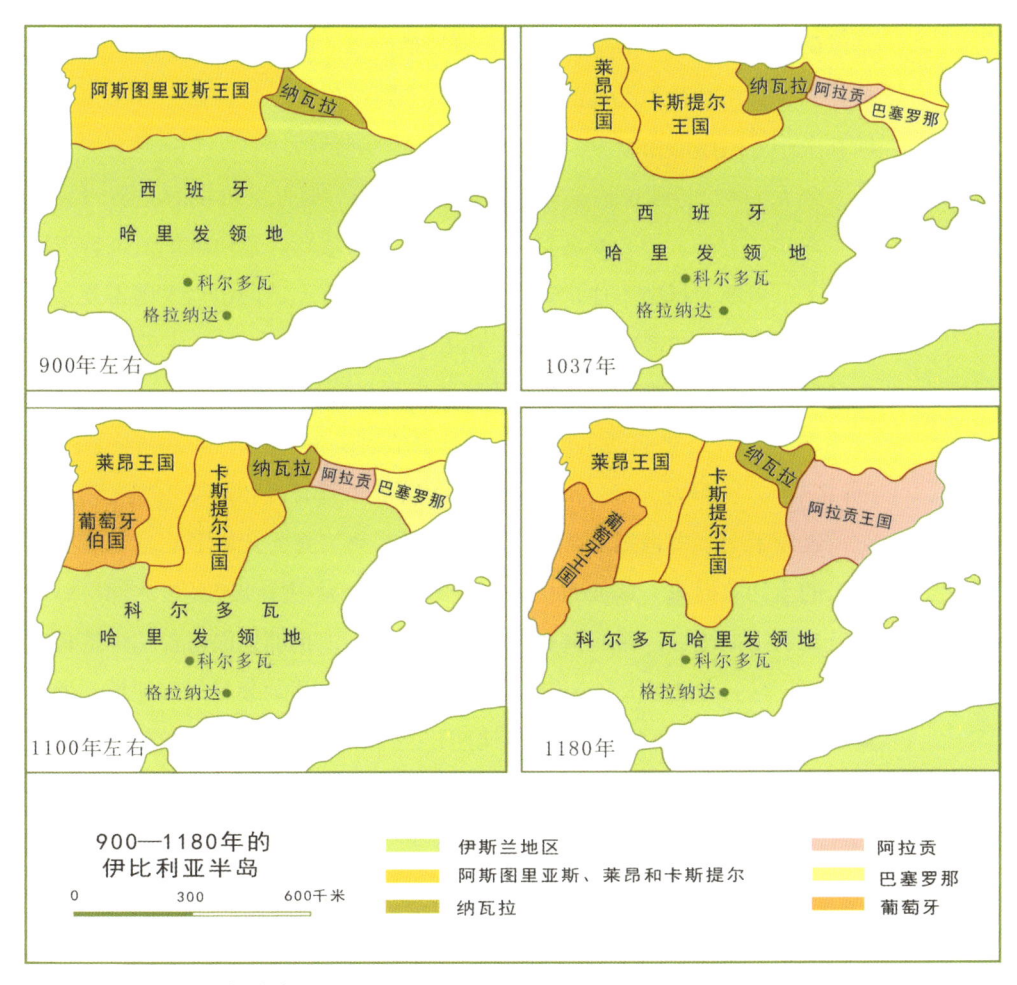

900—1180年的伊比利亚半岛

后来阿拉伯人入侵，开启了历史的新阶段。阿拉伯人原来生活在阿拉伯半岛，那个地方大部分是大沙漠，千百年来人们在沙漠中生活，组成部落，是游牧民族，靠放养骆驼、马、羊等为生。但沿海地区有一批商业城市，人们以经商为主，那里成为海上丝绸之路的交接点。这些城市起着连接东亚与西欧的作用，东方的商品经过这里输往欧洲。在阿拉伯人整合为民族的过程中，这些商业城市曾发挥过很大的作用。公元7世纪初，先知穆罕默德创立伊斯兰教，号召所有阿拉伯人只接受一个神即安拉，由此而团结了阿拉伯各部落，并建立统一的阿拉伯国家。阿拉伯国家建立后迅速向外扩张，最终把地中海三面围住，形成了阿拉伯帝国；西班牙哈里发领地即其中一个组成部分。

公元8世纪初阿拉伯人进入伊比利亚半岛，是从北非的休达渡过直布罗陀海峡进去的。进入半岛后，阿拉伯人攻势很猛，很快就把西哥特王国消灭了。当地人抵挡不住，于是就向半岛北部退却；阿拉伯人则占领半岛绝大部分地区，并带来伊斯兰教。第43页第一幅小地图就表现了公元900年左右阿拉伯人的强势地位，图中边界线也是阿拉伯帝国的北部边界。

退到半岛最北部的本地居民是基督教徒，对他们而言，阿拉伯人是"异教徒"。从那时候起，反抗阿拉伯人就成了基督教和伊斯兰教之间的对抗，延续了七个多世纪之久的"收复失地运动"就此开始了；基督徒要把丢失的土地收回来，宗教对抗与收复家园结合为一体。半岛最北部沿海地区及比利牛斯山脉一带是基督教徒反抗的中心，在那里保留着几个基督教小王国，它们在此后大约200年时间里不断向南推进，发动对阿拉伯人的抵抗战争（第43页第二、第三幅小地图）；到12世纪末，一半以上的领土已经落入基督教徒手中了（第43页第四幅小地图）。

在这个过程中，葡萄牙国家形成了。起初它只是一个伯爵领地，依附于莱昂王国。伯爵在西欧的封建等级制度中地位并不高，葡萄牙伯爵领地在刚刚出现时面积也很小，在欧洲中世纪，这样的领地到处都有。但葡萄牙在收复失地运动中不断向南推进，从穆斯林手中夺取大片土地，并且在

1143年正式建国，成为独立的基督教王国，现代葡萄牙就是在这个基础上发展起来的（第43页第三、第四幅小地图）。西班牙的立国过程更加复杂。1230年基督教的两个反抗中心卡斯提尔与莱昂合并，统称卡斯提尔；1479年它又与阿拉贡合并，定国名为西班牙，这就是现代西班牙的起源。卡斯提尔和阿拉贡在收复失地的过程中发挥着最重要的作用，曾经参与运动的其他反抗力量后来都归附这两个反抗中心了。而这两个地方的合并又有一段佳话：1469年阿拉贡的王子斐迪南与卡斯提尔的公主伊莎贝拉成婚，由此结束了两国的长期对立。以后10年中两人分别继承本国王位，将两个王位连接在一起，最终缔造了统一的西班牙。1492年，也就是哥伦布到达美

1476年的伊比利亚半岛

洲的那一年，斐迪南和伊莎贝拉这两位君主率领统一的西班牙军队，攻克阿拉伯人占领的最后一块领地格拉纳达，为时7个多世纪的收复失地运动胜利结束，丢失的土地全部回到它原先的主人手里（见第45页地图）。这个事件在欧洲历史上意义重大，它标志着一个新的时代在欧洲来临了。

收复失地是一次重大事件，在7个多世纪时间中半岛人不屈不挠、前仆后继，一代又一代地与外来入侵者作战，最终收复丢失的土地，恢复了原有的家园。欧洲史上它被叫作"收复失地运动"，而在我们今天看来，那就是"民族解放运动"。我们需要注意，不要以为"民族解放运动"仅仅是20世纪的事，是非西方国家摆脱殖民统治、争取民族独立的过程。其实在欧洲，"民族解放运动"在几百年以前就已经发生了，比20世纪早了许多。在那个时候，欧洲许多地方是被"外来人"占据的，为驱赶这些"外来人"，本地人做出重大努力。最近几十年国际学术界盛行一种"想象的共同体"理论，意思是说："民族"是在区分"我者"和"他者"的过程中形成的；一旦人们感觉到"我们"这帮人和"他们"那帮人不一样时，一种"民族意识"就出现了，到这个时候，"民族"才形成，"民族国家"才形成。"我者"和"他者"的区分在战争中最容易出现：双方打仗，谁是"我"、谁是"他"，当然清清楚楚。这种理论一经提出，便在学术界产生巨大影响，人们以此来解释现代民族国家的形成。用这种理论来解释葡萄牙国家和西班牙国家的出现，以及葡萄牙民族和西班牙民族的形成，确实可以解释通；因为在700多年的"收复失地运动"中，"他者"和"我者"明显区分，无论"我者"内部有多少差异，他们与"他者"之间的对立总是主旋律。若以相同视角观察现代欧洲其他国家形成的过程，会发现同样的解释也可以说得通。在本书后续章节叙述其他国家的历史发展时，请读者们尤其注意这一点。20世纪非西方地区争取民族解放和国家独立时，其实是借鉴了西方的先例，模仿西方样式建立现代民族国家的。可以说，收复失地运动开启了一种新的国家形态，我们称之为"现代民族国家"。这种形态很快在欧洲扩散，然后向全世界蔓延；现在这个世界，就是由这样一批国家组成的。

然而，在欧洲，在"现代民族国家"出现之前，其政治形态是怎样的？存在不存在"国家"？如果存在，它是怎样的？如果不存在，又是怎样的？这就是本堂课要交代的最重要内容了。

我们都知道"中世纪"这个概念。中世纪的西欧，甚至整个欧洲都处在封建制度下，中世纪欧洲属于封建社会。在一般人头脑里，中国的封建社会从秦始皇统一算起，经两千多年直至辛亥革命推翻清王朝，都属于封建社会，都处在封建制度统治下。不过，中国的封建制度和欧洲，尤其是西欧的封建制度不一样。如果说世界很多地方都经历过封建时期，那么"封建"的具体形式却不尽相同；"封建"只是在土地隶属关系和地主剥削农民这一点上具有共性，在其他方面就因地而异了。西欧的封建社会和中国的封建社会很不一样，最大的差异是在土地封授的内涵上，其产生的结果也就大相径庭。

封建制度的基础是土地封授，中国是这样，西欧也是这样，全世界经历过封建社会的地方都是这样。但中国自秦代以后，土地的封授和地方行政管理权是分开的。具体说，某一块土地封授给某个贵族，这个贵族得到的是对这块土地的收益权，他可以收取地赋，由此获取财富，但这个地区的管理权仍然在皇帝手里，属于朝廷，也就是中央政府。任何人不能和皇帝分享治理权，这就是所谓的"普天之下莫非王土，率土之滨莫非王臣"。皇帝指派官员治理地方，任何人试图分享这个权力就是谋反、是叛乱，或者是割据，是绝对不允许的。在中国的封建时代，权力高度集中，这就保证了国家的高度统一。

西欧不是这样。西欧的封建制度不仅册封土地，连同国家的权力都一并切割给封建主了，其中包括政治权（统治权）、经济权（收取赋税的权力）、司法权（设置庄园法庭和行使司法审判的权力）、立法权（根据习惯确定法规的权力）、外交权（与其他封建领主互通关系的权力）、铸币权（铸造和发行货币的权力）、开设集市的权力、组建军队的权力、发动战争的权力、缔结条约的权力，等等——一句话：在今天看来应该属于国家的权力都被分割了，分散在大大小小的封建主即领主手里。封授土地的人（被称为封君）和接受土地的人（被称为封臣）结成私人关系：封臣应该效忠于封君，封君则应该保护封臣。封臣对封君履行义务，如服军役、提供劳役或缴纳贡品；封君则维护封臣的利益，保证封臣免受其他人的侵犯。在这种条件下，封君不干涉封臣领地上的事务。

同时，土地可以层层分封。具体说，国王把土地切成若干份，除自己留下一部分亲自掌控外，其余分给若干亲信，这些人就是大贵族。大贵族可以依样画瓢，把自己得到的一部分土地封给中等贵族，让中等贵族效忠于自己，而不效忠于国王；中等贵族再封给小贵族，小贵族也只效忠于自己的主人。从理论上说，土地可以无限制切割，册封也可以无数次进行。这么一来，国家的权力就被完全分割了——任何人只要得到一块土地，无论这块土地多大还是多小，他就得到这块土地上几乎所有的权力；他是一方领主，具有对这块土地的完全控制权。中世纪西欧有数不清的封建领地，也就有数不清的封建领主；每一个领主都把自己的领地视为禁脔，不让其他领主染指，包括他的封君，也就是那个给他土地的人。"国家"由此被分解了，社会由此而碎片化。从这个意义上说，在西欧封建制度下没有"国家"，只有领地，国王不是国家的统治者，他只是众多贵族中的一个，充其量是这些贵族中的第一人。因此，现代意义上的"国家"并不存在，集中的国家权力更不存在。现代意义上的国家有一个基本特征，即"主权"，因此我们经常说"主权国家"。主权国家有两层含义，一是对内主权，二是对外主权。在西欧封建时代，既不存在对内主权，也不存在对外主权，所有的权力都随着土地的分封而分散到无数封建领主手里了。这种现象是西欧封建社会的特征，其他地区多数并非如此。

前面讲过，西罗马帝国解体后1000年左右的时间里，世界格局是东方先进、西方落后，东方富裕、西方贫穷，东方发达、西方不发达。原因在哪里？答案是：西方社会是破碎的，权力是分散的，没有集中的权力，只有领主和领地间永不平息的冲突和对抗。在这种政治、经济和社会环境下，发展是不可能的，只有无休无止的停滞。西方人一向有一个说法，叫"黑暗的中世纪"，即中世纪没有发展，只有停滞。今天人们说，中世纪并不黑暗，也有发展，只是发展慢一点。我们承认中世纪也有变化，在近1000年时间中也会有光亮显现；然而和其他有文明覆盖的地区相比，西方确实是落后的。

摆脱落后的唯一办法是整合社会，把被土地分封制分解的社会重新整合，形成强大的整合力量。在这个过程中，葡萄牙和西班牙走在前面，率先完成了整合的任务，而整合的动力就是收复失地。

收复失地运动是战争，丢失的土地是靠战争收复的；战争就是打仗，打仗需要有指挥，需要有坚强的领导核心，否则不能打仗，更不能打赢。在700多年的收复失地运动中谁是领导者，是谁发挥核心作用？是国王。如前所述，在中世纪那一大群贵族中，国王是第一号；在土地分封制度的金字塔上，他位于最顶端，分封的源头在他那里，一切土地都是从他那里开始，一级一级往下封授的，而国家碎化的根源也在他那里。然而当面对外敌的入侵、需要收复失地时，王权就理所当然要承担领导的责任，领导战争的进行。一旦王权不领导，或没有能力领导时，王位就会易主，新的王权会产生，所以对国王来说，他必须负起责任。葡萄牙的王权和西班牙的王权都是在收复失地的过程中形成并强大起来的，换句话说，是在收复失地的过程中打出来的，战争的胜利给王权以合法性，让它获得不可动摇的领导地位。这样，一种以国王权力为最高统治权的新政治制度出现了，这就是专制王权。

"专制王权"（absolute monarchy）是中文翻译，按英文直译，应该是"绝对王权"。在专制君主的统治下，原先分散在大大小小贵族手里的国家权力被回收了，重新回到国王手中，分裂状态因而消失，强大的中央政府逐步形成，贵族力量被削弱或消灭，一个新的官僚集团形成。国王借助这个集团的力量统治国家，国家完成统一的任务，走出封建社会。专制王权最大的合理性就在于它把一个又一个欧洲国家从封建分裂的状态中拉了出来，启动了"民族国家"缔造的过程。在这个过程中，老百姓从"领主的附庸"向"国王的臣民"方向发展；他们跳出领地认同，而开始认同"国家"——在那个时候，"国家"是以国王的形式出现的，国王是"国家"的人格化。战争是这种转变的催化剂，因为战争区分了"我者"和"他者"；"我者"以国王为中心向"民族"凝聚，最终形成"民族国家"。欧洲历史由此而进入一个新时代，即"近代早期"（Early Modern Times）。近代早期是一个专制主义的时代，专制的君主统治国家。葡萄牙和西班牙是西欧（乃至整个欧洲）最早进入这个时代的国家，它们由此而走到了时代的前列。

随着专制主义的来临，重商主义也到来了。早期专制君主都很穷。战争耗费大量金钱，君主的财力很有限，国家刚刚统一，万事开头难；封建领地贵族仍然存在，他们仍有足够的力量，随时准备挑战国王。因此，为巩固王权，维护统一，增加财富，打击各种敌对势力，专制的君主急需用钱。大家都知道，在农业时代，财富的积累依靠农耕，农业是国家的经济基础。但依靠农耕积累财富速度太慢，专制君主们急等用钱。恰在此时，一种新的经济理论在欧洲出现了，那就是重商主义。在现代世界，重商主义已经被很多人忘记了，甚至连经济学教授们都可以不提它。但重商主义在专制主义时代是至关重要的，它指引了世界经济的发展方向。

作为一种理论，重商主义的出发点是告诉大家什么是财富。在重商主义看来，财富就是黄金和白银，其他一切都不是财富，哪怕你有良田万顷或屋宇千栋，有米粮万担或绫罗千匹，或者其他东西，比如珠宝首饰、牲畜家禽……这些都不是财富，财富只是黄金和白银。在当时，金银就是货币，人们是用金银来进行商品交换的，所以在重商主义眼里，财富就是金银。以此推论，重商主义断言一个国家富裕的程度是由这个国家拥有的金银总量决定的——金银越多，国家就越富裕，反之则越穷。所以一个国家要想富裕，就必须尽可能多地积蓄金银，越多越好；当它储备的金银超过其他所有国家时，它就是最富裕的国家。接下来的问题是：如何积蓄黄金白银？答案是经商。一个国家把物产卖给其他国家，换取其他国家的黄金白银，其他国家的财富就流入这个国家了。卖得越多，流入财富就越多；

反之，如果买其他国家的东西，那么财富就流入其他国家了。所以重商主义提倡卖、不主张买，至少要做到多卖少买，这就是重商主义理论。重商主义理论非常简单，其逻辑推理也不复杂，很容易掌握，不像今天有许多经济学理论是公式套公式、数字加数字，很不容易懂。然而在所有经济学理论中，重商主义是最没有道理的，因为它的出发点是错的，它认为财富的唯一体现是金银，其他东西都不是财富。我们今天知道：黄金白银只是商品交换的手段，是价值的衡量物，真正的财富是实物。

然而在那时，重商主义理论却能打动葡萄牙和西班牙国王的心，以及继他们之后出现的其他专制君主。他们需要钱，有钱才能巩固政权。但钱从哪里来？靠种地吗？中国古代就相信农业致富，提倡农本经济，因此皇帝每年都要祭天，请上天保佑丰收平安。中国古代也有经济学说，那些学说是重农抑商性质的，以农为本、视商为末，靠农业积累国家的财富。几千年来，中国都执行扶本抑末政策，以此为基础创造了发达的农业文明。但专制主义时代的欧洲君主却认为以农致富太缓慢，不能迅速积累财富，他们希望找到一种迅速致富的方法，重商主义适逢其时。

重商主义不仅是经济理论，更是国家行为，没有国家的行动，重商主义只是空谈。我们看地理大发现：地理大发现追求什么？追求财富，我们在前面说过这个问题。葡萄牙人来到东方，大量攫取东方物产，将它们运往欧洲，变卖为钱，从而发大财。西班牙人同样向往东方，却阴差阳错来到美洲，结果美洲给了他们无数财富，那些是真正的金银！在地理大发现的过程中，国家起了关键作用。如果没有亨利王子和若昂二世的大力支持，葡萄牙水手们不可能驶进海洋，更不可能开辟新航线；他们不可能到达东方，也不可能给葡萄牙带来大量财富。如果没有伊莎贝拉女王的支持，哥伦布不可能率领一支船队向西航行，不可能"发现"新大陆，不可能为西班牙带来美洲殖民地，更不可能有一船又一船的黄金白银被送回西班牙。事实说明，是专制主义国家在支持大航海；在那些充满了危险、前途未卜的汪洋大海中，是专制的君主们调动国家力量为海上探险输送人力、物力

位于南美洲的波托西银矿为殖民时代的西班牙供应了大量白银

和精神支撑力,让一代又一代的水手完成了"地理大发现"。君主们的背后是重商主义理论,重商主义理论则依靠新出现的专制国家的力量,把理论变成了行动。空泛的理论是没有用处的,只有当理论转变为行动时,理论的力量才会爆发。葡萄牙和西班牙王室为欧洲各国后来的专制君主们提供了榜样,他们都把重商主义视为圭臬,执行重商主义政策,这就是欧洲国家崛起的起点。在这个起点上,"专制主义+重商主义"是一道公式。这道公式的前提是早期现代民族国家的形成,这种新的国家形态的出现,是西方崛起的真正动力。

从重商主义出发,积聚金银就成为欧洲专制国家的政策目标,是它们的经济路线。为积聚金银,任何手段都可以使用,无所不用其极。若经商可以赚钱,那就经商;若经商赚钱还不够,那就使用其他手段,最常见的就是抢劫,到其他地方去劫掠别人的财富。由此我们明白,为什么会发生地理大发现,地理大发现不是科学考察运动,而是重商主义的产物,目的是到海外去寻找金银财宝,增进国家的财富,所以会得到专制君主们的支持。地理大发现过程中的种种现象,包括贩卖黑奴、抢占殖民地、瓜分世界、屠杀土著,所有这些都是在重商主义理论原则指导下出现的行为表现;为攫取财富,重商主义的践行者们为所欲为,甚至泯灭人性。地理大发现是重商主义的衍生品,它的背后是国家、是对财富的追求。

葡萄牙和西班牙是世界上最早的世界大国,由于它们的活动,"世界"出现了,新的政治和经济制度开始形成。葡萄牙和西班牙的活动改变了历史发展的方向,成为后来一批欧洲国家追随的楷模。它们的榜样可以概括为:政治上摆脱封建分裂状态,建立统一的民族国家;经济上以重商主义为指导,在世界范围内寻求财富。这就是重商主义时代世界大国的标志。

葡萄牙和西班牙的大国地位延续了一个多世纪,到17世纪让位给荷兰,其中葡萄牙稍早一点,西班牙则稍微晚一点;但到16世纪末,这两个国家都衰落下去了。衰落的原因很多,比如说葡萄牙确实太小,它企图霸占半个地球的野心实在是太大。它的人口只有一二百万,资源很少,把全国的人口都放到船上,也应付不了半个世界。再比如西班牙一心想要称霸欧洲,从1519年查理五世登基称帝起,直至1659年菲利普四世签订《比利牛斯条约》为止,在140年的时间里不断进行战争,走穷兵黩武道路,最终失败并丢掉了大国地位。这些都是衰落的原因,但本质的原因是内在的,是葡萄牙和西班牙所处的时代特征,以及这两个国家体现的社会属性。

前面介绍过,葡萄牙和西班牙通过民族解放战争驱逐了外敌,收复了国土,建立起欧洲最早的民族国家,形成强大的中央政府,随即就走向海洋,在整个世界范围内掠夺财富。所有这些背后都有一种经济思想在指导,就是重商主义。重商主义是资本主义的最早表现形式,意味着葡萄牙和西班牙所处的时代,是从封建社会向资本主义过渡的时代,葡萄牙和西班牙正处于新旧社会交替的过程中,同时具备旧社会和新社会的特点,表现出双重属性。

这就决定了它们保留着更多的封建社会特征，体现出更多的封建色彩。比如说，在海外征服的过程中，贵族发挥主导作用，像迪亚士、达·伽马这些葡萄牙探险家，以及在征服美洲过程中为西班牙立下奇功的殖民者科尔特斯、麦哲伦等人，都是贵族出身。为彻底征服美洲，西班牙王室政府派出大量官员和军队，在美洲建立了从上到下的殖民管理机构。其建制，既体现统一之后新型国家的专制主义特点，即向各殖民地派驻政府官员，他们向西班牙国王负责；同时又按照西欧社会以往的封建传统，将被征服的土地划分成一块一块的，奖赏给对殖民事业有功之人或出售给大商人，如同欧洲的土地分封。这种做法一直影响到21世纪，今天在南美很多国家，例如阿根廷，仍有许多庞大无比的庄园，其体量连绵几千米、几十千米之大，面积可有几百甚至上千平方千米，管理模式和经营方式无不让人回想起当年欧洲的封建领地。

在海外掠夺的财富，源源不断地流入葡萄牙和西班牙，却没有转化成商业资本，更谈不上工业资本；没有建立商业公司，没有进入生产领域或扩大海外贸易规模。大量金银被贵族们挥霍掉了，用于购买欧洲其他国家的奢侈品，如法国的化妆品或意大利的皮革、首饰等等，这些现象是违背重商主义原则的。

挥霍的资金流入欧洲其他国家，造成全欧洲的通货膨胀，导致商品价格迅速上升，人们纷纷增加生产，从而刺激了其他国家的商品经济，推动了资本主义发展，这就是欧洲历史上所谓的"价格革命"。在这个背景下，如果有其他国家能够仿效葡萄牙和西班牙，首先完成国家统一，结束封建分裂状态，继而执行重商主义经济路线，走上对外扩张道路，并且更彻底地摆脱封建残余，创造出新的经营模式，那么，这个国家（或这些国家）就有可能取代葡萄牙和西班牙，成为新的世界大国。确实，在17世纪，一个新的国家出现了，那就是荷兰。

荷兰的榜样给以后所有的世界大国（或者想成为"世界大国"的国家）提供了深刻的启示。所以自荷兰以后，世界大国都会以成为世界金融中心为己任，至少也要成为地区性的金融中心，比如欧洲金融中心。

第三讲

荷兰
重商主义的高峰

◎ 低地之国
◎ 民族独立
◎ 商业霸权
◎ "荷兰的世纪"

葡萄牙、西班牙通过地理大发现改变了世界面貌，给历史留下深刻的影响。这些影响一直到现在仍然在起作用，尽管这两个国家早就衰落了，甚至被很多人遗忘了。在欧洲国家中，它们最早凝聚民族的力量，用强大王权摆脱外来统治，并且跳出了中世纪的分裂状态，从而取得向近代社会变化的条件——确实，在许多历史学家眼里，地理大发现是中世纪向近代转化的重大标志。地理大发现的真实意涵是重商主义，而重商主义是资本主义的第一个阶段；重商主义必须由统一的国家来执行，而葡萄牙、西班牙的崛起，强有力地说明了强大国家的存在与经济发展之间有什么关系——这些为其他欧洲国家在后来的兴起提供了先例。从这个角度看，葡萄牙、西班牙是西方崛起的先行者。

但这两个国家后来的发展受到阻力，它们既未能把商业资本转化为工业资本从而将资本主义推进到新的阶段，又未能超越专制王权并克服专制制度造成的障碍以保证国家继续发展，它们甚至未能把重商主义推向完善，而只将其维持在初始状态。这些任务都留待其他国家去完成了，而它们自己则因为长时期的停滞不前，越来越落伍了；到20世纪开始的时候，它们已经成为欧洲最落后的地区之一了。有兴必有衰，葡、西两国在大国崛起的开篇之时就说明了这个道理。

取代葡萄牙、西班牙的是荷兰，荷兰把重商主义推向高峰，成为17世纪的世界大国。人们说，17世纪是荷兰的世纪，荷兰控制了世界海洋，也控制了全世界的商业霸权。但荷兰是个很小的国家，比葡萄牙还要小，现在它的国土面积只有4万多平方千米，其中大约五分之一是围海造田造出来的。这样一个小国家，如何能成为17世纪的世界"大国"？在今天看来不可思议。以下即讲述荷兰的故事。

— 低地之国 —

荷兰地处欧洲大陆西北角，濒临北海，受海洋的影响极大。荷兰海岸线漫长，沿海有1800多千米的堤坝，堤坝以外就是北海。这个地方自古以来被称为"低地"，当地语言"尼德兰"就是"低地"的意思。之所以称为"低地"，原因是其国土面积大约有三分之一低于海平面或齐于海平面，这三分之一的国土上居住着全国60%的人口；如果不是沿着海岸线筑有连绵不断的堤坝，那么这个国家有将近三分之一的土地会被水淹没。荷兰自然资源很少，既无金矿银矿，也无其他矿藏，在20世纪下半叶北海油气田被发现之前，荷兰没有值得一提的天然物产——当然，它有海，海里有大马哈鱼，当地人在海里捕鱼，把鱼晒干食用或者出口，这就是它的地方特产。它有土地，但通常不是用于种植粮食，而是饲养牲畜，荷兰的奶酪非常有名。17世纪荷兰最强盛的时候，它的人口大约是100万。这样一个国家，成为继葡萄牙和西班牙之后出现的又一个世界大国，这很奇怪，因为在17世纪，世界上"大"的国家多的是。

尽管小国寡民，但荷兰的地理优势却给了它天赐财源，那就是水。荷兰在海边，沿海有大大小小优良港湾，出海很方便。荷兰有很多湖泊，也有很多河流，看地图就知道那是个水乡泽国，地图上显示着一块块蓝色。欧洲有两条大河在这里入海：一条是马斯河，从法国起源，流经比利时，进入荷兰后在鹿特丹附近入海。另一条河是著名的莱茵河，这是西欧最大的河流，流经列支敦士登、奥地利、德国、法国、荷兰，最后在鹿特丹附近注入北海。这两条河把荷兰和西欧、中欧的许多地方连接起来，内陆商品可以经过河流进入海洋，外来商品也可以经过河流进入内陆，荷兰成了天然的商品集散地。鹿特丹以北的阿姆斯特丹是17世纪欧洲最重要的港口，船只从这里出发，驰往美洲、非洲和亚洲。

前面提到，在历史上很长时间中，西欧的经济中心尤其是商业中心在地中海地区，那里有一些著名的城市如威尼斯、佛罗伦萨等，它们连接着东方和西方的贸易往来。但随着蒙古帝国的崩溃、奥斯曼土耳其的崛起，特别是地理大发现的完成，地中海慢慢衰落了，欧洲的商业中心向北转移，大西洋沿岸成了新的商业基地。在这个历史大背景下，荷兰的地理位置开始起作用了。它的河流，它的港湾，它漫长的海岸线，很早就形成的商品集散功能，以及人民对海洋的熟悉，都使它迅速成为新的商业中心。荷兰充分利用了这个历史机遇，到16世纪，已发展成发达的水陆交通中转站和航运中心。16世纪中叶，它已拥有大量商船，其总数超过了以前地中海的商业霸主威尼斯，而威尼斯在地理大发现之前曾经是西欧最富裕的商业城市之一。到17世纪，荷兰有300多个大大小小的城市（不要忘记荷兰国土面积只有4万多平方千米），人口中半数在城市生活，可以说荷兰是第一个城市化国家，也是商业化国家。当时有人记载，荷兰海岸线上到处是港湾，所以到处都能看见船只停泊，商船一艘挨一艘，延绵不断地连成一片。16世纪中叶，荷兰已经有一支规模相当庞大的商船队了，比以前地中海强国威尼斯的商船队大了好几倍。荷兰人口中多数以经商为生，我们看那个时

伦勃朗《阿姆斯特丹布商行会的理事们》，创作于1662年

候欧洲的绘画：其他国家人物肖像画展示的是帝王将相、达官贵人，唯有荷兰肖像画，画中人物是商人。可见在那个时候，商人在荷兰有多么重要。这些画还有一个特点：其他国家的肖像画，画面上往往只有一个人物，要么是国王，要么是王后，要么是主教和大贵族，他们被画得威风凛凛，凸显其高贵；荷兰人物画上经常有一群人，他们都是商人，而且是用一种平凡的风格画出来，不会有谁比谁更高贵。为商人作画在那个时代是很少见的，荷兰为商人作画，说明商人的社会地位；此外，在那个时代制作肖像画是要付钱的，商人们为了省钱，才在一张画上画许多人，平摊给每个人就省了很多钱，由此也可窥见商人们的精明算计。

— 民族独立 —

荷兰有一个非常不利的因素，不是自然因素，也不是经济问题，而是它在历史上很长时间内都没有形成"国家"，只是一些封建领地，属于不同的领主。"尼德兰"是一个地理概念，大体上相当于今天的荷兰、比利时、卢森堡；在中世纪，"尼德兰"存在过4个公爵领地和6个伯爵领地，再加上主教领地，各有各的封建领主。后来，这些领地先后落到勃艮第家族手中；勃艮第在今日法国的东南角，自称"王国"，一度很强盛，但后来被法国吞并了；"低地"则落到奥地利的哈布斯堡家族手中，接受奥地利的统治。再往后，通过婚姻和继承手段，西班牙王室获取"低地"。所以在16世纪大部分时间里，整个"尼德兰"都是被西班牙统治的。必须记得，16世纪西班牙曾称霸欧洲，是欧洲最强大的国家，它有庞大的美洲殖民地，还控制着欧洲很多地方，其中就包括尼德兰。所以一直到这个时候，尼德兰都只是封建领主们手中的财产，没有形成自己的国家。

在西班牙控制的所有领地中，尼德兰是最富裕的，是西班牙的摇钱树。尼德兰商业发达，财源丰盛，西班牙执行重商主义政策，自然要紧紧抓住尼德兰这棵摇钱树，为自己创造商业财富。有人估计，西班牙每年从尼德兰得到的收入，是它在南美殖民地的两倍。为了压榨尼德兰，西班牙制定了沉重的赋税，比如1%的财产税，5%的土地转移税，10%的商业税，等等。这些税务使当地商人不堪重负，侵害着他们的实际利益。西班牙还限制尼德兰的商业活动。尽管从理论上说，尼德兰是西班牙的领地，但西班牙不允许尼德兰商船进入西班牙，也不让它进入南美殖民地。这些措施使尼德兰人非常不满，怨声载道。除此之外，西班牙不断发动对外战争，导致入不敷出，政府财政破产；一旦缺钱，西班牙就在尼德兰举债，借了钱却不还，拖欠赖账，让老百姓非常反感。还有一个因素也在起作用，就是西班牙是天主教的强大堡垒，在16世纪是罗马教廷的主要支柱。而宗教改革发生后，尼德兰则转向新教，这样就引起了宗教冲突，造成尼德兰和西班牙之间的高度对立。以上因素叠加在一起，就使尼德兰在1566年开始发动反抗西班牙统治的民众起义，断断续续地和西班牙进行战争，一直到1609年，西班牙默认荷兰独立。荷兰为摆脱西班牙的统治付出了巨大努力。西班牙是当时西欧第一强国，荷兰则是个很小的地方，荷兰对抗西班牙，犹如野兔对狮子。但荷兰人团结一致、同仇敌忾，还是迫使西班牙让步。

四十多年的反西战争，按照上一课的说法是什么意思？其实就是民族

1609年，荷兰与西班牙在安特卫普签署十二年休战协议

解放战争。这一次战争发生在尼德兰，尼德兰人反抗西班牙的外来统治，要求民族独立。战争开始的时候，整个尼德兰都卷入民族反抗运动，但后来南部退出战争，重新回到西班牙的统治下；北部却坚持下来，形成了七个省的同盟，最终组成一个新国家，称为"联省共和国"，英文是the United Provinces。中文书籍称其为"共和国"，但"共和国"这个概念在原文中不存在。如果我们把the United States翻译成"合众国"，那么在尼德兰出现的这个新国家就应该翻译成"联合省"，并没有"共和"的意思。但说它是共和国也勉强可以，因为它不设国王，最高领导人被称为"执政"，有点像国家元首。七个省推派代表共同组成等级会议，形成名义上的国家最高权力机关，而每个省在等级会议里只有一票表决权；同时按照其宪法要求，任何决议都需要七个省一致同意才能生效，当七个省出现分

歧时，执政的意见就非常重要，结果就经常是执政成了最终的决策者——虽说他不是国王。并且，在打仗的时候，执政还是军队的最高统帅。"执政"一职一直由奥兰治家族世袭，这也使联合省带有很强的君主制色彩，当然，并不是西班牙那样的君主专制制度。奥兰治家族在战争过程中发挥了重要作用，几代人一直领导反西战争，从而享有崇高威望，有点像其他国家领导独立战争的国王。

联合省首任执政、奥兰治亲王威廉一世

南部退出反抗运动，重新回到西班牙统治下，这就使南方和北方在独立战争之后的发展道路和方向完全不同。南方继续在外来势力的统治下，先是西班牙、奥地利，后来是法国，再后来1815年又归并于它以前的北方即荷兰，成为荷兰的一部分；一直到1830年发动革命摆脱荷兰统治，成了现在的比利时。这条路走得相当曲折，比利时的经济社会发展也就一直比不上荷兰。

— 商业霸权 —

北方独立后经济实力飞速增长，在17世纪是世界上最富裕的国家，它控制着全世界的海洋贸易，成为海上霸主，由此而获取大量财富。1600年独立战争仍在进行时，荷兰的商船总数已经超过10000艘，当时荷兰的人口是100多万，这意味着大约每100人一条船。排除妇女、老人、小孩（因为他们不能上船远洋航海），平均每二三十个成年男性就有一条船，可见航海运输对荷兰来说多么重要。到17世纪下半叶荷兰达到强盛顶峰的时候，它的商船总数有15000多艘，吨位总数超过英法西葡四国总和，其船队之庞大可想而知。除此之外还有各种支撑行业，比如修船、造船、装货、卸货、供应、运输等等，各行各业都为外贸服务，这个国家几乎就是建立在远洋商船的甲板上。荷兰是一个商业帝国，在全世界经商，它的商业利润来自世界各地，由此造就了一个富裕的商业国家。重商主义理论和实践在荷兰那里臻于极致，形成了重商主义的鼎盛期。

荷兰人进入东方需要克服两方面障碍。一是它不清楚东方航线，航行的秘密掌握在葡萄牙人手里；葡萄牙人用近一个世纪的时间打通了东西方之间的海上通道，从东方搬回珍贵的商品，这是它发财致富的至宝，因而是葡萄牙的国家机密，需要严格保护，轻易不会示之于人。二是葡萄牙和西班牙在教皇的主持下瓜分了世界，由于有教皇的参与，这一瓜分具有"神圣"的含义，似乎是上帝的恩准。根据双方条约，葡萄牙得到从大西洋到东亚的半个地球，其他国家不可以进入其禁脔。为了克服这两个障碍，荷兰人费尽心机。

一方面，他们派间谍假扮成水手混上葡萄牙商船，在驶往东方的来往航行中私下窃取航行秘密，偷绘航海图，弄清了通往东方的海上路线，终至可以自己派船驶向东方；另一方面，为否定葡萄牙、西班牙瓜分世界的神权合法性，荷兰人请出著名的法学家格劳秀斯，要求他寻找破除葡、西海洋垄断权的理论依据。经过多年努力，格劳秀斯不负众望，果然提出破解的办法。他提出海洋是上帝为全人类创造的，因此，在上帝的海洋上，"自由航行"是上帝的法则，任何人都可以随意使用，不可能被一两个国家任意瓜分。由此，他创造了所谓"国际法"的概念；而"国际法"的出现，是为荷兰的海上扩张服务的，完全不具备"国际"的含义。

荷兰沿着葡萄牙人开辟的海上通道进入印度洋，一路上与葡萄牙发生了许多冲突，但最终将葡萄牙人挤出东方贸易，控制了东方海洋。荷兰在东方的统治中心在巴达维亚，即今天的印度尼西亚首都雅加

格劳秀斯

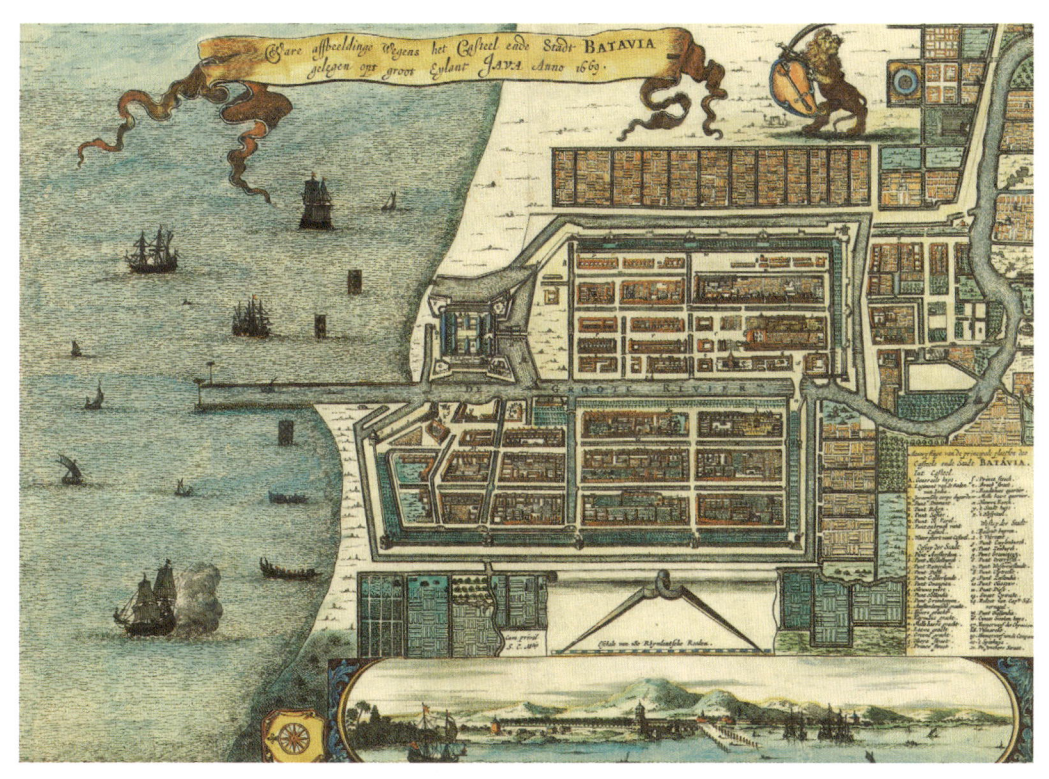

1669年的荷属巴达维亚城

达；当时印尼还没有形成统一的国家，主要岛屿上存在着一些分散的地方政权，它们之间相互对立，经常打仗，文化和宗教信仰也不同。荷兰人进去之前，葡萄牙人已经在这里经营了一段时间，主要是攫取当地香料，形成了一本万利的香料贸易。正是这样的商业利润吸引了荷兰人，他们采用种种手段，包括欺骗、挑拨、武力争夺、分而治之等等，利用当地人之间的矛盾和当地人与葡萄牙人之间的矛盾，最终将这些小政权尽收囊中，排挤了葡萄牙势力，并控制了东方的香料市场。在这个过程中组建起来的荷兰东印度公司，是世界上第一个用股份制形式组建的商业公司，而股份制在后来的世界商业中发展成主流形式。荷兰东印度公司从荷兰政府那里获得在海外组建军队、占领殖民地、与外国政府签订条约或打仗的权力，成为事实上的国中之国。荷兰就是以这个公司为工具在东方进行殖民扩张，最终获取东方的海洋霸权。很多人都知道英国有一个东印度公司，但在17世纪荷兰的东印度公司更有名。印度尼西亚以后就成了荷兰的殖民地，一直到第二次世界大战期间日本侵略军占领印尼。

1652年荷兰占领由葡萄牙控制的好望角。这个地方在大西洋和印度洋的交界处，是东西方海上通道的交会点，任何从东方进入西方或从西方进入东方的船只一定会在这里停靠，补充给养、加淡水、进行必要的检查维修，并稍事休整。此外，在好望角修筑要塞，就扼守了东西方海上交通的咽喉，控制着大西洋和印度洋之间的交通；因此，谁占领好望角，谁就握有东西方海洋的主导权。

17世纪中叶，荷兰在印度次大陆也取得优势，基本上把葡萄牙人排挤出去，并将其势力范围扩大到马来半岛。荷兰一度想把葡萄牙占领的中国澳门夺下来，但没有成功，于是就转移方向占领中国台湾，在台湾建立要塞，试图以台湾为基地，向中国大陆渗透，开辟东亚市场。今天在台南和淡水还能看到"红毛城"，"红毛"就是指荷兰人。不久后，郑成功这个人物就出场了。郑成功的母亲是日本人，他从小是在日本长大的，后来回到父亲身边，以后成为抗清将领，领导着晚明最强大的一支抗清武装力量。因有此功，他被南明朝廷授予朱姓，人们称其为"国姓爷"。1661年他率大军渡过台湾海峡，驱逐了荷兰人，次年收复了台湾，这就是中国历史上有名的郑成功收复台湾的故事。从世界角度看，这个时候荷兰的霸权已呈衰落之势，英国已经开始向东方海洋加强攻势了。

荷兰在东半球的势力范围最远抵达日本。以前葡萄牙也曾到日本，但因为葡萄牙人大规模传播天主教，引发天主教农民武装起义，幕府就把他们赶走了，并且开始封关锁国，不允许外国船只进入日本，不过中国船只和荷兰商船例外，于是就在封闭的国门上留下一道缝。当时，中国的理学在日本很有影响，中国商品和器物也随理学一起在日本流传。荷兰人则在

17世纪荷兰人在台南地区修建的热兰遮城，又名红毛城

经商的同时把西方思想文化带到日本，形成了所谓的"兰学"。兰学就是西学，后来在日本渐次传开，到19世纪成了明治维新的思想来源。

总之，经过半个世纪的不懈努力，荷兰控制了东方海洋，当年由教皇见证的葡萄牙霸权已经瓦解了，荷兰是新的霸主。

在西半球，荷兰也有很大的斩获。尽管西班牙在南美大陆有绝对主导权，但荷兰也得到一块殖民地，这个地方今天叫苏里南，以前称荷属圭亚那。在北美大陆，荷兰也建立了一块殖民地，取名为新阿姆斯特丹。这个地方后来被英国人占领，成了英国殖民地，遂改名为纽约（New York），直接翻译就是"新约克"。在加勒比地区，荷兰也有很大势力。当时加勒比是美洲最富裕的地区，跨大西洋贸易十分繁忙，荷兰凭借强大的海上运输能力在相当程度上控制着大西洋贸易，而一支强大的海军则是这种跨洋贸易的屏障。

在世界其他地方，荷兰控制了波罗的海的商业来往，商船进入波罗的海要向荷兰交钱，否则就进不去；而波罗的海连接北欧、北德意志和俄罗

| 第三讲 | 荷兰：重商主义的高峰 | 067

斯帝国，这个地区的木材、生蜡、毛皮等都被荷兰人所控制。此外，中国的丝绸和瓷器，波斯的地毯，印度的珠宝和象牙，所有这些都在荷兰人的控制下。在荷兰的商业力量最强大的时候，它控制着全世界的海上通道，荷兰的商船在全世界游弋，荷兰的资本在全世界流动，荷兰的商人在全世界经商，荷兰的国势如日中天。商业是荷兰的立国之本，荷兰是典型的商业帝国，当时就有人说："荷兰人从各国采蜜，挪威是他们的森林，莱茵河两岸是他们的葡萄园，爱尔兰是他们的牧场，普鲁士、波兰是他们的谷仓，印度和阿拉伯是他们的果园……"当然，全世界都是他们的商业柜台。葡萄牙在东方的权势萎缩了，面对荷兰的强大竞争，葡萄牙只能改用小型商船在离海岸不远的线路上航行，见到荷兰的舰队就迅速躲避。当时荷兰有一支海军，是世界上最强大的海军。人们都知道英国海军强大，但在英国之前，荷兰海军最强大。正是靠着这支海军，还有庞大的商船队，荷兰才称霸了世界海洋。

　　西班牙主要是一个陆地强国，它在美洲经营殖民地，在欧陆与其他国家争夺霸权。荷兰却是海上霸主，后来人们说，17世纪是荷兰的世纪。这很奇怪：荷兰是一个真正的小国，人口只有100多万，面积4万多平方千米。在当时的世界上，这样的小国有很多。当时的"大国"也不少，比如奥斯曼帝国、莫卧儿帝国、俄罗斯帝国，更不用说中华帝国；但人们不会把这些帝国看作"世界大国"，它们不符合世界大国的标准。荷兰却在重商主义的道路上为其他国家树立了榜样，把小国变成了"大国"。

—"荷兰的世纪"—

　　荷兰这个国家资源很少，17世纪它在全世界经商，采用了一种特殊的经营模式。这种经营模式是这样的：它的商船周游世界，在某个地方进货，然后将其运送到另一个地方出售，赚取商业利润；清空货仓后，再将这个地方的商品装载上船，运送到第三个地方，再赚取商业利润。周而复始，循环不断，就编织成一个世界性的商业网络，荷兰也就成为世界性的商业垄断者。它从商业活动中赚取无数利润，也把重商主义推向峰巅。荷兰这种一只手买进、另一只手卖出的经营方式给它带来一个绰号，叫"海上马车夫"。这个绰号形象地体现了荷兰商业活动的特点，也就是买别人的东西，再卖别人的东西，用今天老百姓的话来说，就是"倒买倒卖"。重商主义高峰时期的海上霸主是一个倒买倒卖的专业户，这是挺有意思的。

荷兰人在创造他们的商业霸权时，也创造了商业经济的许多规程，其中有一些直至今日仍然在使用。人们今天在经济活动中熟悉的一些方式，比如金融、信贷、簿记等等，都是在荷兰这个国家创造出来或者完善起来的。

荷兰有两大创造对世界的影响极其深刻，现代商业体系几乎就是建立在这两个机制之上的，其中一个是证券交易所，另一个是银行。证券交易是融资的手段，老百姓的话叫"圈钱"。荷兰人最早创造出股份公司，这是一种合伙经商的形式。在荷兰之前，合伙经营早已存在，并且是一种古老的方式：一批人凑一笔钱买一批商品，再拿到其他地方去卖，赚了钱大家分，折了本自认倒霉。这批人通常是亲戚朋友，或者是熟人，做完一笔买卖就可以散伙，也可以重新凑钱继续往下做。荷兰的公司比较特别：一批人组建一个固定的商业机构，它往往需要得到官方的授权或者认可，这个公司从事特定的商业活动，比如对某种商品进行买卖，或者在某个地区做买卖。凑钱做买卖的人未必是亲朋好友或者熟人，相反，他们会把凑钱的范围扩得很大，扩大到任何愿意出钱的人之中。也就是说，谁愿意出钱都可以，并且愿意出钱的人越多越好。但这就需要创造一种方法让许许多多素不相识的人都把钱汇聚到一起，并且在赚钱的时候都能分享好处。这样，"股票"这个概念就出现了，而公司就是"股票"的发行者。由于公司是得到官方认可的，无形中就提高了公众对它的信任度，因此人们愿意把钱交给那些他们不认识的人，让他们代理自己去经商。由此可见，政府的在场和经营者的信誉是两个必要条件，而法律的保障则是其后盾。在荷兰这样一个商人的社会里，这些因素确实都存在。世界上第一个证券交易所是1609年在阿姆斯特丹建立的，而发行的第一支股票恰恰是荷兰东印度公司的股票。从那以后，股票和证券交易在欧洲其他地方扩散开来，如今已成为全世界经济活动的支柱之一。

17世纪的阿姆斯特丹证券交易所

相比之下，银行的出现更重要。在今天这个世界上，没有银行是不可想象的。银行也是荷兰人发明的。1609年，阿姆斯特丹建立了世界上第一家"银行"。人们会感到奇怪：在荷兰之前不存在"银行"吗？确实不存在。世界许多地方曾出现过某些形式的金融机构或借贷机构，但它们只是"钱庄"，不是银行。比如中国山西平遥这个地方有许多钱庄，在中国很多地方都有业务，平遥钱庄在中国经济史上大名鼎鼎；山西晋商也非常出名，其经济实力极其雄厚。但钱庄不是银行，它基本上只是起钱财保存和转运的作用，是私人商号，最多也只是两三个人合伙，帮助客户把票据或金银财物送到指定地点；并且也办理借贷和典当业务，但限于当时的流通和运输条件，很难形成荷兰的规模。而且出于安全考虑，钱庄运送财物时一般需要武装护卫，由武林高手担任保镖。中国历史上出现过"飞票"，

阿姆斯特丹老市政厅和阿姆斯特丹银行（塔楼右侧），绘制于1657年

那是一种纸质凭据，不是货币，只在收发两者之间有效，以相互的信誉为基础。

欧洲有过"银行家"，尤其是在意大利北部佛罗伦萨这些地方，大名鼎鼎的美第奇家族就是以此起家的，他们主要进行放贷业务，也就是放高利贷。犹太人特别擅长这项工作，莎士比亚有一部名作叫《威尼斯商人》，说的就是放高利贷。为什么放高利贷？因为在"银行"出现之前，不放高利贷几乎不可能；当时借贷的风险太大，借贷双方互相提防，借的人怕受骗，贷的人怕赖账，或各种原因导致破产、血本无归。尤其在欧洲中世纪王公贵胄开销巨大，动辄向"银行家"借钱，过了三五年说没钱还了——那些有军队的人说没钱还了，"银行家"能怎样呢？所以借贷的成本非常高。"银行家"放债，一定要考虑有些钱是收不回来的，于是就把利率抬得很高，一般在20%—30%，也有50%—60%的，甚至更高。私人借贷是没有保障的，风险很大；即便是现在，私人借贷也很危险，结果就是利息很高，非必要轻易不可为。

荷兰人改变了这种情况，他们发明了"银行"。银行的关键是政府出面提供担保，用行政的力量保护信贷。这就使借贷的风险变得很低，成本随之降低，"银行"的秘诀就在于此。政府制定法律设立银行，要求它把一定存量的贵金属（主要是黄金）封存起来，从而形成资本；以此为基础发行货币进行借贷业务，就保证了在一般情况下银行不会倒闭，在银行存款就很有安全感。与此同时，政府又制定还贷规则，用政府的力量保证银行的贷款可以收回。由此借贷双方都有较高的安全感，利率因此变得很低，与过去的高利贷相比，有天壤之别。结果是，一方面人们愿意把钱存进银行以图定期获取利息，另一方面人们又愿意向银行借款去从事商业活动；全欧洲闲散的资金纷纷流入荷兰银行，荷兰商人则拿着这些钱去全世界经商。这真是聪明的做法——拿的是欧洲的钱，赚的是荷兰的利润，银行这样一个小小的发明使荷兰成为那个时期的经商大王！由此可见，荷兰作为世界大国，确实不仅表现在它成功的商业活动中，而且表现在它对现代商业活动的整体制度性创造上，而这些创造一直延续到今天。17世纪是荷兰的世纪，这种说法一点也不夸张。

荷兰的榜样给以后所有的世界大国（或者想成为"世界大国"的国家）提供了深刻的启示。所以自荷兰以后，世界大国都会以成为世界金融中心为己任，至少也要成为地区性的金融中心，比如欧洲金融中心。因此当英国取代荷兰的时候，伦敦成了世界金融中心；美国取代英国的时候，纽约成了世界金融中心。德国崛起后，法兰克福是金融中心；日本想做大国，东京就成了亚洲金融中心。中国正在发展，中国的金融中心也正在发展。榜样的力量是无穷的，荷兰虽小，留下的遗产却很丰富。

荷兰还有一种创造，是它的大帆船。葡萄牙、西班牙的商船是尖底船，像一个倒过来的屋顶，上大下小，底部有一根沉重的龙骨，使狭窄的船身

17世纪的荷兰商船

保持平衡。荷兰的船是平底船,胖胖的身体,肚子特别大,载重量很大,能装很多货。这种船在海上航行能经得起大风大浪,大容量则使它有运输优势,降低了成本。17世纪在海上漂来漂去的荷兰商船,就是这样的船。

但17世纪下半叶荷兰就越过它的黄金时代,逐渐衰落了。第一个原因是它体量太小,实在太小了,小国寡民,周围又是强敌环绕,对它形成威胁。16世纪它举起义旗反抗西班牙,打了将近半个世纪的仗;独立后法国成为它的强敌,法国始终想把尼德兰变成它的势力范围,于是荷兰与法国数度开战,有些时候十分危急。再往后,英国崛起了,又成为荷兰的劲敌,并且还是海上劲敌,直接挑战荷兰的海洋霸权。德意志虽然仍是分裂的,但也带来一些麻烦。

第二,荷兰的政体有问题,导致它权力相对分散,决策不灵。前面说过,当时的荷兰是"联合省",七省联合,是一个松散的联合体,虽有统一的中央政府,但各省各行其是,只以本地利益为出发点,不听从中央号令。号称是国家最高权力机关的三级会议,做决定时必须经过七个省代表的一致同意,否则无效,即所谓"一票否决权"。执政虽是国家的最高行政官，但其主要职责是执行军事任务，在战争连绵的时代，其主要精力也在战争方面，内政由"大议长"掌管；而大议长和执政之间职权重叠、模糊不清，时常导致政出混乱。这样一种政治体制不能适应当时欧洲复杂多变的国内外局势，并且使几种权力互相牵制甚至内斗，最终腐蚀了国家的机体，使荷兰这个国家慢慢地衰朽了。

第三，荷兰的商业模式有问题，终究使它让出商业霸权，拱手转交给其他国家了。本来，世界贸易是荷兰的长项，荷兰由此而成为"世界大国"，但即便如此，荷兰在这方面也有缺陷，并且是致命的缺陷。前面说过，荷兰的商业模式是"倒买倒卖"，所谓"海上马车夫"；但荷兰人口少，人力资源基本投放在海外贸易上，再加上荷兰国土面积小、资源匮乏，自身能生产的商品不多，在全球经商主要依靠其他国家的产品，尤其是东方物产，其中香料特别重要，丝绸、瓷器等也是重头。可是，依靠别国产品经商总是有缺陷的，一旦天灾人祸，比如风灾水灾、贸易对象国政权更迭，货源就可能中断，贸易于是受阻，这种情况时有发生。荷兰在17世纪的优势，完全靠它的创造能力，即营销模式的创新和制度的创新，靠荷兰人的商业精神。一旦这些创新被别国学去，而那些国家又有更丰富的资源和更充沛的人力，荷兰的优势就丢失了。17世纪末，两个后发展国家迅速崛起，它们是英国和法国。这两个国家都具备更丰富的资源和更充足的人力，而且都学会了荷兰的做法，迅速步入重商主义制高点。尤其是英国，1688年英国因为内部冲突，将当时的荷兰执政威廉请到英国，立其为王。这件事对英国、对荷兰、对整个世界都有巨大影响，改变了欧洲格局。威廉接受邀请，本意是将英国拉进他的反法战争之中，因为当时法国是在路易十四的统治下，路易十四的强大压力使荷兰岌岌可危。但结果是，英国确实卷入反法战争，并且发挥主要作用；只不过此后英国成为反法阵营的领导者，荷兰反而成为小跟班了。英国在欧洲的领导地位从此确立，一个新的世界大国正在崛起，一个新的时代也将来临。

第二篇

早期工业化大国

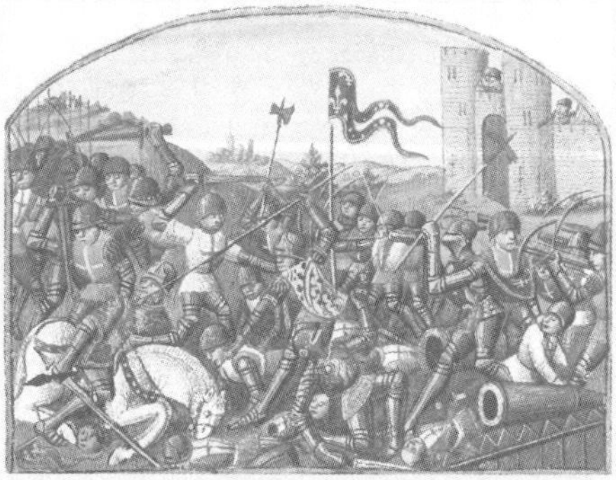

都铎王朝履行葡萄牙和西班牙时代就形成的那个公式，就是专制主义＋重商主义。英国追随葡萄牙和西班牙的方针，到伊丽莎白统治结束的时候，英国已经是一个强大的重商主义国家了。

第四讲

英国（上）
统一国家的形成

◎ 文明边缘的海岛

◎ 中世纪的遗产

◎ 民族国家的起点

荷兰衰落标志着重商主义时代渐入尾声，新的时代即将开启，即工业化时代。工业化时代的世界大国是英国和法国，它们的崛起将世界推向工业社会。当今这个世界是工业时代的延续，一切都从工业化开始；但工业化有一些条件，这些条件又是在重商主义时代创造的。历史就像一条延绵不断的长河，一波接一波，一浪推一浪。英国和法国是欧洲大国，中世纪的英格兰和法兰西是欧洲封建社会的典型。进入近代，它们也都经历了建立民族国家的过程，在这个过程中取得成功，并且和在它们之前的那些国家一样，政治上建立专制制度，经济上执行重商主义。在欧洲，政治上的专制主义和经济上的重商主义是相伴而行的，这种现象在英法两国再次被证实。但英法两国与它们之前的其他国家如葡萄牙、西班牙相比，不同之处在于它们都跨越了专制主义阶段，并将重商主义经济转变为工业经济，从而开启了新的时代。英法两国是资本主义早期工业化时期的世界大国，处在相同的历史发展阶段。观察英法两国历史，会发现两国从中世纪起就有惊人的相似之处，似乎一个国家走出一步，另一个国家都可能亦步亦趋，上演几乎同样的故事，这是令人惊讶的。不过英国走出的每一步都比法国更早，迈步更平稳，手法更娴熟，终究成为工业化时代的旗手。作为世界上第一个工业化国家，英国的经历始终吸引着人们的注意力。

— 文明边缘的海岛 —

在地理大发现之前，人类文明基本上分布在亚欧大陆，加上北非地中海沿岸地区，其他地区就很少有文明了。英国在亚欧大陆最西边，从亚洲东海岸向西走到欧洲大西洋沿岸，英国仍然不在眼帘，需要再跨过一道海峡，即英吉利海峡，才能到英国。可以说，英国是在亚欧大陆的天涯海角，它是个偏僻的地方，文明很晚才光临英国。公元1世纪罗马军队入侵不列颠岛，将它置于帝国的统治下，并且统治了四百年；但公元5世纪罗马军队退出不列颠岛，文明的光亮又消失了，这是个很奇怪的现象。直到公元7世纪，新的文明才重新出现，罗马天主教也在不列颠岛站稳了脚跟。总体而言，英国文明来自欧洲大陆，但由于地域相隔，英国一直处在欧洲文明发展的边缘，长期以来人们对它不了解也不重视，事实上它也没有在欧洲早期历史中发挥过太大作用。

英国是个岛国，是由一群岛屿组成的，其中有两个大岛，大的那个叫不列颠，小的那个叫爱尔兰，其余就是很多很多的小岛，分布在两个大岛周围。今天的英国是由不列颠岛加上爱尔兰岛北部所组成，它的正式国名叫"大不列颠及北爱尔兰联合王国"，英文是the United Kingdom of Great Britain and Northern Ireland，缩写为UK，翻译过来就是"联合王国"。中国人把这个国家称为"英国"，那是中文翻译，译名来自"英格兰"。英格兰是不列颠岛南部大部分地区的称谓，而不列颠岛分成三个部分，最北部这个部分叫苏格兰。这里天气寒冷，夏天最高温度也只有20℃上下。冬天夜晚漫长，下午4点天就黑透了；而夏天晚上8点太阳还挺高的，10点天还很亮。苏格兰在漫长的历史上一直是一个独立的王国，直到18世纪初都是这样。

苏格兰以南是英格兰，这是不列颠岛的主体部分，中国人所说的"英国"就是从这个地名演绎过来的。英格兰西部、北部多山多丘陵，而东部、南部地势平缓，雨水充沛而土地肥沃，很适于农业耕作，因此在农业社会就比较富裕，是不列颠岛上最发达的地区。在不列颠岛上，英格兰地域最大，人口最多，经济也最发达，因此很长时间里它主宰着岛上的历史发展，直至现在差不多仍然如此。英格兰西面，不列颠岛的西南端，有一个地方叫威尔士。这个地区遍布崇山峻岭，地形崎岖不平，很难形成统一国家。13世纪英格兰军队进入威尔士，强迫当地豪强接受英王的最高宗主权，但真正的统治权仍然在地方豪强手里。在名义上，威尔士成为英格兰国王的直属领地，并始终和英格兰捆绑在一起。

爱尔兰岛在不列颠岛西面，地形比较复杂，再加上历史的原因，始终没有出现过统一的政权，各地强人分头割据，内部一片混乱。在中世纪，英格兰国王一直想征服爱尔兰，多次派兵出征，但始终没有成功，只得到一个"爱尔兰最高领主"这样含混不清的身份，况且还不知道爱尔兰人是不是愿意接受这个称号。

所以，今天的联合王国是由四个地区组成的，相互关系十分复杂。在历史上，苏格兰曾经是独立王国；英格兰与威尔士、爱尔兰之间存在某种关联，却说不清是什么，不过肯定不是欧洲大陆那种典型的封君-封臣关系，而更像是威尔士、爱尔兰在英格兰武力逼迫之下的屈尊臣服。然而有一点是肯定的，英王没法直接管理它们的内部事务。

联合王国在18世纪初开始形成，1707年苏格兰和英格兰合并，两个王国合而为一，称"联合王国"；由于英格兰和苏格兰都在不列颠岛上，所以又称为"大不列颠联合王国"。这以后，中国人所说的"英国"就不仅是英格兰了，它加上了苏格兰。但中国人仍把联合王国叫作"英国"，不知为什么。只是英国人却分得很清楚:"联合王国"就是联合王国,它由英格兰和苏格兰两个部分组成,这两个部分是一个国家内部的两个地区,彼此归一,却仍有差异。可是"英格兰人"和"苏格兰人"却是不能混淆的;如果我们在苏格兰把当地人称为English,那一定会被臭骂。1801年,爱尔兰和联合王国合并,组成了"大不列颠及爱尔兰联合王国"。爱尔兰人对这个合并非常不满,他们一直认为爱尔兰成了英格兰的殖民地,总是想脱离出去。1921年爱尔兰南部分离,北部仍留在联合王国内,于是这个国家就成了"大不列颠及北爱尔兰联合王国"。

说了这么多,只想说明一个问题,即"英国"这个概念很复杂。由于各种原因,中文中的"英国"既可以是英格兰,也可以指不列颠岛,还可以指联合王国,而"联合王国"在不同时期的内涵又不同。许多中文书把这些概念弄混淆了,造成很多误解,并形成许多错误认识,影响到国人对"英国"的理解。比如有一本书中文译名是"英国人",副标题是"国家的形成,1707—1837年";给人印象,似乎"英国"这个国家到18世纪才开始形成,是不是太晚了一点?查这本书英文原名,是 *Britons: Forging the Nation 1707–1837*。Britons 这个词的意思是"不列颠人",而这本书所讲的,是从1707年英格兰和苏格兰"联合"开始,经过100多年磨合,形成了一个新的民族,即"不列颠民族"。书中讨论的是不列颠这个"民族"是如何形成的,不是"国家"如何形成的,Nation在这里是"民族"的意思。因此书名更准确的翻译应该是"不列颠民族的锻造",看来翻译不准确确实会引起误解。由于"英国"这个概念在中文中的混乱,我们在看书的时候要特别当心,明白它在某个特定时代的特定含义。

作为一个岛国,海对英国特别重要。在英国历史早期,11世纪之前,海就像通衢大道,把欧洲各地方的人送进不列颠岛,而不列颠岛的防卫力量很弱,人们可以轻而易举地进进出出。那时岛上有许多地方政权,纷争不已,为外来入侵创造了条件。11世纪以后情况发生变化,不列颠岛不再被人入侵了,一直到现在都是这样:拿破仑曾经想入侵英国,但没有成功，他调转矛头就去攻打东方，一直打到莫斯科；希特勒也曾想入侵英国，但也没有成功，于是转身就去攻打苏联，结果依然被打败了。总之，11世纪以后海变成了英国的屏障，没有外来入侵者能成功登陆英伦三岛，这是个有趣的现象。

简单说一下英国早期的历史。不列颠曾经是荒岛，岛上没有发现过土生土长的原始人群。大约在20万年前岛上就有古人类活动，到公元前3000年左右开始有人在岛上定居，这些人都是从欧洲大陆过去的。公元前700年左右，凯尔特人进入不列颠，先后有三个分支，其中第二个分支自称不列吞人（Brythons），这大概就是不列颠岛名称的来源。公元前1世纪罗马军队侵入不列颠，当时他们在高卢打仗，不列颠岛上的凯尔特人越过英吉利海峡帮助高卢人打击罗马人，罗马人很不高兴，就派了军队进入不列颠，而统领罗马军团的正是罗马大将军恺撒。恺撒的军队两次进入不列颠，试

恺撒入侵不列颠

图占领这个岛屿,但都因为各种原因没有成功,又退出去了。不过罗马人从此就知道在海峡对岸、"天涯海角"的地方有一个岛,岛上住着一批土人,这些人身上涂着青青、白白、红红、黄黄的颜色,在月光下青面獠牙,站在岸边守卫海岛,模样十分可怕。到了公元1世纪,罗马皇帝克劳狄率领军队征服了不列颠岛。以后近400年,岛上大部分地区都在罗马的统治下,包括后来的英格兰,以及苏格兰的一部分区域,这个岛就成为罗马帝国的最北疆。罗马统治把大陆文明引入不列颠岛,因此岛上的文明不是土著自己创造的,是罗马人带进去的。可是罗马军队在公元5世纪初撤出不列颠,撤离以后有一批新人进入这个岛屿,他们来自今天的德意志北部和丹麦地区,有几个部落(或者部落联盟),其中一个叫盎格鲁,另一个叫撒克逊,还有一个叫朱特;朱特人后来消失不见了,盎格鲁人和撒克逊人一直延续到今天,就是人们常说的盎格鲁-撒克逊人,那些说英语的国家的主体民族。英国人的历史是从这个时候开始的,其实"英格兰"这个地名就是从"盎格鲁"这个词演化过来的,它的意思是"盎格鲁人的家乡"——但那片土地原本不是他们的。他们进来后把原有的居民凯尔特人消灭了,或者驱逐了,驱逐到威尔士或者爱尔兰去了。所以从民族上说,威尔士人和爱尔兰人确实与英格兰人有所不同,与苏格兰人也不完全相同,所以现在的"英国"(联合王国)有这四个民族。

  罗马人撤出不列颠,文明也离开了不列颠,盎格鲁-撒克逊人进入不列颠岛的时候,他们还处在部落阶段,尚没有文明存在;盎格鲁-撒克逊人是"蛮族"的一部分,大家知道,是"蛮族"冲垮了罗马帝国。随着罗马人撤出不列颠岛,文明变成了野蛮,历史倒退了,重新退入野蛮。历史不是永远"进步"的,有的时候也会"倒退"。

  以后,文明慢慢重新回来,主要是靠基督教的作用;基督教传教士把文字和宗教这些东西带到不列颠,新的文明慢慢形成。盎格鲁-撒克逊人进入不列颠,是以氏族、部落的形式进行的,这样就形成了很多分散的地方小政权。经过大约200年时间(在英国历史上被称为"黑暗时代"),各

诺曼征服时期的黑斯廷斯战役

地政权互相征战，彼此吞并，最后向统一国家的方向发展。但这个进程又被一次外来入侵打断了，11世纪发生了英国历史上最后一次外部入侵，称"诺曼征服"。征服是从今天法国诺曼底这个方向来的，当时诺曼底是法国的一个公国，由一个公爵统治。1066年诺曼底公爵威廉带领一批封建骑士渡海来到不列颠，用了20年左右的时间征服了英格兰，并且自立为王，称威廉一世，建立了诺曼王朝。从那以后，一直到现在，所有英国国王都和威廉有亲缘血统关系；虽说几经改朝换代这种关系已经不是纯粹的直系亲属了，但血缘关系还是有的，直至今天的温莎王室。

这以后的"英国"其实只是指英格兰，直至1707年和苏格兰合并而形成"联合王国"。诺曼征服在英国历史上非常重要，因为它把欧洲大陆尤其是大陆西部的一套制度带进了英格兰，也就是当时在西欧流行的"封建制度"。关于西欧的封建制度，在第二讲中就讲过了，希望读者们仍能记得。这里再次强调：西欧的封建制度不是中国历史上的封建制度，西欧的封建制度造成权力分散，社会碎片化，国家权力被分解，事实上不存在一般意

—中世纪的遗产—

义上的所谓"国家"。这种制度之所以出现，第一是战争的需要，战争需要组织军队。西罗马帝国解体后"蛮族"入主西欧，他们的组织能力和管理能力都比较差，用土地交换战士就是一个解决办法——得到土地的人是武士，一旦需要打仗，武士就要上战场。国王在分封土地的时候讲好条件，某一块封地上出多少战士、备多少马匹。为了在这块土地上凑齐这些人马，领取土地的人就把土地再次分割，用同样的条件封授土地，于是就形成了层层分封的土地制度和社会制度。就好像种花生，一拉一大串，军队就组织起来了。秦始皇以后的中国不需要这样做，高度集中的权力可以调动全国的人力物力，中央政府一声令下，军队就出现了。

除了打仗，还要给国王纳税。封建时期有三种税。第一种是在国王的长子受封骑士的时候，王子长大成人了受封骑士，国王的封臣就要出份子钱。第二种是国王的长女出嫁（第一次出嫁）的时候，贵族要凑嫁妆——请注意是第一次出嫁。封建时期战争频繁，贵族死亡率很高，所以女子会多次出嫁，只是在国王长女第一次出嫁时贵族要出钱，理论上说得通。第三种是当国王被他人绑架时需要赎身，贵族们凑钱把国王换回来。以上三种就是在封建"规范"下贵族应该承担的义务，贵族用这些义务换取土地封授、成为"领主"。超出规范向领主们勒索更多的钱，就被视为越权，是破坏封建制度的行为。这样，我们就来看看英国封建时期留下的两大遗产，它们都来自封建规范。

第一个遗产是《大宪章》，出现在1215年。当时英国国王叫约翰，英国有很多国王，但只有一个叫约翰的国王，后来的国王都不会取名约翰，因为这个名字不吉祥。

约翰这个人心胸狭隘，又贪婪爱财，能力低，却又爱虚荣。他一方面喜欢打仗，

约翰王

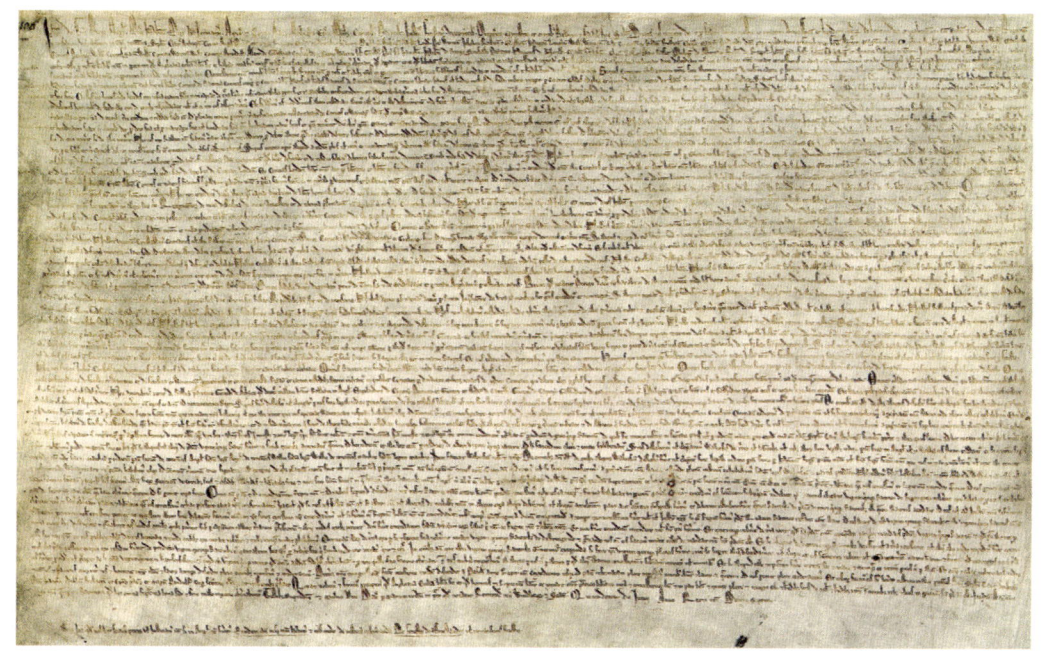

大英图书馆收藏的1215年《大宪章》抄本

好几次率领军队去法国打仗,但打不了胜仗,却花了很多钱,弄得入不敷出;另一方面又想方设法在英国敛财,经常置封建规范于不顾。举一个例子。封建社会很乱,战争频繁,贵族经常年纪很轻就被打死,而留下的继承人往往是未成年人,甚至是婴儿。按照封建规范,一块领地的继承人如果尚未成年,这块领地就由国王来代管,一直管理到继承人成年的时候,把领地还给继承人,这种规矩叫"监护"。按规定,领地归还的时候应该经营得很好,庄稼丰茂,牛羊满圈,备好充足的种子供第二年耕种,庄园富裕,领地兴隆,总之要完璧归赵。但约翰不是这样,他拿到监护权后就想方设法把这块土地油水榨干,等归还土地的时候,这块地已经没有太大用处了。对这种情况,贵族们当然十分寒心:他们跟着国王去打仗,假如在战争中被打死了,家里的妻儿老小反而生活没有着落了,对此他们是不能容忍的。诸如此类的做法都让贵族非常痛恨，结果就引发贵族们的反叛。很多贵族联合起来举兵反抗约翰王，并且把他打败了，然后就强迫约翰王签署了一个文件，这就是《大宪章》。

《大宪章》有63款，每一款都很具体，都试图解决贵族们最关心的某个具体问题：比如在得到土地监护权后，归还的时候应保证这块土地经营得很好，保证庄园繁荣昌盛；贵族离世后，其未亡人应该受到照顾，给她生活费，保证她生活有所保障。再比如不可以任意向贵族派捐课税，索取钱财；如果真的需要用钱，就必须经过某种程序，找一些贵族来共同商量，大家都同意才能派捐，否则不可强征暴敛。还有，不可以无缘无故抓捕贵族关进监狱，逮捕、监禁甚至处死贵族都需要经过程序，要由"同等身份"的人进行审理，其实就是由贵族去审判贵族，国王不可专断独行。从这些内容可以看出，《大宪章》的本意是限制国王、保护贵族，是一个封建性质的文件。但后来到了很晚的时候，当人们反对封建制度的时候，那些不是贵族的人也利用《大宪章》发声，说他们的财产也不可以被任意剥夺，他们的人身也不可以任意侵犯。这样就把《大宪章》的性质改变了，变成在英国这个国家内部，所有的财产都需要保护，政府不能随便征收，如果要开征新税，就必须经过议会批准。这种说法在《大宪章》里是没有的，议会在那个时候也还没有形成，后来的人重新解释了《大宪章》，把它从保护贵族财产解释成保护所有人的财产了。同样，《大宪章》规定不可任意抓捕贵族，如果要惩罚贵族，需要经过其他贵族的审理，让其他贵族说这个人应不应该受处罚；到了后来，却变成对所有人都不可以任意抓捕、判刑和治罪了，必须经过法庭审判。现在人们眼中的《大宪章》已经不是原先意义上的《大宪章》了，它被改造过了；作为封建社会遗产的《大宪章》对英国后来的历史，乃至整个西方社会的文化传统，都产生了巨大影响，它变成所有人的公共产品了——当然，这是和英国后来的强大有关的。

议会是封建社会的另一个遗产，它出现在13世纪末。刚开始的时候是为在全国范围内征收税款而召开的，后来变成一个讨论各种重大事务的协商会议。从理论上说，英王作为全国土地的最高领主，有权在各领地获取利益，也就是得到一部分收益。最早的做法是，国王带着他的随从（即"宫廷"）到各个贵族领地上去巡游，按照当初分封土地时的约定居住一段时间，由当地贵族供应吃喝。诺曼征服后，英国在很长时间里没有"首都"，原因就是国王没有固定的居所，而总是在全国各地游走。此外，国王还会有一些非常规开销，比如打仗，这种时候他会要求各地提供额外补助，也就是捐赋。这些工作起初都是由国王携带宫廷亲自去各地进行协商的，但这种做法很费力，人们要找到国王也很费劲，于是慢慢地国王自己就不流动了，而派亲信们周游各地，通过讨价还价来征收税款。再往后，一种更简便的方法被创造出来，就是规定一个时间，要求全国各地派人到某一个地方开会，会上商定各地的税额。受邀请的人来自各郡，以及受到国王保护的城镇。这种做法在约翰王之前就已经出现，但约翰王不顾成例，贪婪揽财，结果引起贵族反叛。以后的国王吸取教训，更多采取开会的方法征收税款。人们把1295年那次会议看作"议会"的起源，而"议会"这个词的本义就是"商议"。这以后，由议会决定税务的原则就慢慢形成了，不经过议会，国王无权征税。

起先，人们去议会开会是一个负担，因为所有的开销，包括旅费、食宿等等都须由参会人自己承担，花费是很大的。各地派"代表"参加会议，人们都不愿意当"代表"，当"代表"是个苦差事。后来人们发现，在和国王为了税额讨价还价的时候，可以夹带某些"私货"，比如一个地方的代表要求国王解决某些困难，或给予某些特权，条件满足后才答应交钱。国王为了拿到税款，尤其是在战争期间，就不得不做出某种让步，接受一些条件。这样就使议会的职责逐步扩大，其影响力也不断增加，最终成为国家政治生活中的一个重要机制，以至到近代以后，英国已经离不开议会了。由此可见，在英国形成的很多制度、机制都是在不经意中出现的，是自然而然地出现的，并不是由聪明人设计出来的。英国人为了解决某些具体问题而找到一个临时办法，后来成为先例固定下来，然后就成了传统，以后不可以改变了。英国人很少去设计某种制度或寻找一些理想，英国人是实用主义者，这是英国文化的特点。

在走出封建状态的过程中，有两场战争非常重要，一是百年战争，二是玫瑰战争。两场战争奠定了英格兰民族国家的形成——前面说过，在西方国家崛起的过程中，民族国家有多么重要。百年战争就是英法百年战争，英国和法国在1337—1453年间断断续续打了100多年仗，前后分成两个阶段，分别有两个王朝先后卷入。战争的根本原因是这样的：诺曼征服时，威廉一世带领法国骑士进入英国，征服了整个英格兰。这以后很长时间里，英国是被一群法国贵族统治的，土地也在法国贵族手里；英国原先的贵族即盎格鲁-撒克逊贵族全都消失了，土地也被没收了。记住这个事实很重要，因为直至现在的英国人（以及美国人）都以盎格鲁-撒克逊人的后裔自诩，而且很自豪；然而在历史上，盎格鲁-撒克逊人的优势早就消失了，后来的英国贵族都有法国血统。

法国贵族进入英国时只会说法国话，不会说英国话，现在英语中有许多法语词汇，其源头就在这里。但过了一二百年，这些人的后代却不会说法国话了，他们只会说英国话，变成地道的"英国人"了；可是他们在法国仍然有领地，那是他们的祖先传给他们的。于是看到有趣的现象：诺曼征服后法国贵族强占英国土地，被英国人看作外国人；过了五六代，他们被法国人看作外国人了，在法国的领地被法国人看作是英国人占领，由此引起的矛盾根深蒂固，这是百年战争的根本原因。英国王室有同样的问题，因为诺曼王朝和稍后形成的安茹王朝都来自法国，它们在法国都有大片领地。战争的直接原因是英王爱德华三世以他母亲的名义索要法国王位。当时法国国王刚去世，爱德华的母亲是这位国王的妹妹，而这位国王又没有留下男性子嗣，这就给爱德华可乘之机。如果爱德华真的当上法国国王，那就意味着整个法国都变成英王的领地了，法国人当然不能接受。于是法国人推举了自己的国王，这样，爱德华三世就率领英国军队去攻打法国，战争由此爆发。

英国军队一直打胜仗，法国几乎亡国，最终，法国王位确实落到英国人手里，一个英国国王出任法国国王。但就在这个时候，战争发生戏剧性的转变，法国出现了一个传奇性的人物，即圣女贞德。贞德的故事大家一定听说过，下文关于法国的部分还会做详细介绍。贞德的出现是战争的转折点，在贞德的鼓舞下，法国民众的爱国热情被激发出来，他们同仇敌忾抵抗英国入侵者，结果法国军队反败为胜，把英国人赶出了法国。百年战争对法国来说显然是一次民族解放战争，这以后，法国走上了构建民族国家的道路。

有意思的是，被打败的英国也走上构建民族国家的道路。百年战争把诺曼征服以后英法之间一直存在的那种暧昧关系理清楚了，英国丢掉它在

1453年法国在卡斯蒂永战役中击败英国，标志着百年战争结束

结合了约克白玫瑰和兰开斯特红玫瑰的都铎玫瑰徽章

法国的几乎所有领地,退回英格兰,一心一意经营它自己的国家。于是,一种"英格兰意识"产生了,这就是民族国家的心理基础。一场战争把英法两国都推向民族国家的发展路径,而这两个国家后来都成为世界大国。

百年战争结束后仅两年,英国又爆发了一场战争,是内战,从1455年开打,到1485年结束,起因是王族两个分支争夺王位——百年战争时是英国国王去争夺法国的王位,这一次却是两个贵族集团争夺英国的王位。这场内战把英国贵族一分为二,整个统治集团都分裂了,其中一派支持约克家族,另一派支持兰开斯特家族。约克家族的族徽是一朵白玫瑰,兰开斯特家族的族徽是一朵红玫瑰,这场战争于是被称为"玫瑰战争";中国人在"玫瑰"前加了"红白"二字,听起来比较浪漫,于是在中文文献中,一般称其为"红白玫瑰战争"。

战争打了30年,到1460年约克家族占上风,形成了约克王朝的统治。但很快约克王朝发生内讧,在爱德华四世去世后,王位被他的弟弟理查篡夺,而留下的两个小王子都被害死了。莎士比亚有一部剧专写理查三世,在那部剧中理查被描写成一个蛇蝎心肠、阴险毒辣的人,而且长相丑陋,一拐一拐地是个跛子。理查的恶行激怒了英国人,他们支持兰开斯特家族的一个远亲、威尔士出生的小贵族亨利·都铎,由他组织军队打败理查并将其杀死,然后建立了都铎王朝。都铎王朝的出现标志着英国走出了封建分裂状态,向近代早期的民族国家发展。

—民族国家的起点—

对英国来说,幸运之神一直在眷顾它。欧洲封建社会的最大障碍是领地分封制,由于存在这个制度,国家被分解了,社会被碎片化。封建领地贵族是分裂的根源，每个贵族都有自己的领地，在领地上称王称霸、占土为王，稍不顺心就可以发动战争，造成社会动荡。不克服封建分裂状况就不可能振兴国家，而贵族正是分裂的祸首。玫瑰战争作为一场贵族内部的争权之战是非常惨烈的，但战争结果却是消灭了那些有领地、有军队的封建贵族，无意中铲除了国家分裂的根源。战争中，双方都努力消灭对手，最后虽然消灭了对手，但自己也被对手消灭了。这样才使得亨利·都铎这个来自威尔士的小贵族能够收拾残局，建立了都铎王朝。因此可以说，英国的封建领地军事贵族是自己消灭了自己，而一旦这个社会集团退出历史舞台，英格兰的统一就指日可待了。从这个角度说，英国建立统一国家的努力并不费劲，几乎是在不知不觉中完成的。

亨利·都铎建立了一种新的制度，即君主专制制度。这种制度在葡萄牙、西班牙的历史上已经出现了，而这两个国家恰恰是最早的"世界大国"。现在，随着都铎王朝的建立，专制制度也在英国出现，英国也因此而迅速崛起。亨利·都铎是历史上有名的亨利七世，他采取一系列措施打击贵族的残余势力，下令任何贵族都不可以蓄养私兵，必须拆除城堡，不可随意设防；他建立了统一的中央司法权，设置"星室法庭"，专门针对不听话的贵族。《大宪章》曾规定：贵族须由其"同等身份"的人审理，国王不可任意抓捕、审讯或者惩罚；亨利七世却以"星室法庭"对付贵族，迫使他们就范。他还建立了一支自上而下的官僚队伍，这支队伍是从社会的中层提拔起来的，其出身只是普通的商人、手工业者、中小地主等等。这些人没有家族背景，没有封建领地，更没有地方势力，他们的

亨利七世坐在星室法庭中

| 第四讲 | 英国（上）：统一国家的形成 | 093

亨利八世　　　　　　　　伊丽莎白一世

跃升完全依赖于国王的提拔，因此对国王忠心耿耿、绝对服从。由此，亨利七世把国家的权力完全集中到国王手中，形成了专制统治。专制权力的出现表明封建分裂的状态不复存在了，英格兰完成了国家的统一。

亨利七世的儿子亨利八世进一步强化了这个制度，最重要的措施就是宗教改革。宗教改革是由离婚案引起的。亨利八世想离婚，但必须得到教皇的批准，而当时的教皇是被西班牙控制的，西班牙国王又恰巧是亨利八世妻子的外甥，于是离婚就不可能。亨利八世愤怒之下就宣布英国教会独立，不接受罗马天主教会的管辖，称自己就是英国教会的最高首脑。这样，他就可以用自己的名义宣布和妻子离婚。当时西欧正处在宗教改革的高潮中，英国脱离罗马天主教会有很大影响。就英国而言，宗教改革使其完全摆脱了外来势力的干涉，形成完整独立的主权国家，这对英国后来的发展有重大意义。亨利八世曾宣称，英格兰是一个"帝国"；在这里，"帝国"的意思就是主权国家。

我们已经知道，建立完整独立的主权国家有多么重要，葡萄牙、西班牙就是因其是完整独立的主权国家而登上世界舞台的，荷兰也如此。英格兰作为完整独立的主权国家，是在亨利七世和亨利八世父子二人手中形成的。接下来是亨利八世的女儿伊丽莎白一世女王，她在英国历史上的地位非常高，因为在她的统治下英国登上了繁荣昌盛的第一个高峰。她把英国从原来漂浮于欧洲文明边缘的海岛之国，变成一个欧洲大国，开始向欧洲舞台中心迈进，这是英国确立大国地位的第一步。伊丽莎白全力以赴推行重商主义，我们在前面说过，欧洲所有的专制政府都执行重商主义政策，英国的情况也不例外。都铎王朝履行葡萄牙和西班牙时代就形成的那个公式，就是专制主义+重商主义。英国追随葡萄牙和西班牙的方针，到伊丽莎白统治结束的时候，英国已经是一个强大的重商主义国家了。

1588年西班牙无敌舰队的溃败

面对英国这个新崛起的国家，强大的西班牙感到威胁，1588年它派出一支庞大的舰队进攻英国，舰队由200多艘当时欧洲最大型的战舰组成；而英国皇家海军刚刚组建，只有30多艘小型战舰。面对强大的对手，伊丽莎白动员了民族的力量，最终打败西班牙舰队，这就是历史上著名的"无敌舰队"海战。这次战役标志着西班牙的衰落，也标志着英国的崛起，是英国走向大国之路的里程碑事件。这以后，英国就是一个强大的欧洲国家了，它成为一个团结的、稳固的民族共同体，不受外部势力的侵犯了。除了政治、经济的发展之外，伊丽莎白时代也是一个文化高度发达的时代。莎士比亚是大家知道的人物，还有诗人、剧作家马洛。弗朗西斯·培根也是伊丽莎白晚期的人物，尽管他的主要业绩是在斯图亚特王朝时期才完成的。有一个诗人也很著名，叫斯宾塞，他写了很多不朽诗篇，其中有一首长诗标题为《仙后》。诗中说：伟大的仙后啊，你像一盏明灯，照耀着整个黑夜，给大地带来光芒，你带领英国人走向光明……这是歌颂谁呢？当然是伊丽莎白。在专制主义时代这种颂歌并不少见，但也反映着那个时代人们的情感，因此广为流传。伊丽莎白时代是一个人才辈出的时代，也是繁荣昌盛的时代。通过执行重商主义，英国开始积聚财富，为以后的发展打下基础；通过实行专制统治，英国清除了残余的封建分裂势力，把全体英国人团结在都铎王朝周围，开始铸造一个强大的民族国家。伊丽莎白女王去世时，这项工作基本上完成了；随着她的去世，英国进入一个新时代，英国将在这个时代进入新的发展阶段，并最终向世界强国地位迈进。

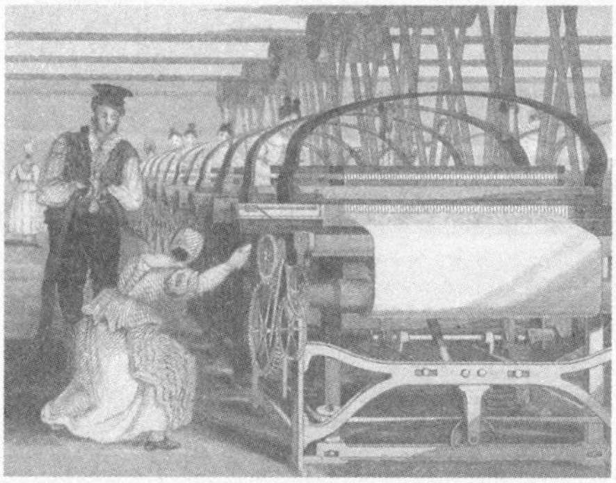

光荣革命后，英国又用一个多世纪彻底改变了经济结构，将世界推向工业时代。18世纪对英国来说是一个经济大发展的时期，这个时期发生了农业革命和工业革命，经历过经济革命后，英国在经济领域遥遥领先了。

第五讲

英国（下）
第一个工业化国家

◎ 寻找新的政治制度
◎ 引领工业化发展方向
◎ 为什么是英国，及英国的失误

伊丽莎白去世的时候，英格兰的民族国家已基本巩固，重商主义在专制王权的支持下成为国策，英国也从亚欧大陆的天涯海角走到了欧洲舞台的中心，成了欧洲大国。这些成就归功于从葡萄牙和西班牙就开始的那一道公式，即"专制主义+重商主义"。专制主义把英国从封建分裂的状态中拉了出来，形成统一的民族国家；重商主义则推动英国的经济发展，使其向现代经济转变。然而直到这时，英国其实是跟在葡萄牙、西班牙后面走的，追随葡萄牙、西班牙曾经走过的路。英国崛起的时候，葡萄牙和西班牙已经开始衰落，如果英国一直追随葡、西两国，走到这道公式就止步不前，那么后来的英国会和现在的葡萄牙、西班牙一样，早就被人遗忘了。

― 寻找新的政治制度 ―

但英国没有止步不前,它继续前行,走出了属于自己的路。它跨出的第一步是在政治领域,创造了一种崭新的政治制度。

前面说过,走出中世纪需要克服封建分裂状态,专制王权在这个过程中发挥了重要作用。当时,都铎王朝加强王权的愿望和英格兰民族追求统一的需要是相互吻合的,因此都铎王朝就成了民族利益的代言人,成了国家统一的领导者。国王的专制权力在那个时候是符合历史发展方向的,是一种前进的动力。强大中央政府的出现是西方崛起的前提条件,因此在欧洲国家的历史上,都经历过这个阶段。现代西方学者对这个事实故意回避,因为与他们的意识形态相冲突;但历史的事实就是事实,是没有办法否定的。在当代西方各个国家的历史上,都有过专制主义这个阶段。

然而,当专制王权完成了统一国家的任务,用强有力的中央政府凝聚了民族之后,它的历史使命就算完成了。换句话说,它在历史上的积极作用已发挥完毕。这时,原本被遮掩的王权与民族之间的矛盾日益凸显,终于发展成冲突。专制王权有一个特点,它是以民族的代言人自居,把自己视为民族的化身。这个特点在法国的路易十四那里表达得尤为充分,他最著名的一句话"朕即国家",意思是"我就是国家"。在他那里,君主和国家是画等号的,君主不仅是国家的代表,而且是国家本身。欧洲各国的专制政权都把君主和国家画等号;服从君主就是忠诚于国家,而反君主就等于反对国家。在摆脱封建桎梏、走出中世纪的过程中,这种人格化的国家符号是需要的;正是在君主的旗帜和领导下,形成了近代早期的民族国家。但君主和国家之间并不存在真正的等号,国王与民族的利益不完全一致。只是在克服封建分裂的问题上双方诉求相同,由此而形成同盟的力量。都铎王朝时期,国王与民族的联合在伊丽莎白统治下表现得十分充分,打败西班牙的无敌舰队就是证据。在这个时候,国王依靠民族的支持进行统治,民族则仰赖国王的保护发展壮大,二者是相互依存的关系,处于蜜月期。

但是在统一的国家牢固建立并不可逆转,形成牢不可破的民族共同体之后，王权与民族之间的差异就慢慢显现了：国王有他自己的利益，民族有其自身的追求；当二者的矛盾不可调和时，冲突就会爆发。伊丽莎白在世时双方分歧已经出现，女王去世后矛盾就越发尖锐。

伊丽莎白终身未婚，没有留下子嗣，因此按照欧洲的王位继承惯例，由女王在血统上最亲近的族人来继承王位；当时，那个人就是苏格兰的国王詹姆士六世。历史上，苏格兰和英格兰一直是两个各不相干的独立国家，各有各的制度，各有各的议会，也都有自己的司法体系和贵族群体，完全是两个国家。伊丽莎白去世后，詹姆士继承英格兰王位，称詹姆士一世。他一个人同时兼任两个国家的国王，于是在英格兰出现了斯图亚特王朝。

詹姆士一世

在苏格兰长大的詹姆士一世并不了解英格兰，苏格兰和英格兰的差别很大。苏格兰在不列颠岛的北部，那个地方的气候条件、地理环境、民族性格等等都和英格兰很不同；尤其是苏格兰的部落力量非常强大，因此在苏格兰，王权一直不稳固，始终受到部落势力的挑战。部落可以对国家形成非常严重的挑战，而部落势力和贵族力量相结合，就使苏格兰很难像英格兰那样，整合成强大的国家。并且，苏格兰的贵族基本上都是以部落为基础的，对于如此强大的分离势力，苏格兰王权几乎没办法。詹姆士一世到英格兰之后，对王权的强大十分羡慕，因为都铎王朝在英格兰实行专制统治，这在苏格兰君主眼中，是可望而不可即的。现在，詹姆士一世当上了英格兰国王，他志满意得，决心要当一个专制君主，并且把专制的权力进一步扩大。他和他的儿子查理一世的悲剧就在这里：当英格兰的专制主义已经完成它的历史使命，与英格兰民族的分歧日益扩大时，斯图亚特两位君主则一心一意要扩大国王的专制权力，与历史的发展方向背道而驰。

于是在这个时候，王权与民族的冲突就公开化了；冲突的一方是国王，另一方是议会。前面说过，中世纪英国留下两个遗产，第一个是《大宪章》，第二个是议会。两大遗产在这个时候开始发挥作用，最终导向英国革命。

詹姆士一世和查理一世试图加强国王权力，却面临强大障碍，这个障碍就是议会。英国议会限制着国王权力，即使在都铎时期，专制君主也要通过议会才能进行统治。詹姆士一世和查理一世于是采用各种方法意图摆脱议会制约，结果却遭遇强烈反抗。

首先，他们要对国王的权力予以正名，因而提出"君权神授"，也就是君主的权力来自上帝。如果君主的权力确实来自上帝，那么任何自称信仰上帝的人就必须接受君主的管辖，服从他的统治。都铎君主也会说"君权神授"，但他们明白权力的真正基础是民意，因此他们在议会的帮助下进行统治，承认议会代表民意。斯图亚特两位君主不理解这一点，他们坚称自己是上帝的代表，由上帝授权统治国家。出于这种信念，他们否认议会的合法性，声称议会的存在取决于国王：国王召集议会才会有议会，国王不召集议会就没有议会。这种认识完全违背了英格兰的历史传统，因此议会反驳说：议会的存在是历史赋予的，是历史创造了英格兰的议会。

在行动上，詹姆士一世和查理一世试图摆脱议会的控制，包括不经过议会开征新税，不让议会讨论国事，压制议会中的反对派，抓捕并关押议员等等。这样，中世纪留给英格兰的另一个遗产就开始起作用了，那就是《大宪章》。《大宪章》在都铎时期差不多已经被忘记了，它赋予封建贵族的那些特权，在都铎时期其实没有用，都铎政府已经用强权制服了封建贵族，这些人的特权也就不发挥作用了。莎士比亚写过一个剧本叫《约翰王》，约翰就是被迫签署《大宪章》的那个国王；在英国历史上，约翰最为人知的一件事就是签署《大宪章》。但在莎士比亚的剧本里却没有提到《大宪章》，显然，在莎士比亚生活的时代，人们已经忘记了《大宪章》。

可是当斯图亚特君主否定议会的合法性，试图行使毫无节制的专制权力时，《大宪章》又回到人们的记忆中。人们说，《大宪章》有明确规定：不可以任意征收国民的财产，不可以任意抓捕人民；国王应服从国家的法律，如果不服从，人民可以反抗。请注意用楷体标出的这些词。很显然，《大宪章》被曲解了，《大宪章》的本意并非如此。《大宪章》在制定的时候是保护封建贵族的，而现在，《大宪章》被解释为保护"人民"。"人民"有争取自由的权利，一旦国王不遵守法律，"人民"可以反抗。这样，用暴力反抗专制统治的理论依据就出现了；可是与其他国家不同，英国回到历史上去寻找依据，而不是创造一种新理论，用一种新的"主义"去动员人民。英国历史从来都是这样：当它需要向前走的时候，它从过去的历史里寻找前行的理由，人们会说，以前是怎样怎样，现在不是那样，所以需要改变；但改变的结果是创造一种新制度，而不是回到过去。面对斯图亚特君主强化专制统治的企图，议会以"人民"的名义发动反抗，英国革命就此爆发。

冲突刚刚开始时，不意味着一定进入战争状态；如果说在1642年战争爆发之前，查理一世能够做出适当让步，内战可以不爆发。议会和国王发生冲突，在伊丽莎白女王统治后期就曾出现过，但女王经常能够适时退让，以避免冲突激化。所以女王在世时，议会始终辅佐王权，是都铎王朝"谦卑的侍女"。查理一世不懂这些，他坚持"君权神授"，不明白英格兰王权是受到

伊丽莎白一世主持议会

约束的，这是由历史形成的，是不可以挑战的。当他挑战议会的合法性时，他其实触动了一个根本性问题：这个国家属于谁？以前，这个问题也存在，不过一直处于模糊地带，人们默认王权的必要性，承认国王的统治权。但在英格兰，依据历史的惯性，国王必须和议会共同统治，形成所谓的"王在议会"。"王在议会"在英格兰是被公认的统治方式，其内容是：国王行使统治权，但必须经过议会。在如此一个共识之下，主权问题是被回避的，不予以明说；按"王在议会"的安排，议会承认国王的权力，国王则承认议会的存在。都铎王朝尽管实行专制统治，但它绝不破坏这项共识，其成功的秘诀就在这里，而这恰恰是斯图亚特国王们所没弄懂的。詹姆士一世和查理一世之愚蠢，就在于他们把一个原本模糊的问题挑开了，坚持认为国家主权属于国王，国王是上帝的代表，从上帝那里得到授权。议会则回答说：议会的权力是历史的授权，因为它是人民的代表；在上帝之下，由人民选举产生的英国下院代表这个国家的最高权力。于是，议会和国王之间的冲突就转变为现代国家的主权之争了，这在人类历史上是第一次。

　　这以后，人民主权的概念在全世界逐渐传播，时至今日，已经没有多少人不接受这个原则了，至少在口头上都接受。议会和国王之争在本质上是主权之争，这个性质在当时很少有人看清楚，但时至今日回头看，却是异常清晰的。几百年的英国历史形成了两大传统，一是"王在议会"，二是"王在法下"。都铎王朝的专制君主尽管把国家大权集中在自己手里，但他们都没有突破这两大传统，而是利用议会，将其变成国王的工具，通过议会来贯彻国王的意志。斯图亚特两任君主背离了这些传统，否认议会的合法性，试图超越于法律之上，这才引起国家主权之争，最终引发暴力冲突。查理一世率亲兵到议会逮捕反对派，这在英格兰是违法的，于是受到伦敦市民的抵制。查理感到他已失去对伦敦的控制，就率领他的支持者离开伦敦前往北方，在那里宣布议会"叛乱"，亲手点燃了内战的烈火。这个过程，大家应该是知道的，是国王发动了内战。

1642年查理一世率兵闯入议会，试图逮捕五名下院议员

内战爆发后，一个人最终走到政治舞台的中心，这个人是克伦威尔，他被视为英国革命的领袖。克伦威尔是个虔诚的清教徒。有一个说法，说英国革命是"清教革命"，因为在革命中反对国王的人都是清教徒，克伦威尔就是他们中的典型。从个人品质上说，克伦威尔毫无瑕疵，挑不出一点毛病。他非常虔诚，非常勇敢，为革命事业奉献了一生。他生活俭朴，对自己的要求极其严格；在战场上他身先士卒，率领军队，

奥利弗·克伦威尔

| 第五讲 | 英国（下）：第一个工业化国家 | 105

在内战最重要的两次决定性战役中打败王军（一次是马斯顿荒原大战，一次是纳西比战役），对战争的胜利做出了最重要的贡献。由此，他成为议会军队的领袖人物，是一位杰出的军事将领。我们现在不讨论克伦威尔这个人，我们讨论的是这场革命。由于军队打赢了这场战争，使革命获得最终的胜利，军队就被推到了政治舞台的中心，成为一支政治力量。在此，我们首先要讨论什么是革命。

什么是革命？革命就是用暴力推翻现存的政治制度，用革命武装打败反革命武装，消灭反革命。既然革命是使用暴力，那么在革命过程中，军队会发挥重要作用。当查理一世宣布议会叛乱，试图用暴力的手段进行镇压时，议会只有两种选择，要么屈服、俯首帖耳，要么拿起武器进行反抗、推翻国王统治。英国议会选择了后面这条路：议会组织军队，打败国王，最终处死了国王。军队在这个过程中发挥了关键作用，没有军队的存在，革命不可能成功。正因为如此，军队掌权几乎是不可避免的事，革命胜利的结果必定如此。这种情况在世界历史上一再发生，先是在英国，后来又在许多国家不断出现；作为最早发生革命的国家，英国的经历尤其引人注目。

但在英国，没有议会是不行的，任何力量都不能在没有议会的情况下统治英国，军队也不例外。所以在军队掌权后，它立刻受到议会的挑战。议会自认为代表国家的最高权力，军队只是它的工具；战争是在议会的领导下进行的，军队只执行议会的命令。但事实却是，战争是军队打赢的，一旦军队掌握政权，要它和议会分享权力是很难的。战争胜利以后，军队与议会之间冲突不断，国家政局也动荡起伏，军队内部出现军官与普通士兵之间的对抗，苏格兰和爱尔兰则发生叛乱，王党伺机卷土重来。

在这种情况下军队解散了议会，实行军事独裁，由克伦威尔出任"护国主"，建立"护国制度"。英格兰和苏格兰被划分为11个军区，每个军区设一位军事长官，对当地实行军政管理。军队的管制超出于法律，也超出于习惯，军事长官的命令就是法律，英格兰一项重要的政治原则被破坏了。

作为"护国主",克伦威尔获得最大的权力,他虽然不是国王,权力却大于国王,成了无冕之王。作为革命事业的忠诚捍卫者,克伦威尔承担起保护革命的责任;但这也意味着国家的最高权力由革命前的国王转到革命爆发后的议会,再到革命胜利后的军队,最后到克伦威尔一人之手——意思是:权力从国王一个人手里转到了克伦威尔这个人手里,革命的初衷被背离了;国家走到这一步,就迷失了方向。人们会问:革命十几年,许多人为革命的理想英勇战斗,流血牺牲,最终推翻国王统治,难道就是为另外一个人实行统治吗?那个人不是国王,却比国王的权力更大!克伦威尔独裁统治的出现,表明英国革命陷入困境,它没能建立起一个新制度,于是在无意识中回到革命的原点,用一个人的统治取代了另一个人的统治。

克伦威尔去世后情况更糟。按照规定,护国主的职务可以世袭,如以前的国王那样。克伦威尔的儿子理查德年纪轻,30多岁,没有战功,不会打仗,更不会治理国家,是一个平庸之辈。而克伦威尔率领的那支军队是革命军队,身经百战,有一批老将还健在,在那批人眼里,理查德只是个黄毛小伙儿。克伦威尔在世时是军中唯一的、无可争议的领袖,而他一旦离开,竟没有人能填补空缺!将军之中不乏野心之辈,很多人都想填补这个空缺,因此克伦威尔一朝去世,将军们之间的争斗,甚至是流血的斗争就开始酝酿。英国面临重大危机,一旦将军们打起仗来,其结果难以预料。军队与国王开战尚有正义可言,将军们相互开战,有什么正当性?对国家来说,将军之间的战争是非常可怕的。打一个比方,辛亥革命以后的中国:袁世凯死后北洋军阀互相开战,那些人原本都是袁世凯的手下,他们互相开战、争权夺利,一直打了十多年,给国家带来无穷灾难,也为日本的全面侵华提供了可乘之机。因此,军阀混战是十分危险的。

为避免将军们的混战,斯图亚特王朝的复辟就出现了。军队中有一批人,他们主张把在荷兰流亡的查理一世的儿子查理二世请回来,让他恢复王朝统治,通过恢复王朝统治的正统性来避免军队发生混战,从而避免英国内乱。他们派代表团去荷兰与查理二世接触,其中为首者是革命军曾经

1661年查理二世加冕为英格兰国王

的总司令费尔法克斯；此人在军中享有崇高的威望，是一个职业军人，没有政治野心。查理二世接受了邀请，在回国之前发表"布列达宣言"，宣布一旦复辟，就会和议会共同治理国家，恢复"王在议会"和"王在法下"，在法律的规范下行使权力。这就全面肯定了议会在国家政治中的地位和作用，同时也间接承认了革命的合理性。"布列达宣言"是聪明之举，它保证了革命与复辟之间的对接和过渡，避免了政治动荡。我们可以说：英国复辟是"革命复辟"，是由革命军自己去复辟的，而不像后来在法国发生的"反革命复辟"；法国复辟是欧洲的反革命力量造成的，其结果和英国的情况很不同。

但是，问题没有根本解决。查理二世很快就背弃了自己的诺言，开始重新加强国王的权力，专制的力量又一点一点回来了。查理二世统治英国25年，他的做法比较巧妙，他试图在议会内部扶持一个保王派别，通过保王势力控制议会，恢复国王的专制权力。这种做法造成了议会的永久分裂，从此就出现了两个党派，开启了所谓的"两党制"。查理二世去世的时候，一个比他父亲查理一世在位时更加专制的王权统治已经形成了，专制主义制度又回来了。"布列达宣言"的承诺不再存在，复辟政府转了一圈，又回到专制主义的原点。经历过克伦威尔革命的英国人不能接受这个结果，于是议会再一次以民意代表的身份出现，发动了"光荣革命"。

光荣革命的过程大体如下：查理二世去世后，他的弟弟詹姆士二世继承王位。詹姆士不仅继承了查理二世的专制遗产，而且又叠加了一个因素，即天主教复辟。詹姆士是一个公开的天主教徒，他公开恢复天主教，不仅任命天主教徒出任文武官职，而且想恢复天主教在英国的合法地位。这就动摇了英国国教（安立甘宗）的一统地位，而这个地位，是亨利八世在宗教改革时确立，又被女王伊丽莎白一世巩固的。在那个时候，宗教问题和政治问题是紧密相连的，天主教和君主专制被视为一体。同时，作为敌对国家，法国和西班牙都是天主教堡垒，于是专制、天主教和敌对国家三位一体，威胁着英国的生存。这样，詹姆士二世就变得非常不受欢迎，英国大部分老百姓人心思变。在这个背景下，议会两党领袖秘密集会，派人去荷兰，邀请当时荷兰的最高领导人、奥兰治的威廉率领军队到英格兰，"保护英国人自古就有的自由"。

英国议会在查理二世时就形成两派，一派叫辉格，一派叫托利，这就是后来英国两党的雏形。辉格派后来发展成自由党，托利派则发展成保守党。但两派刚出现的时候，只是议会中两个贵族小圈子，没有固定成员，更没有党的组织机构，谈不上是现代形式的政党。这两派在政治理念上相左，他们所代表的社会阶层也不完全一样，但他们都反对专制的回归，也反对天主教。在这个基础上两派联手行动，派人去荷兰邀请威廉。

威廉接到邀请很高兴，迅速率军在英格兰西南部登陆。詹姆士二世也派军队去阻挡荷兰人，但两支军队在战场上相遇没有打仗，英军迅速倒戈，与荷兰军队一起，到伦敦把詹姆士赶走了，詹姆士之不得人心可见一斑。指挥英军的将领叫约翰·丘吉尔，他是第二次世界大战中著名的英国首相温斯顿·丘吉尔的第九代世祖。

两党之所以去荷兰迎请威廉，是因为威廉的妻子是詹姆士二世的女儿，名叫玛丽。玛丽是詹姆士的大女儿，詹姆士一旦去世，玛丽就能继承王位，她是英国王位的第一继承人。并且，玛丽和她的夫君都是新教徒，一旦继承王位，就不存在天主教复辟的危险了。而荷兰作为"联合省"，也不存在君主专制的问题。出于这些原因，由玛丽回国继承英国王位是最佳选择。在詹姆士出逃后，经过一系列讨价还价，英国议会推举玛丽和威廉同时登

威廉三世和玛丽二世

上王位,威廉是真正的掌权者,玛丽只是陪衬。登位之前,两位新国王接受了议会提出的条件,即《权利法案》。这部法案是继《大宪章》之后英国出现的最重要的政治文件,其中汇集了《大宪章》以后历朝历代,包括革命时期议会所坚持的一系列原则,并对国王的行动画出红线,置君主于法律之下。在接受这些条件后,威廉和玛丽登上英国王位,成为新的君主。此后十几年中,议会颁布一系列立法,限制国王的权力,确立宪政原则,内容涉及军队建设、宗教信仰、议会的地位等等。其中最重要的是《王位继承法》,它规定威廉和玛丽去世后英国王位的继承次序,把信奉天主教的詹姆士二世及其后代排除在王位继承之外。

由此可以看出"光荣革命"的基本特征。第一,它不是革命,有人说它是宫廷政变。"革命"的结果是詹姆士二世被驱逐,由他的女儿、女婿继承王位。比起克伦威尔时期的革命,它既不流血,也没死人,甚至没有打仗。詹姆士二世因为失掉了军队的支持望风而逃,"革命"就成功了。正因为如此,这场"革命"被誉为"光荣革命";英国人对流血的革命厌倦了,于是期待不流血的变革。从那时起,直至以后几百年,和平、渐进、改革就成了英国的政治传统,直至今日依然如此。

第二,从表面上看它只是一场宫廷政变,国王更换了,王位却保留了,君主制延续下来,一如既往。在今天这个崇尚共和的时代,君主制看起来很不合时宜。但君主制的实质发生变化了,君主专制不再存在,君主立宪制建立起来,这在全世界是第一次。"光荣革命"的深层意义在于,它把国王和议会的位置颠倒过来:之前是国王在上、议会在下,议会服从国王;之后是议会在上、国王在下,国王服从议会。以前由国王决定召开或不召开议会，以后由议会决定谁当国王、谁不当国王。《王位继承法》把国王的职务置于议会管理下，议会明确了国家主权。

第三，由此，"光荣革命"创造了一种新的政治制度，一种现代政治制度，即议会代表制。这种制度在以后几百年中逐步传播到整个世界，成为当今世界的规范形式。我们看现在的世界，几乎所有国家都存在某种形式的英国影子，议会就是一例。现在的世界，很少有国家没有议会或类似议会的机构；英国的两院、英国的政党、英国的选举方式是许多国家制度的原型，为许多国家提供了模板。到19世纪中叶，维多利亚女王在位时，英国君主成了虚君，成为国家的符号和象征，不参与实际政务，只发挥社会稳定的作用。王位还是有的，真正统治国家的是议会。这种制度与美国的总统制没有本质区别。事实上，美国制度是从英国制度脱胎而来的；并且，美国总统权力之大，几乎就是半个国王。

第四，在这种制度下，国王一个人的统治结束了，取而代之的是议会少数人的统治。专制的权力在英国过时了。斯图亚特王朝之所以失败，就因为它试图维持陈旧的制度，而抗拒了历史的大方向。克伦威尔的革命力图扭转这种局面，它推翻了国王的专制统治，却未能找到一种有效的替代方式，结果使革命的果实得而复失。有鉴于此，光荣革命保留王权，却剥夺了它的实权，将最高权力置于议会之手，完成了一个人的权力向一批人的权力的过渡。如果借用古希腊哲学家亚里士多德的说法，那么新出现的这种制度是贵族制，是少数人的统治。当时英国议会是由贵族组成的，在这批贵族的统治下，英国率先走进现代世界。

总之，新制度的出现使英国在政治领域先走一步。后来，世界上其他国家都在不同程度上模仿英国，至少在形式上如此。从那个时候起，英国就不再跟着它之前的那些国家走了，不再走葡萄牙、西班牙甚至荷兰这些国家的老路。它开始走自己的路，创造自己的模式。这在政治领域是非常重要的一步，对整个世界都产生了巨大影响。英国成了西方国家现代政治制度的创造者，它开始走出欧洲、走向世界，最终成为影响巨大的世界大

— 引领工业化发展方向 —

国，在18—19世纪称霸世界。

在经济方面也出现同样情况，英国不再走它之前那些国家如葡萄牙、西班牙甚至荷兰的路，而走出了自己的路。这条路是很多读者都知道的，即工业化道路；由此它成为现代经济的领路人，造就了世界最强经济体。

光荣革命发生在17世纪末的1688年，自斯图亚特王朝继承英国王位起，至光荣革命，英国用了近一个世纪的时间改变政治制度，创造出一种新制度，从而在政治领域走在了世界前列。光荣革命后，英国又用一个多世纪彻底改变了经济结构，将世界推向工业时代。18世纪对英国来说是一个经济大发展的时期，这个时期发生了农业革命和工业革命，经历过经济革命后，英国在经济领域遥遥领先了。

农业革命发生在18世纪上半叶，从内容来说很简单，就是培育良种，使用新的生产工具，采用新的种植方法，比如条播、施肥、开沟、挖渠、灌溉排涝等等。过去很长时间里英国采用三圃制，就是土地轮休，一地三分轮流耕种，以维持地力。农业革命中使用比较科学的方法合理种植作物，按季节不同分头栽培、种植不同的作物，比如小麦、芜菁、豆类、牧草等。这些作物有些是粮食，有些是饲料，有些可以作肥料，还有些是经济作物。每一块地都轮流种植这些植物，既可充分利用土地，又可增加地力，不需要轮休，农业生产力得到极大提高，也给土地所有者带来丰厚收益。农业革命给英国农业生产带来革命性变化，为日后更深刻的经济变革埋下伏笔。不过从技术层面看，农业革命中的许多做法在中国汉代就有了，比如说精耕细作、施用肥料等，这些技术很迟才被欧洲人掌握，可见欧洲的农业曾经多么落后。

在畜牧业方面，主要是引进良种和培育良种，并推广种植牧草，以保证牲畜可以过冬。以前每到秋冬之季，牛羊等牲畜被大量屠宰，而后它们的肉被腌制或封冻起来，以免冬季牲畜因没有饲料而饿死。农业革命改变了这种情况。随着作物轮耕，每年都有相当一部分地块用于种植苜蓿，这是一种营养丰富的牧草，同时有很强的固氮能力，可以增加地力；结果就

英国农业革命代表人物托马斯·科克，他的羊种改良影响很大

是一举两得，既为牲畜准备了过冬的饲料，又增强了地力。牛羊因此而得到更长的生长期，长得比以前更大了。有一个形象的说法：过去的羊像条狗，现在的羊像头牛——意思是说，以前羊只有狗那么大，现在羊有牛那么大。牛羊过冬带来英国人饮食结构的变化，人们有更多的肉类食品，慢慢变得以肉食为主，这又造成英国人体质的变化，人们长得更高了，力气更大了，人口数量缓慢增长，为日后的工业革命储备了劳动力。

农业革命的动力在哪里？最根本的动力是商品经济的发展，使农业从自给自足变成了商品生产，农产品变成了商品。这就把许多贵族、大地主卷入农业革命当中去了，他们希图通过提高产量增加收入，获取更多的商业利润。这些人是传统的统治阶层，是社会的表率，他们的一举一动对整个社会都会有重大影响。他们把农业当成产业，变为赚钱的工具，为了赚钱而向土地投资，把自给自足的农业经济改造成资本主义性质的商品经济，由此而改变了传统的生产方式、耕作方式和土地运用方式。所以，农业革命并不是单纯的技术变革,而是生产方式的变革,是经济性质的根本变化。经过农业革命,英国的农业转变成资本主义经营农业,从而改变了经济形态。

贵族、大地主是农业革命的发动者和参与者,他们的谋利动机是农业革命的动力。这些人身先表率,谋取实利,这就为整个社会树立了榜样,一时间上行下效,都以盈利为荣,致富发财成风。有地的以土地谋利,没地的用其他方法赚钱,这导致全民族的道德观念发生变化,人们认为谋利不可耻,赚钱很光荣,中世纪对财富的道德约束被突破了,资本主义价值观念甚嚣尘上。观念的变化是由上层社会、土地贵族们引导的,英国出现这种情况是很值得玩味的,这为资本主义价值观在英国迅速传布提供了坚实基础。可以说,英国的贵族们率先接受资本主义,从而孕育了全民族的资本主义精神。

关于农业革命,以上只讲了技术层面,还有生产组织结构的变化,表现为圈地。生产组织结构的变化在某种意义上更为重要,它是一种制度保障。中世纪的土地使用方式是"敞田制",也就是一个社区的土地开放,乡村共同体同耕同作。耕作的时候,从耕地、播种、施肥到田间管理整个流程,都是全体农民集体劳作,不分所有权。比如春天耕地了,一张犁从早到晚一口气耕下去,并不是各人只耕自己的土地。只有在收获的时候才出现所有权问题,每个人只在自己那块地上收庄稼,而全体农民还要去给领主收庄稼。收割完之后,土地又放开了,所有农户包括无地农民都可以在地上养猪放羊,或拾捡麦穗,土地又成为公用之物了。此外,所有人(包括最贫穷的鳏寡孤独者)都有权使用村庄共同体的树林、草地、河流等等,可以拾柴、采浆果、放牧奶牛、饲养鸭鹅等等。这个制度是中世纪流传下来的,体现着农村公社的残迹,它能保证共同体的每一个人都能活下去,即使没有土地也不至于饿死。然而同时,这个制度是静止的、不变的,不鼓励创新,也不存在创新的动力;任何人都不愿意花更多的钱或出更多的力去提高土地产出率,因为任何提高都意味着所有的人都受益,而自己却得不到更多。

圈地改变了这种状况。在许多人印象中"圈地"就是骑一匹马跑一天，跑完了地也圈好了。但农业革命中的圈地不是这样的。光荣革命以后，任何圈地都要经过议会批准；一个地方想圈地，需要这个地方全体有土地的人都同意，向议会提交申请。圈地的内容是：把原来每一个有土地的人分散在不同地块上的土地集中起来，连成一片，然后筑起篱笆，以邻为壑，井水不犯河水。这样就把原来的"敞田"消灭了。也就是说，圈地把土地私有属性绝对化了，是谁的就是谁的，相互不干扰；谁在土地上投资多谁就可以收益多，谁不投资谁就得不到理想的收益。很明显，这是一种资本主义方式的制度改造，其结果是：越是大土地所有者越愿意圈地，因为他越有能力投资土地进行技术改造，比如开沟挖渠、灌溉排涝等等；小农户则无力投资、无力采用新方法新技术，最终只能在竞争的压力下丢掉土地，变成一无所有的农场工人，也就是无产者。农业革命一方面大规模提高了农业生产力，为英国积累了大量财富；另一方面扩大了贫富差距，富人变得更富，穷人变得更穷，完全失去生活保障。过去在谈论农业革命的时候，人们往往忽视了圈地的作用，其实圈地是农业革命的重要内容，是生产组织结构方面的变化。

如果说农业革命是经济发展的前哨战，那么工业革命才是排山倒海的经济起飞。18世纪下半叶工业革命就开始了。关于工业革命人们比较熟悉的是机器和动力，例如珍妮纺纱机、水力纺纱机、骡机等等，当然还有蒸汽机，有瓦特这些发明家。但这些只相当于农业革命中的技术变革，比如品种改良、工具改进、新的耕作方法等。和农业革命情况一样，除技术方面的变革之外，更重要的是一种新的生产组织结构的出现，即工厂制。很多书在讨论工业革命的时候，常常忘记工厂制的作用，而这是更重要的方面。

有一个情况很有意思：工业革命期间，使用机器尤其是蒸汽动力机器的行业与企业，在整个制造业里一直是少数，直至19世纪中叶人们公认工业革命基本完成时都是这样。大部分产业仍旧不能使用机器，也不适用于蒸汽动力；因为那个时候的技术水平有限，机器和动力是不能运用的。举个例子，裁缝做衣服，这在当时不能使用机器，更不可能采用蒸汽动力。一块布，首先需要量体裁衣，裁出袖子、领子、前襟、后背等等，都需要用剪刀裁剪；机器做不了，因为线条都是弯曲的，不是直线，当时的机器功能不能拐弯，蒸汽机带动机器只能走直线，要么上下、要么前后、要么左右，完全不能转弯。蒸汽机不会转弯，所以像成衣业这类部门要到20世纪才能使用机器生产，在此之前都是手工制作。

工业革命时期绝大部分行业都是这样，都不能使用机器，也无法使用蒸汽动力，与很多人想象的情况完全不同。然而不使用机器，靠什么完成工业革命？靠的是工厂制，是生产组织结构方面的变化。人们一般以为：工厂就是一座大房子，里面有很多机器，从早到晚轰隆轰隆地响，烟囱里

英国工业革命时期纺织厂的动力织机

冒着黑烟，蒸汽机提供动力。然而在工业革命时期，这样的工厂并不多，绝大多数工厂既没有机器，也不使用蒸汽动力，它们只是把很多工人放在同一个工作场所，实行劳动分工。比如说成衣业，以前做衣服基本是裁缝师傅一个人，从量尺寸到剪裁到缝纫，直至做成一件衣服，由裁缝一个人完成，又或者带几个徒弟，开一个裁缝铺子。工厂制改变了这种情况。老板找一个大房间，雇几十个女工，挤在一起，整天坐在那里，每人只做一道工序，比如缝袖口、开扣眼、钉扣子等等，每天做同样的工作，一做就是几十年，做成了这道工序的熟练工。在这种情况下，每一件衣服都是由工人们集体完成的，裁缝师傅不再存在，取而代之的是熟练女工；她们成批量地生产，每人一道工序，工作速度非常快，而工资又非常低，其效果与使用机器、使用蒸汽动力无异。亚当·斯密曾说，分工就是生产力。那些不能使用机器、不能采用蒸汽动力的行业和部门，通过工厂制的形成改变了生产组织方式，在维持手工劳动不变的情况下完成了工业革命。而类似于成衣业的情况在英国工业革命时期大量存在，例如家具、陶瓷、车辆等等。

陶瓷业是一个典型的不使用机器，却通过生产组织结构变化完成工业革命的行业。英国的陶瓷制作曾经非常落后，长期以来靠手工生产，规模很小，一般是一个师傅带五六个帮工，烧一个小窑，整个流程都是这几个人从头到尾一道一道做下来的。但制陶其实有很多工序，从掘土、掺水、和泥、搅拌、制模、成型，到烧制、点火、加热、出窑等等，加在一起有二三十种不同的工序。由于工艺落后，英国制作的陶瓷产品基本上都属粗制滥造，只相当于中国古代最劣质的乡村用品而已，连形状都不规范。工业革命中，乔赛亚·韦奇伍德改造了陶瓷业。他建立大规模的陶瓷工场，雇用几百上千个工人，经过周密的计算，严格实行分工。工人们被分成许多工作组，每一组只负责一道工序，每一道工序都实行严格的质量把关；而且他规定工作进度，使各道工序都互相契合。经过如此改造，尽管他的工厂完全不使用机器（也无法使用机器），更不能使用蒸汽机（完全不可能），但韦奇伍德品牌陶瓷却成了全欧洲最出色的产品，其精美程度可与当时最好的中国瓷器媲美。

总之，通过机器与工厂制，英国完成了工业革命，成为世界上第一个工业化国家。到工业革命结束的时候，英国的棉纺织产品增长近50倍，达到20亿码；煤炭产量增长7倍多，达到4950万吨；生铁产量增长34倍，达到270万吨。这些就是英国工业革命中的三大支柱产业，其中棉纺织业是龙头产业，整个工业革命都是围绕棉纺织业发展起来的，原因是在那个时代棉纺织品得到了无限扩大的市场。英国的传统纺织业是毛纺织业，英国的毛呢非常有名，质量非常好，但棉纺织品出现以后，很快受到民众的青睐，棉布织品比毛呢织品穿起来更舒服，特别是作为贴身内衣穿，毛织品是很不舒服的。棉纺织品透气好，容易洗，价格便宜，穿在身上飘飘若仙，尤其深受女性喜爱。这些优点非常明显，棉纺织品很容易成为大众消费品。英国的人口变化也适合棉纺织业的发展，19世纪初英国（英格兰、苏格兰、威尔士）人口大约是1000万，50年后工业革命完成的时候已超过2000万。人口的迅速增长意味着市场迅速扩大，再加上英国海外殖民扩张的因素，比如打开印度市场、打开美洲市场等，市场如此无限扩张就使得棉纺织业有无边无际的扩张空间，工业革命从棉纺织业起步是有道理的。

棉纺织业的扩张带动了煤炭和生铁产业，机器和蒸汽机都首先在棉纺织业使用，煤的需求量和铁的需求量于是迅速增加。造船业是另外一个被带动的产业，因为大量生产的棉布需要运往海外，造船业就高速发展。一直到第二次世界大战结束时，英国都是世界上最大的航运国家。

工业革命完成的时候，英国成为第一个工业化国家，是那个时代的"世界工厂"。人们一般把1851年在伦敦举办的第一次世界工业博览会看作工业革命完成的标志，当时，英国的国民生产总值占全世界的一半。一半是什么意思？换一个说法就更明白了。一半的意思是：把全世界所有其他地方加在一起等于英国。或者说，配备一个天平，一边放英国，另一边放

1851年伦敦世界工业博览会展馆水晶宫内景

除英国以外的世界，两边基本持平。但英国是一个小国，其国土面积仅占世界陆地面积的约0.2%，人口约占世界总人口的2%。这样一个国家可以有这么大的力量称霸世界，而这种力量恰恰来自工业，来自一种新的生产方式。工业生产方式引领世界发展方向已经200多年了，迄今仍然如此。在这200多年中，全世界都有意无意地跟着英国走下来，而这个趋势却不可阻挡。二战后，西方有理论家声称世界已进入"后工业化时代"，"服务业"已取代工业，成为世界经济的扛鼎者。但最近几年的事实说明，工业仍然在主导经济，"后工业化理论"已不攻自破了；西方国家正纷纷寻求"再工业化"，第二产业仍然是国民经济的主体。放眼今天这个世界，到处都是工业革命的结果，从衣食住行、锅碗瓢盆到生产方式、生活方式，无一不是由工业革命带来的。英国是第一个跨越工业化大门的国家，它由此而引领了世界发展的方向。

一
为什么是
英国，
及英国的
失误
一

问题于是就来了：为什么是英国？为什么不是其他国家？在当时那个世界上还有一些国家，其中有些是古老帝国，存在几百上千年之久；有些是新出现的庞然大国，幅员辽阔，人口众多，物产也很丰富；也有充满活力的一些国家，但它们都没有突破农业生产方式这道槛，而首先进入工业社会。

英国工业革命发生时几乎是无声无息的：溪流边出现几座大厂房，用水轮带动机器纺纱和织布，这在田园风光的英格兰乡村，不显得有什么特殊之处。但慢慢地，无数烟囱拔地而起，四处浓烟翻滚，工业城镇一座接一座，许许多多的工人在工厂上班、下班，辛苦谋生计。村野消失了，城市取而代之，财富滚滚而来，国家变得非常富裕，同时又非常贫穷——只是到这个时候，人们才意识到一场亘古之变正在出现，而从这个时候起，人们就开始议论：为什么在英国？

这个问题讨论很长时间了，各种解释也很多，不过迄今为止都没有统

英国工业革命时期的煤矿开采造成严重空气污染

一的看法，说实话也不可能有统一的看法。概括而言，有几种说法比较有代表性，读者也相对比较熟悉。第一是英国农奴制解体比较早，为工业革命准备了劳动力。从逻辑推理，这种说法看似不错，因为从生产要素来看，自由的、不受束缚的劳动力显然是工业生产所需要的。不过逻辑的链条是不完整的，因为英国农奴制早在14世纪就开始解体，到15世纪就基本不存在了，不会过了三个世纪才触发工业革命，这是说不通的。况且，除英国之外，西欧很多地方（比如法国）都在差不多的时间里消除了农奴制；所以即使农奴制解体是一个原因，也不能说明为什么是英国。

第二，英国有殖民地，殖民地为它提供了工业革命所需要的资金。这种解释从另一个生产要素角度进行理解，当然，资金是工业生产的又一个要素。不过这种说法有几个问题：其一，英国有殖民地，其他国家也有殖民地，像葡萄牙、西班牙这两个国家早就有殖民地了，而且它们的殖民地都曾比英国大，英国是后来者，为什么居上呢？其二，最近几十年英国学界的研究结果发现，殖民地回流的资金基本没有投资工业，而是用于购买土地；那些靠殖民掠夺赚取一笔钱的大亨们更愿意买地过上乡绅的生活，为他们的后代进入议会、当贵族做准备，而工业对他们没有吸引力。于是人们问：工业革命的资金从哪里来？学者研究的结果让人们大吃一惊：工业资本是工业自己创造的。也就是说，工业资本从零开始，无中生有，这几乎颠覆了人们的常识！

与此相关的第三种解释，即资本原始积累的解释，是大家更为熟悉的。与以上的解释如出一辙，这种说法认为殖民统治为工业革命提供了原始资金。毋庸置疑，殖民地的存在对英国工业革命有重大意义，但其作用主要不是在提供资金，而是在提供市场。如前所述，当英国殖民地不断扩大，市场也无限扩大时，棉布产品的需求量成百倍甚至数百倍增长；如此迅速增长的市场需求，最终触发了机器的发明，蒸汽机也随之问世，工业革命爆发了。

第四种解释也是大家熟悉的，即生产力水平发展积累到一定程度，就会从量变产生质变，工业革命由此发生。这种说法最大的问题是它没有说明为什么工业革命在英国发生，而没有在其他地方发生。事实上在整个中世纪，西欧的生产力水平差不多，进展程度也差不多，农业技术基本上是拉平的。在这种情况下，很难解释为什么突然在英国这个国家出现生产力飞跃，而其他地方毫无动静。严格地说，英国的自然条件不如其他一些地方好，比如法国。法国各方面条件都好很多，伊比利亚半岛情况也不错。我们放在一个更大的视角下进行观察，会发现一直到18世纪中叶，世界上很多地方生产力水平远远高于欧洲，特别是高于英国。据西方学者估算，中世纪西欧国内生产总值（GDP）的增长率每100年为1%，如果确实如此，那么这种增长几乎是可以忽略不计的。既然如此，为什么工业革命发生在相对落后的欧洲尤其是英国，而不是更先进的世界其他国家？

第五种解释说服力更弱，是从地理位置来说明的。它说的是：英国地理位置特别优越，作为岛国，四面临海，海上交通便利；16世纪以后大西洋贸易开通，英国就处在世界贸易的中心，由此而获得丰厚的商业利润；贸易加强了市场的动力，工业革命就是在这个背景下展开的。和这种说法差不多的是：如果把英国视作一个等腰三角形的顶角，那么向西南划一道直线到加勒比海，和向东南划一道直线到印度，距离几乎是一样的，这也说明它的贸易位置多么优越。不过，显而易见的是，和英国处在差不多地理位置上的国家有好几个，比如法国、荷兰、伊比利亚国家，而这些地方显然没有得到发动工业革命的优先权。

各种解释确实很多，此处不再一一枚举。但有一种说法还是值得一提的，它把上述各种解释堆积在一起，声称只有当所有这些条件都具备时，工业革命才会发生。换句话说，因为英国具备所有这些条件，所以工业革命在英国发生；再换句话说，能够把人们想到的各种因素都凑齐，那就会发生工业革命。不过这可是千年不遇的机缘，所以结论就只能是：工业革命的发生是偶然的，不具备必然性。

回到我们的问题上来：为什么工业革命首先在英国发生，而没在其他地方发生？我提出一个解释框架：英国发生工业革命存在一个必要条件，这个条件在当时那个世界上只有英国具备，其他国家都不具备；正因为如此，只有英国有可能发动工业革命，其他国家则没有这种可能性。这个条件是：光荣革命以后英国形成宽松的政治和社会环境，社会变得多样化，个人在这个环境中有可能充分发挥自身能力，追求利益的满足。我们不能忘记农业革命是由贵族、地主们发动的，他们追求资本主义商业利益，结果就上行下效，形成了全社会的逐利风气。利益的多样化和权力的分散化是工业革命时期英国的社会特点，而这恰恰是光荣革命之后英国的特殊之处，其他国家都不是这样。亚当·斯密有一个问题看得很准，他认为太强大的政府管制把经济活力掐死了，所以重商主义从早期经济发展的动力变成了阻力；由此他提出，政府应该退出经济领域，给经济松绑。

亚当·斯密的《国民财富的性质和原因的研究》，即《国富论》，发表于1776年。严格地说，此时工业革命基本未启动，所以这本书出版之初并无太大反响。大约过了30年，英国政府把亚当·斯密的理论视为圭臬，而他则被奉为经济学的鼻祖；他的"看不见的手"的说法广为流

亚当·斯密

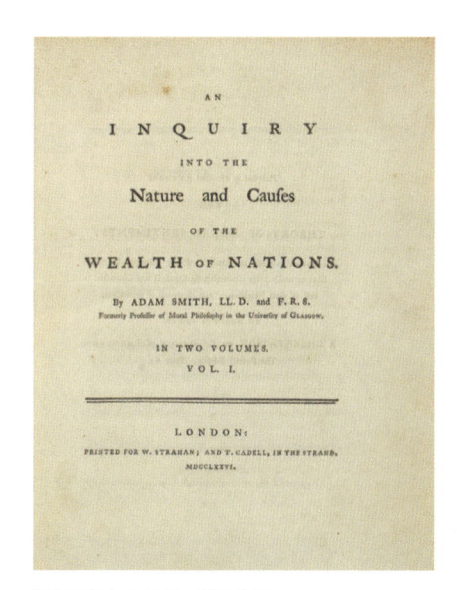

《国富论》1776年首版扉页

第五讲 英国（下）：第一个工业化国家

传,并成为经典之论。这个时候,英国工业革命已经如火如荼地展开了,其创造的财富震慑了欧洲。人们开始把工业革命中表现的那种政府放任自流的政策与亚当·斯密的经济理论联系起来,并总结说:自由放任是最好的政策,它带动了工业革命。上文在讨论为什么工业革命发生在英国而不是其他地方时,已说明光荣革命所创造的那种宽松的政治和社会环境是必要条件,显然,亚当·斯密的学说符合英国的状况。在工业革命过程中,英国政府基本上只执行"守夜人"的角色,也就是维护财产权利不受侵犯、维护法律的裁决作用,除此之外对经济事务采取完全不干预态度。人们常说英国工业革命是在一种民间自发的状态下进行的,这大体上符合事实。从18世纪90年代开始,英国政府日益推行自由贸易,主张废除关税壁垒,让商品在完全不受限制的条件下自由流动。拿破仑战争后,自由贸易更成为英国的国策,并且是"政治正确",英国也正式进入了"自由主义时代"。到这个时候,亚当·斯密的自由主义经济理论也就成为金科玉律,俨然变成不可颠覆的真理了。

不过,这套理论的绝对正确需要一个前提,即英国的经济实力无可匹敌,世界上没有第二个国家可与之抗衡。英国在工业革命完成时确实达到了这个水平,所以亚当·斯密的理论就"正确"了。人们通常说,英国工业革命是在亚当·斯密理论指导下进行的,不过这种说法并没有人去严格地论证过。更真实的情况也许是:当时英国人普遍崇尚自由放任,而亚当·斯密的著作恰恰表达了这种信念。

对英国来说,自由放任是至宝,靠着这一条经济路线,英国登上了世界强国的高峰。但英国把自由放任执行得过了头,结果造成一大堆社会问题,过了一百多年才逐步解决。亚当·斯密理论的核心是国家不干预经济领域,让经济问题由经济自身去解决,他将其称为"看不见的手"。他认为一个国家的经济发展,只有在最"自由"的状态下才能达到最理想的状态,经济有其自身规律,人为干涉只会破坏市场平衡。市场这只手是万能的,一切经济问题在市场面前都能够迎刃而解。从逻辑上看,这个理论是说得通的。比如一件商品，生产太多就卖不掉，卖不掉工厂就倒闭了，工厂倒闭生产就减少了，生产减少商品就卖出去了，于是市场就恢复平衡了。所以，通过市场调节，让"看不见的手"充分发挥作用，经济活动就能维持在最佳状态。然而逻辑如此，现实情况却复杂得多。在一个完全"看不见"的市场空间里，每一个生产单元都在黑箱里摸索，既不知道市场有多大，也不知道购买力有多少，商品能不能卖掉在很大程度上靠运气；一旦许多商品卖不掉、囤积了，大规模的经济危机就来了，大量工厂倒闭，大量工人失业，社会立刻进入动荡期，而此时人们并不知道需要多长时间才能恢复平衡。英国工业革命时期大体上每隔十年会出现一次经济危机，刚开始人们对此不以为意，以为是偶然现象；后来当这种情况一再发生，而且几乎是定期发生时，人们才意识到问题的严重性。危机对生产力的破坏是巨大的，现在人们知道，仅依靠"看不见的手"是不够的，市场的恢复机制没有那么强。

1861—1865年兰开郡纺织业因生产过剩陷入大萧条，大批工人家庭沦为接受救济的穷人

进而，资本的基本属性是赚钱，市场作为工具，只是赚钱的手段。资本家的本性是求得利润最大化，为追逐利润，资本家不考虑其他问题。当亚当·斯密把人类社会分成经济领域和非经济领域两大类，并主张国家退出前者时，以下问题产生了：经济领域的边界究竟在哪里？比如工资是否属于经济领域？如果是，那么这是一个政府不应该插手的领域，应该留给市场去调节；可是工资显然不仅是经济问题，它也是社会问题，甚至是政治问题，完全留给市场的结果，就是资本家尽可能压低工资，以降低成本、增加利润。于是人们看到：工业革命时期英国工人的生活状况极差，这种情况立刻就转化成社会问题和政治问题，这个时候，政府该管还是不管？由于执行了"自由放任"的经济路线，政府认为不该管，并且确实不管；于是劳动者在工业革命中付出了巨大代价，他们工资低，劳动量繁重，工作时间长，生产生活环境恶劣，生活极其艰苦。正如时人所说：在一个全世界最富裕的国家里，一眼望去到处是贫穷。原因在哪里？原因就在于：贫穷不仅是经济问题，同时也是社会问题，而市场是无法解决社会问题的；当国家退出"经济领域"，把工资、工作时间、劳动环境、教育、休闲、老龄、疾病等等都视为"经济问题"时，资本主义最恶劣的一面就暴露无遗了。其结果是工业革命时期的英国动荡不安，以致后来有历史学家在写这一段历史时说，这个时期的英国史读起来像是一部内战史。

作为工业资本主义时代最强大的世界大国，英国在探索工业化道路时，犯下过严重错误。许多人在当时就发现了这个错误，其中有一位是卡尔·马克思。马克思是德国人，但他对资本主义的深刻批判是在英国形成的。1848年德意志革命失败后他侨居英国，在英国目睹了财富和贫穷的悖论，亲眼看到了英国工人们的苦难生活。他的同志兼战友恩格斯是曼彻斯特的工厂主，而曼彻斯特恰恰是英国棉纺织业的中心，也是工业革命的发源地。理论的思辨和亲身的体会相结合，终使马克思主义在英国诞生。我们都知道马克思在大英图书馆做研究的故事，而马克思主义在英国诞生，绝非偶然。英国在工业化道路上的失误，给整个世界留下了深刻的教训。

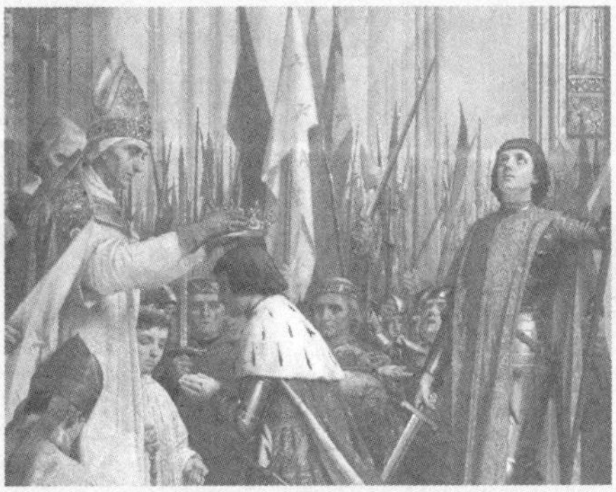

法国走到路易十四这一步,就完全走出分裂状态了,法兰西共同体不会再解体,以后无论出现什么样的动乱,法国这个国家不会再动摇。法国在构建现代民族国家的道路上历尽艰辛,走了一条极其波折的路,其预示着法国的现代化旅程依然曲折。

第六讲

法国（上）
艰难的立国之路

◎ 从"高卢"到法国
◎ 混沌的中世纪
◎ 由战乱到稳定
◎ 专制主义典范

在历史上，法国与英国同步而行，近代以后也处在相同发展阶段上，都属于早期工业化时代的世界大国。它们的历史过程很相像，每走一步都声声相应，都可以在对方的经历中找到对应点。事实上，英法两国隔海相望，比邻而居，历史上相互影响，也彼此纠缠，可说是你中有我、我中有你，相互影响很正常。中世纪两国都处在封建状态下，此后几乎同时走上构建民族国家的道路；但就在这个关键时刻，法国比英国慢了一步，以后居然每一步都比英国慢。可见近代以后欧洲国家的历史进程确实有自身的逻辑，跳过哪一步都不大可能。在现代化过程中法国选择了和英国不同的发展方式，给世界留下与英国不同的法国模式。这种模式也成为其他国家模仿的样板，其影响力不亚于英国模式。道路的选择与历史经历、与民族特性有直接关系：英国人比较务实，是经验主义者；法国人则很浪漫，是理想主义者。这些差异导致两国各自走了自己的路，在世界大国舞台上分别演绎了独特的剧本。

一 从"高卢"到法国

从地图上看，法国是个六边形，它既属于大陆国家也属于海洋国家。它的东南面是地中海，西南和西北面对大西洋，其他三面连接大陆，南面毗邻西班牙，北面接壤比利时，东面是德意志。这样一种地理位置使它既想称霸大陆，又想争夺海洋。法国的自然环境极好，本土以平原为主，土壤肥沃，适于种植粮食、果蔬；南部是葡萄之乡，法国的葡萄酒闻名世界，属于最高档的葡萄酒。法国全年气候温和，雨水充沛，夏天不热，冬天不冷，很适合农业生产和人类居住。

正因为如此，人类很早就在法国生存。与英国的情况不同，英国在远古时期其实是没有人类的，英国最早的人类只是跟在动物的后面，如牦牛、鹿、大象这些大型动物进入不列颠岛，把那里当作夏天的猎场，并不在那里长期居留。但法国有很多旧石器时代的远古人群，他们的活动可以追溯到非常遥远的时候，几十万年甚至上百万年之前。距今12万至4万年以前，一个叫作尼安德特人的种群在法国活动，这些人在欧洲史前史上非常著名，但他们是不是现代人的祖先，却说不大清楚。中石器时代的人类在法国山区岩洞里留下了精美的壁画，其艺术水平之高，即便对今天的艺术家来说也是叹为观止。新石器时代的出土石器，是一些打磨过的、相当精细的石器，比如说尖锐细小的箭头，以及切割器、砍伐器等等。公元前5世纪，凯尔特人出现在法国，他们是生活在不列颠岛的那些凯尔特人的亲戚，后来罗马大将恺撒为了征服高卢，就顺便攻打了不列颠。罗马人把生活在法国的凯尔特人称为高卢人，高卢也就成了当时法国这个地方的名称。由此可见，在法国史前的历史上，人类活动的过程非常完整。

公元前58—前50年，恺撒率军征服高卢，这次征服非常成功，将高卢

法国拉斯科洞窟壁画

高卢各部落领袖维钦托利向恺撒投降

410年西哥特人洗劫罗马

置于罗马的直接统治下。恺撒还留下一本书，叫《高卢战记》。这本书是不是恺撒自己写的不知道，也可能是由他的秘书代劳的。罗马将高卢设为行省，派官员直接统治；罗马的文化、生活方式、制度建构等等都随着罗马人的统治接踵而来，高卢人很快就被罗马化了。文明进入法国，法国这个地方由此被纳入西欧文明发展的轨道，再也没有离开过。

公元476年西罗马帝国灭亡，罗马的统治也就结束了；但西欧文明没有离开法国，相反，法国成了欧洲中世纪封建制度的发源地。

大家对"蛮族入侵"已经有印象了，当时，进入不列颠岛的是盎格鲁－撒克逊人，而进入高卢的有这样几批人，首先是西哥特人。西哥特人在蛮族大迁徙的过程中是第一个移动的，他们最早的居住地可能在北欧的波罗的海沿岸，后来向东南方向移动，在黑海以北迎头撞上了正向西迁徙的匈人。有人说匈人是匈奴人西迁后产生的后代，而匈奴人则在汉武帝的打击下离开原先生存的蒙古草原，向西迁移，经过几百年长途跋涉，他们的后代显然已经不完全是原来那批草原匈奴人了。历史上有些问题是找不到答案的。

但无论如何，被匈人撞击之后，西哥特人转向西南方向行进，在行进的过程中洗劫了罗马城；当时的西罗马帝国已经非常衰落了，如同熟透的烂苹果，一碰就坏。公元410年西哥特人洗劫罗马城之后继续往西走，走到今天的法国南部和西班牙北部，于418年在那里建立了西哥特王国。这是在西罗马帝国灭亡之前发生的事。

另外一支"蛮族"是勃艮第人。勃艮第人的发源地也在北欧，后来向西南方向迁徙，在今天法国的西南部建立国家，以里昂为中心，称勃艮第王国。勃艮第王国曾是中世纪一个强大的政权，一度雄踞欧洲西南角，但后来它没有形成现代国家，消失在历史尘埃中了。

第三支，也是最重要的一支，是法兰克人。法兰克人原先居住在今天的德国西北部，荷兰、比利时一带。西罗马帝国衰落时，他们向南扩张，占领今天法国的北部，建立了法兰克王国。现在的法国，甚至准确地说现在的法、德、意三国，都是在法兰克王国基础上形成的。因此法兰克王国的出现，对西欧后来的历史发展十分重要。

法兰克人此时仍处于部落状态，并未完全进入文明期。其中出现一位部落首领，名叫克洛维，他很野蛮、很残暴。在那个时代，越残暴、越野蛮，就越能够成为部落首领，克洛维就是一个非常野蛮的人。克洛维带领族人制服了所有的法兰克人，接着就对外扩张，占领了以前属于罗马高卢行省的大部分土地，创建法兰克王国。从克洛维开始，法国历史上第一个王朝形成了，即墨洛温王朝。克洛维是墨洛温王朝的第一代君主。墨洛温王朝后来把西哥特王国驱赶到比利牛斯山以南，并且兼并了勃艮第王国，法国的历史从这个时候起才算真正起步。

法兰克王国奠基人克洛维

入侵的日耳曼部落有一个习俗，就是在首领去世后，把他的财产平均分配给他的儿子们，这是一种部落文化。日耳曼人在他们进入罗马帝国时仍处于部落状态，社会身份相对平等，表现在财产方面，就是在父亲去世后把财产平分，儿子们不分高低。克洛维把他占领的土地看作自己的财产，跟牲口、宝藏一样，没有区别；所以他死的时候就把国土分割开来，交给儿子们分头管理。后来墨洛温的君主们去世时都由诸子平分国土。这种制度非常糟糕，会引起不断的战乱，儿子们在父亲死后争夺土地，战争就开始了。有些时候，父亲还没去世，儿子之间的战争就已经爆发。

墨洛温王朝共有28位君主，多数君主缺乏治理能力，而且在位时间很短。掌握实权的是宫相，可以理解为是丞相一类的官员，但不可以把他和中国皇朝时期的宰相相提并论。宫相往往是实权派，其中特别著名的一个叫查理·马特，这个人非常厉害。他担任宫相时牢牢地控制了整个国家，在一定程度上制服了各地权贵。"马特"是他的外号，意思是锤子，是说他敲打别人就像用锤子打人，一下就把人脑袋砸碎。

查理·马特的儿子继承宫相职务，也继承了查理·马特的统治风格。可能因为这个人个子矮，被戏称为"矮子丕平"。丕平推行一种新的土地制度，他废除了以前日耳曼人以部落为基础的比较平均的土地分配制度，改行采邑制。采邑制就是把土地使用权和征兵、打仗联系起来，为国王服兵役的人可以得到土地，这些土地就是采邑。关于西欧的土地分封制度，前面已经介绍过，此处不再重复，而这种制度最终使西欧社会彻底碎片化。土地的层层分封和国家权力的层层分割瓦解了社会，使社会不再是一个整体。这种状况造成此后约一千年的时间里西欧在世界文明区域内的全面落后，但西欧的土地分封制度在其出现时并不能说毫无道理；

矮子丕平

因为当处于部落状态的日耳曼"蛮族"进入罗马帝国时,他们并不具备管理庞大地域国家的能力,因而把土地分割成小块,让各地豪强逐级管控,不失为一种可行的做法。国王通过土地封授,领主则通过再封授,结成从上到下、等级分明的私人关系网,就好像是一串花生,一拨拨一串,封建时期的"军队"就是这样组织的,而国家的管理权则分散在许多领主手里。

丕平的改革开启了欧洲的土地分封制度,法国成为这种制度的典范,欧洲其他地方也都刻意模仿。起先,采邑是不可继承的,后来慢慢变成了世袭领地,欧洲特别是西欧社会的分裂和混乱即起源于此;有领地的人是贵族,他们成为混乱的根源。法国作为这种制度的起源地与模板,在中世纪封建状态下,其混乱的程度也登峰造极。法国从法兰克王国时期起就经历了漫长的混乱和分裂,以后想要克服这种状态,需要花很大力气。

公元751年,矮子丕平不甘心继续做宫相,于是就篡权自己当国王,开启了加洛林王朝。加洛林时期出现了一个大人物,后世称之为查理大帝,是矮子丕平的儿子。在西方文化传统中,被称为"大帝"或"大王"(the Great)的人是极少的,查理就是其中一个。他在位期间迅速扩张领土,把统治范围扩大到高卢以外,包括今天的法国、荷兰、比利时,西班牙北部和意大利北部,以及今天的大半个德国;而依附于他的地区,一直延伸到现在的波兰边境和匈牙利。所以,这个地域非常之大。但"大帝"的称号不仅来自文治武功,他也确确实实得到了"皇帝"的称号。我们知道罗马帝国有皇帝,但西罗马帝国灭亡后,西罗马的皇帝就没有了。当然东罗马帝国还存在,就是后来的拜占庭帝国,那里还是有皇帝的。查理控制了如此庞大的地域之后,就从教皇那儿得到皇帝的称号,意思是教皇承认他是西罗马皇帝的直接继承人,是他恢复了以前的帝国。教皇以上帝的名义授予他皇帝称号,这个称号于是被赋予神的色彩。

但如此庞大的查理帝国在他死后就土崩瓦解了,原因仍然是日耳曼那个部落文化传统,即诸子继承制。查理死后由其独子虔诚者路易继承王位,但这个人是一个平庸之辈,能力很低,在他统治的第三年就把从查理那里

查理大帝

继承来的广阔领土一分为三,分给了他的三个儿子,这就导致此后几十年的大混乱。三个儿子当着他的面争夺土地,发动战争,甚至向父王本人开战。土地分封是个糟糕的制度,它总在制造分裂和混乱。

经过多年混战,到843年查理帝国分成三块。西边这一块叫西法兰克王国,东边这一块叫东法兰克王国,中间这一块叫中法兰克王国,中法兰克国王继承"皇帝"称号。帝国三分带来一个永久性的结果,就是为后来的西欧三大国奠定了领土基础——西法兰克后来变成今天的法国,东法兰克演变成当代的德国,中间这一块自北向南萎缩,变成了现在的意大利。三分以后三个地区就各奔前程了,分别走上不同的发展道路。

987年法国出现卡佩王朝,起初这是一个弱王朝。有人说,其创始人雨果·卡佩被选为国王,就是因为他的势力小,成不了气候,容易受大贵族的操纵。当时,法国实行国王选举制,也就是由贵族们选举国王,这个风俗也来源于早期日耳曼的"蛮族"传统;在日耳曼的部落时代,就是用选举的方法推选首领的。顺便说一句:由推选产生首领并不是古代日耳曼部落特有的习惯,世界很多地方都有过差不多的习俗,上古时期的希腊、罗马有过类似做法,中国远古传说中也有"尧舜禹禅让"的故事。可以想象,在部落时代,推选产生首领应该是一个普遍现象,只是在欧洲某些地方这种做法长期维持,甚至转变成中世纪的"选举"国王(尽管"选举"通常只是形式)。而在世界其他地方,这种古老的做法慢慢消失了,甚至没有在记忆中保留下来,让人以为西方人一直在"选举",其他地方根本就不知道什么叫选举。

卡佩王朝那些"选举"出来的国王权力都很小，他们受制于强有力的贵族。卡佩王朝早期，有一个地方叫"法兰西岛"，这个"岛"不在大西洋或太平洋，而是指现在法国首都巴黎和奥尔良之间那一小块土地。这块土地是卡佩王朝的国王们可以直接控制的，其周围则是贵族们的大片领地，就如同被淹没在汪洋大海中的岛屿那样，所以被称为"岛"。在每一块领地上，贵族才是真正的主人，国王对他们来说不算什么。有些贵族权势很大，他们有大片土地，有巨大的财富，他们之间相互征伐，有时结盟，有时对抗，不断演绎合纵连横的好戏。国王只是贵族中的一个成员，他虽然头戴王冠，却没有实权，所以在贵族争权夺利的游戏里他通常是弱者。中世纪欧洲的君主与中国皇帝是不可同日而语的，欧洲的"封建"和中国的"封建"完全不一样。在欧洲封建制度下，社会的分裂和混乱是常态，"统一"这个概念根本不存在。还需要记住：教会也是封建领主，教皇有"教皇国"，大主教们往往有大片封地，其势力不亚于世俗贵族；修道院有土地，各地教堂也有土地。由此，西欧封建社会就更加分裂了，并且滋生出教权和王权之间的矛盾。

所以，卡佩王朝刚出现的时候，法国的情况很糟糕，人们看到的是小国王和大贵族，国王形同虚设，贵族掌握实权，社会完全封建化，国家完全碎片化。贵族和国王之间，贵族和贵族之间，大贵族和大贵族之间，小贵族和大贵族之间，各种冲突持续不断，再加上教会插手，教皇和国王对抗，乱成一团。西欧中世纪史是最难掌握的一门学问，原因就是领主太多，社会太乱，领地把国家分解了，形成无数地方势力。与法国相比，英国的情况好很多。英国从诺曼征服开始，国王的权威就相对大，尽管仍处在封建状态，但贵族的力量比较小，分裂的程度没有那么严重，王权比较强大，所以后来统一的过程就比较顺利。

对欧洲任何国家来说，统一是必由之路。事实上，在只有领地、没有国家的中世纪欧洲，未经统一就不能形成国家。现在所有的欧洲国家都经历过统一的过程，而没有经历统一过程或经历了但没有成功的地方，就不存在国家（比如法国的勃艮第）。但统一意味着什么？意味着清除地方势力，把分散在贵族手中的权力重新收回到国王手里，再建权力中心——这就意味着壮大王权。

在法国，这个过程是从菲利普二世开始的，时间大概是12世纪末。菲利普二世是卡佩王朝第一位有作为的君主，他在位期间着力打击地方贵族，把王室领地扩大了三倍。他还结束了选举国王的习俗，确立了王位世袭制，以国王为中心建构统一国家的过程由此起步。以后经过路易九世和菲利普四世几代人的努力，法国作为一个"国家"开始出现。

— 由战乱到稳定 —

尽管如此，1328年卡佩王朝最后一任国王查理四世去世时，还是出了问题。查理四世没有儿子，王位继承成了问题；英国国王爱德华三世以其母亲是查理四世的妹妹为名，提出继承法国王位的要求。法国贵族不承认女性继承权，于是否决了爱德华的要求，而选举查理的堂兄、瓦卢瓦的菲

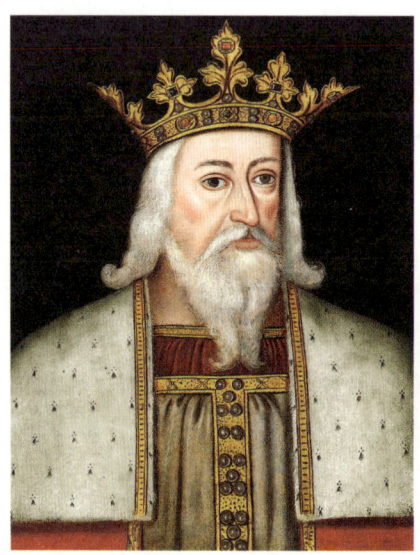

英王爱德华三世　　　　　法王瓦卢瓦的菲利普六世

利普为新国王，开启了瓦卢瓦王朝。法国的拒绝隐隐约约地表达出当时正在形成的一种民族感觉，即法国人是法国人，法国人不接受外国人的统治。但是这种感觉是被当时盛行的封建领地意识遮蔽的，所以法国人并没有清醒的认知。这种矛盾的状况导致在此后一百多年中灾难不断，而法兰西民族共同体只是在灾难之中才开始凝聚。

爱德华不服从法国的决定，于是在1337年发动战争，开启了欧洲历史上著名的英法百年大战（1337—1453年）。战争旷日持久，在英国经历了两个王朝五位君主，在法国也有五位国王卷入其中。

战争有深刻的历史根源。诺曼征服时，法国的诺曼底公爵带着一批法国骑士攻打英国，最终征服了英格兰，在英国建立了法国的统治。这以后，法国人占领英国的土地，成了英国贵族，并且按法国盛行的土地分封制建立庄园，把法国的封建制度带进了英国。但这些人在法国的土地仍然保留着，因为他们本来就是法国贵族。在英国人眼里，法国人占领了英国的土地，法国贵族统治了英国。但经过两百年左右的变化，那些征服者的后代变得不那么法国化了，他们甚至不会说法语，英国人不感觉他们是法国人，而感觉他们就是英国人。但这些人在法国仍然保留领地，仍旧是法国贵族，尤其在法国的安茹伯爵继承了英国王位、成为英国国王后，英国王室（以及英国贵族）在法国的领地不断扩大，其全盛时控制的法国领土，比法国国王还要大。换句话说，英国国王是法国的最大封建领主——到这个时候，不像诺曼征服时期那样，法国人占领英国的土地，相反是英国人占领法国的土地了，至少在法国人眼里是这样。爱德华三世以他母亲的名义提出对法国王位的要求，意味着英国人不满足于在法国的领地，他们要的是整个法兰西。这样，英法双方纠缠不清的冲突和矛盾集中大爆发，发展成旷日持久的百年大战。

这是法国最危险的时刻：在内部，贵族与国王之间的对抗、贵族与贵族之间的对抗、教会与王权之间的对立，使法国人不可能团结一致，相反还互相拆台。在外部，英国军队是按国民军形式组建的新型军队，主力是

1346年的克雷西会战是百年战争中英国三大捷战之一，英军以长弓大破法军重骑兵与弩兵

自耕农，有国民意识，战斗力极强；而法国军队仍旧由封建骑士组成，遵守过了时的封建规矩，普通民众则被置于战争之外。因此当英军大举入侵法国时，法军毫无招架之力。当时的战争场面是：英军以步兵为主，使用长弓，其弓身很长，弓弦很硬，弓拉满之后箭的射程很远，可以射一二百米；法军使用弩，这是一种小巧精致的射击武器，扣动扳机即可射击，但射程不远，杀伤力欠缺，与长弓相比处于下风。更严重的是，作为一支由贵族组成的骑士部队，法军的纪律性很差，骑士习惯于单兵作战，缺少统一意识。每一个骑士都是威风凛凛，他们身披重甲，手持长矛，戴着头盔，骑着骏马。那些马都是上好的阿拉伯马，马身上也披着甲，几乎包得严严实实。这样一支军队看起来是战无不胜的，一旦冲锋势不可挡。而英国军队扬长避短，他们经常选择林木生长之处作为战场，比如葡萄园，在这种地方马的作用很难发挥，骑士必须下马步行。同时，英军充分利用长弓的特点，用长弓射马腿，因为马腿是不能包甲的，包了甲就不能行走了。而一旦马腿中箭、马倒下，骑士就被掀翻在地，几十斤的铁甲成为负担，手中的长矛也太长，战斗力基本上就消失了。在百年战争中，英军基本上都打胜仗，法军则节节败退。

到战争接近尾声时，英军已占领大半个法国。英法双方签订协议，议定：在法国国王去世后，由英国国王继承王位，担任法国国王；同时剥夺法国王太子即法国国王既定接班人的继承权。换句话说，法国就交给英国国王了。1422年，不到1岁的英国国王亨利六世登上法国王位，同时兼任两国国王，法国面临亡国之灾。

然而对法国来说，亡国的危险恰恰给了它一个机会，法国的新生就是从这个时候开始的。内部的混乱和分裂让外来的敌人乘虚而入，并且在战争中一胜再胜；法国战败最主要的原因是它一盘散沙，严重的封建分裂状态让它失去凝聚力。

然而就在这生死存亡的关键时刻，一个人物出现了，她是圣女贞德。她的出现给法国带来了凝聚力。贞德是个传奇性的人物。她是一位农民的女儿，13岁时她说得到上帝的召唤，让她出来拯救法兰西。16岁的时候她把这个召唤付诸行动，这是难以想象的；因为在那样一个封建等级制的社会中，一个贫苦农民的女儿，一个年轻的小姑娘，居然敢说上帝派她来拯救法兰西，这未免太疯狂。但贞德的出现确实是战争的转折点，这是历史的事实。

英王兼并法国王位，被废黜的王太子不服气，于是他自立为王，割据了法国南部的一部分土地。贞德设法找到王太子表示愿意效劳，那时王太子病急乱投医，于是就让贞德带领一支小小的军队去解救奥尔良城。当贞德带着这支法国军队出现在奥尔良城外时，城里的守军士气大振，随即里应外合，居然打败了围城的英军。这是一个奇迹，因为奥尔良城已被围困六个多月，城里的守军眼看坚持不住了；况且，一支小小的援军到来，居然能激发守军的斗志，这也是难以想象的。然而以后更多的奇迹发生了：法国军队转败为胜，英国军队则节节败退，贞德带着王太子火速去兰斯城加冕，那里有一座大教堂，历代法王都是在那里加冕、行圣油礼的。兰斯加冕是一个信号，它表明法国又有一位依照传统、合法施行加冕礼而接手王位的君主了。整个法国团结在他的周围，把英国军队赶出法国。结果，百年战争以法国的完胜而告终。王太子就是后来的法王查理七世，后世称其为"胜利者查理"。

关于贞德的传说很多，有一个传说是这样的：当贞德第一次见王太子时，人们要考验她是否真的受上帝委托，于是让王太子穿着和别人一样的衣服，混在几十个人中让贞德辨认，结果贞德一眼就认出了他，从而慑服了在场的所有人。这些传说未见得真实，但人们对贞德的崇敬确实是真实的，因为她拯救了法国。贞德在抗英战争中所起的作用，是她点燃了一团火，而这团火其实就是正在萌发的法兰西民族主义；法兰西民族在圣女的感召下终于意识到民族的存在，而围绕在王太子周围，形成了不可抗拒的伟大凝聚力。靠这个力量法军战胜了英军，拯救法国于危亡之际。随着法军的节节胜利，一个新的权力中心出现了，那就是国王。这个国王不再是

1429年贞德参加查理七世在兰斯大教堂的加冕仪式

封建时代诸多领主中的一员，而是法兰西民族的代表，是法国的化身，查理七世正是这样一位国王。在法国的案例中，我们再次看到：新的权力中心是在抗击外来侵略的战争中出现的，葡萄牙、西班牙和荷兰都经历过这个过程；现在，在法国的历史上我们也看到了同样的情况。如果同一现象在历史上一再出现，那么，这个现象就会隐含着某种共同性，你们可以把它称为"规律"。

但贞德个人的命运却非常悲惨。法国封建贵族们嫉妒她、排斥她，嫉妒她在战争中的功绩，也嫉妒她在人民中的号召力。他们对贞德这样一个来自社会最底层的农家少女完全不能容忍，于是不惜把她出卖给英军，而英军则称她为女巫，将她烧死。不可原谅的是，查理七世及他的扈从们对贞德的下场毫无反应，事实上成了敌人的帮凶。可是法国人民一直在怀念她，把她视为民族英雄，几百年来一直是这样。人们至今还在纪念这位圣女般的人物，在巴黎著名的圣母院正门的内侧，人们可以看到贞德的塑像，那里每天香火很旺，来访者都会到此驻足，为逝去的圣人祈祷和祝福，也为法兰西国家献上愿景。

战争造成深刻的影响，其中最重要的是改变了英法两国的历史走向，把它们推上了民族国家发展的道路。如前所述，战争之前两个国家纠缠在一起，你中有我、我中有你，分不清你我，领主和领地都是交叉的。在那个以土地分封为基础的时代，人们只知领地、不知国家。但在战争中国家的意识形成了，"我者"与"他者"的区别突然变得清清楚楚，法兰西人为法国而战，英国人也终于明白，他们面对的是法兰西民族的力量，而不是一个不愿放弃王位的王太子。两个"国家"的历史分开了，此后各走各的路，形成了国家发展之路。英国军队撤出法国，两年后就爆发了红白玫瑰战争。那场战争的结局是封建军事领地贵族在英国消失了，都铎王朝的专制政权形成了，英格兰的民族国家初见端倪。

对法国来说，英法百年战争是一次民族解放战争。在此前几百年时间里，英法两国也经常有战争，但那些战争是封建领主之间的战争，或者是君主与君主之间的战争，战争的目标是争夺领地，我们可以称之为"领地战争"。百年战争则把英法两国的民众调动起来了。英国军队从一开始就带有"国民"的性质，由自耕农组成，并非以往的封建军队；法国则以典型的封建姿态进入战争，只是在无数的失败中，借着贞德这个人物的出现，才开始向民族战争这个方向发展，而一旦完成这种转变，法国的胜利也就来到了。

然而与英国相比，法兰西民族国家的构建过程十分曲折，国家的统一更加艰难。在百年战争中，法国旧贵族（即军事领地贵族）也发挥了重要作用，是查理七世主要的依靠对象。由此，这些人的力量反而变得更强大了，他们在地方上的势力、他们的领地、他们的特权都没有受战争冲击；

百年战争以后很长时间又经历无数反复，这股力量才被压制下去。我已一再强调：在欧洲，贵族是分裂的罪魁祸首，贵族的势力越大，国家就越分裂，社会就越破碎。法国的情况正是这样，百年战争结束后，法国又用了一百多年时间，才初步完成统一。

查理七世去世后，他的儿子路易十一用强权手段压制贵族，强化了王权，因而被后人看作法国君主专制的肇始，是法国"国土的聚合者"，也就是统一的奠基人。但这个过程被"意大利战争"打断了，路易十一之后的四任国王都卷入这场持续60多年的争夺战，与西班牙争夺意大利的控制权。但战争结局是得不偿失的，不仅未能巩固法国王权，反而助长了内部的分裂。意大利战争刚结束，法国内战就开始了，国家彻底分裂成两个阵营，再次走到崩溃的边缘。

内战的背景是欧洲宗教改革，关于这个问题，在讲德国的时候会详细讨论。与在欧洲其他地方一样，宗教改革把法国一分两半，受德意志改革影响，法国也出现了一个强大的新教派别，叫"胡格诺派"。胡格诺派其实是法国的加尔文派。加尔文派是一个比路德派更加激进的新教派别，他们对法国王权构成严重挑战，而王权是站在天主教一边的。于是封建时代国王与贵族的矛盾、贵族与贵族的矛盾、教会与世俗的矛盾和新出现的天主教与新教的矛盾交织在一起，形成了巨大的冲突旋涡。各种各样的冲突，包括经济冲突、政治冲突、教派冲突以及权贵人物之间的冲突都被卷在旋涡中，最终在法国引发了大规模战争，史称"胡格诺战争"。胡格诺战争是一场内战，战争陆陆续续打了30多年，场面异常激烈，法国则完全被撕碎。胡格诺战争与英国的玫瑰战争不同。玫瑰战争也很惨烈，充满血腥气，但它涉及的范围很小，只限于贵族集团，老百姓基本不参与，结果是两派贵族同归于尽，为专制王权的出现扫清了障碍。法国的胡格诺战争则把整个法国分成两派，社会受到巨大震荡，由百年战争带来的统一趋势被一扫而空，其造成的人员和财产损失是英国玫瑰战争完全不能比的。战争中最血腥的一幕是圣巴托罗缪之夜大屠杀。天主教徒在巴黎屠杀了2000多名胡

1572年圣巴托罗缪之夜大屠杀

1593年亨利四世在圣但尼大教堂宣誓改信天主教

格诺派教徒，其中包括大量的达官贵人和教派领袖。这次屠杀在天主教徒和胡格诺派教徒之间埋下深仇大恨，此后将近20年，法国几乎陷于崩溃。

但在战争结束的时候光明到来了，一个人物登上法国的历史舞台，这个人是亨利四世。亨利四世是法国卡佩王朝的旁系后代，是纳瓦拉的国王，父亲和母亲都带有强劲的王族血统，在法国很难有人比得上。由于战争打得太惨烈，所以大量王族成员被消灭，结果当在位的法国国王去世后就出现一个情况：按照法国王位继承规则，王位应落到亨利之手；但亨利是胡格诺派的领袖，是他在领导胡格诺派的军队。在他之前，法国王位一直控制在天主教徒手里。于是问题就出现了：占人口多数的天主教徒不会接受新教国王，而王位继承的规矩又不能打破。在这种情况下只有两条路可走：要么打出一个国王来，要么和平解决问题。亨利下决心和平解决问题，他决意要做"全体法国人"的国王，而不仅是胡格诺派新教徒的国王。他向全国宣布改信天主教，宣称：为了得到巴黎，他愿意改变宗教信仰，条件是给他曾经的战友胡格诺派教徒维持信仰的权利，也就是实行宗教宽容。他用这个办法弥合了法兰西民族的战争创伤，让全体法国人在法兰西民族至上的旗帜下团结起来：民族第一，信仰第二。这是法兰西民族主义的强烈表达。自百年战争结束到亨利四世登上王位，130多年来法国一直在打仗——要么打外战，要么打内战；现在它终于明白：民族至上、国家至上，有国家才有民族，民族团结才有国家。1589年法国波旁王朝建立了，亨利四世是第一任国王，也是第一位名副其实的"全体法国人"的国王。波旁王朝的出现是法国历史上划时代的大事，它奠定了现代法国的基础。波旁王朝在法国历史上的地位，相当于英国的都铎王朝。

从亨利四世开始，法国进入君主专制时代，统一的法兰西国家也基本形成，但法国的国家统一之路注定没有走完。正当亨利四世试图带领全体法国人创造一个繁荣的法兰西时，他却遇刺而死。刺杀他的是一个狂热的天主教徒，这说明法国的宗教冲突并未完全平息，而以西班牙为首的外国势力则力图扼杀新法国，随时煽动其内部混乱。这样，就出现了国王路易

— 专制主义典范 —

十三30多年的专制统治。路易十三不是个很有能力的人，但他的首相黎塞留却非常厉害，是法国历史上最能干的政治家之一。黎塞留是著名的专制主义者，他相信为了维护国家利益，必须实行专制统治。在他的领导下，法国建立了一套从上到下的官僚体系，完善了专制管理机制。亨利四世在位时虽然建立了强大的中央政府，但地方管理权仍然在各地贵族手中，大贵族仍然拥有破坏力量，随时可以闹分裂。黎塞留创建的新体制是从中央向各省派总督，由他们掌管当地的警察、司法和财政权力，这样就把各地大贵族事实上架空了。留给大贵族的是一个虚名——省长，听起来好听，但没有实权。黎塞留执政时发生过多次贵族叛乱，都被黎塞留严厉镇压，强大王权也因此保留；但贵族分裂的力量却仍然存在，法国发生分裂的可能性并未消除。路易十三去世后，分裂的势力终于爆发，对法国国家造成重大威胁。面对这种局面，历史在等待另一个人物的出现，那个人就是大名鼎鼎的路易十四，欧洲专制主义的典范，号称"太阳王"。

黎塞留

路易十四登上王位的时候不满5岁，10岁时遭遇大乱，这在法国历史上叫"投石党运动"。投石党运动最初是由伦敦市民发动的，他们不满专制统治，要求改变时弊。伦敦市民提出的口号，一是国王不可以任意对臣民抽税，二是不可以随意逮捕人，需要经过司法程序。应该记得：这两项要求在英国《大宪章》中就曾出现过，而克伦威尔时期的英国议会则以此作为理由反抗专制王权。看来投石党运动是受到了英国的影响。运动爆发的时间也很有意思，当时是1648年，正是英国革命如火如荼、打败王军的时刻，国王的命运岌岌可危。投石党运动和英国革命几乎发生在同一时间，那绝不是巧合，其中蕴含着某种历史的必然性。但法国推翻专制统治的时机却尚未到来，路易十四登位的时候，法国王权尚未巩固，贵族随时准备闹独立，以恢复他们在中世纪的传统优势；所以，法国需要的不是推翻专制统治，而是加强中央权力，彻底击垮贵族，完成构建和巩固统一国家的任务。果然，由巴黎市民发动的反抗专制统治的斗争很快就转变成贵族们的叛乱了，各地大贵族闻风而动，在全国掀起倒王风潮。贵族联军攻陷巴黎，西班牙军队则乘虚而入，摄政的王太后带着年幼的小国王仓皇逃出巴黎，法国一时间又要退回到四分五裂的状态中。

英国革命和法国投石党运动几乎同时发生，英国革命之所以成功，打败甚至处死国王，并提出议会主权的主张，是因为统一的英格兰民族国家已经确立无疑而牢不可破了，没有任何力量可将其摧毁；而法兰西民族国家尚在襁褓中，贵族力量仍旧强大，他们的存在就意味着分裂。于是巴黎市民对专制王权的反抗很快就转变成贵族的叛乱了。在这种情况下，国王的权力不仅需要而且应该加强，这就是投石党运动展现给人们的无情事实。看来，历史的阶段性发展是难以跨越的，一个阶段的成熟才意味着下一个阶段的开始。几年的颠沛流离生活显然在小国王心中留下深刻印象，他长

路易十四

第六讲　法国（上）：艰难的立国之路　　149

大成人后，下决心制服那些桀骜不驯的尚武贵族，于是"太阳王"诞生了。

路易十四不仅是法国专制主义的典范，而且是整个欧洲专制主义的典范。欧洲后来的专制君主都以路易十四为楷模，早于他的专制君主如英国的亨利八世和女王伊丽莎白一世与其相比，简直就不算什么。路易十四亲政后的第一项措施就是废除首相一职，他要做他自己的首席大臣，一个人独揽大权。路易十四非常勤勉，天不亮就起床办公，一直工作到天黑。他说政治是国王的职当，是他的工作。

路易十四彻底瓦解了贵族的力量，他采用恩威并重的方法，制服了好武斗勇的法国贵族。对于搞地方分裂或叛乱的贵族，他给予坚决镇压，毫不留情；对其他贵族，他则采取怀柔手段，使其丧失斗志，其中一项措施是修筑凡尔赛宫，将其用作收拾贵族的一个手段。不明就里的人一般认为这座宏伟壮观的大宫殿是路易十四一家享乐的标志，但其实醉翁之意不在酒；他要求各地最有影响的大贵族都住在宫里，不服从命令的人永远得不到国王的注意。他给贵族们各种各样的宫廷职务，比如御马官、御衣官、王后侍从、寝室副官等等，其实都是虚职，毫无实权。他在宫中安排各种活动，如音乐会、化装舞会、大小宴请、打猎、郊游等等，甚至组织贵族们谈情说爱——干什么都行，只是不允许干政。凡尔赛宫里珠光宝气，美女如云，声色犬马，无所不有。在这种气氛中，好武斗勇的领地贵族被改造成文质彬彬的宫廷贵族，他们在宫中住久了就乐不思蜀，不愿再回老家去过乡下那种平淡的日子了。他们学会了跳舞——芭蕾舞就是从法国宫廷传出来的，也学会了谈情说爱——法国式的"浪漫"；这种贵族已经失去社会功能了，他们除了做社会的寄生物，便无所事事。托克维尔曾断言贵族失去社会功能是法国大革命的根本原因，这个结论恐怕不符合事实。但路易十四的目的显然达到了，从那以后法国的贵族不再造反，国家分裂的现象也不再复返，强大的中央政府至高无上，国王成了国家的化身。路易十四说："朕即国家。"——我就是国家啊！在这个制度下，反对国王就是反对国家，因此就是国家的敌人、民族的敌人，为千夫所指，万恶不赦。

1674年路易十四在凡尔赛宫招待凯旋的大孔代亲王。大孔代早年曾领导投石党叛乱，后获路易十四赦免并为法国征战多年

"我就是国家"——把国王与国家画等号，正是欧洲专制主义的基本特征，体现着在欧洲民族国家形成初期，以国王为中心，打破地区割裂和等级割裂状态，形成民族共同体的过程。"想象的共同体"在那个时候不是抽象的，而是具象的，表现形式是以国王为中心的国家与政府，国王是专制统治者，大权独揽。这样去理解欧洲的专制主义时代，才能明白专制王权在欧洲历史上的作用和意义。法国走到路易十四这一步，就完全走出分裂状态了，法兰西共同体不会再解体，以后无论出现什么样的动乱，法国这个国家不会再动摇。法国在构建现代民族国家的道路上历尽艰辛，走了一条极其波折的路，其预示着法国的现代化旅程依然曲折。

路易十四和欧洲其他专制君主一样，执行重商主义路线，在他统治时期，法国经济迅速发展。财政总监科尔贝是法国重商主义的代表人物，他

| 第六讲 | 法国（上）：艰难的立国之路 |

曾说："贸易公司是国王的正规军，法国工场是他的后备军。"意思是：商业是经济的命脉，工业是商业的后盾。科尔贝任职期间制定了一系列重商主义政策，他发展商业，促进手工业，鼓励出口，限制进口，建筑道路，疏通河道，总之，以工商业为本带动经济发展。经过多年努力，路易十四时期的法国成为欧洲大陆最强大的国家，同时拥有欧洲最强大的陆军。殖民活动也是在这个时候开始的。1682年德·拉萨尔在北美探险，沿密西西比河顺流南下，把整个流域宣布为法国的占领地，并以国王的名字命名，称之为"路易斯安那"。从1689年开始，法国和英国争夺殖民地，也争夺世界海洋霸权。此后一个多世纪的时间里双方打了六场大战，而且多数都是欧洲大战，把其他国家卷入其中。路易十四是一位有能力的君主，他带领法国登上了欧洲强国地位的第一个台阶；但他好大喜功，野心勃勃，一心想做欧洲盟主，亲政54年中有40年与外国打仗，重商主义带来的财富在对外战争及铺张的宫廷排场中被挥霍一空。对此，科尔贝这个优秀的理财家也无可奈何。路易十四死后，法国的专制制度陷入困境，它已完成了统一法国、创建早期民族国家的历史使命，在下一个世纪，它将走向何方？

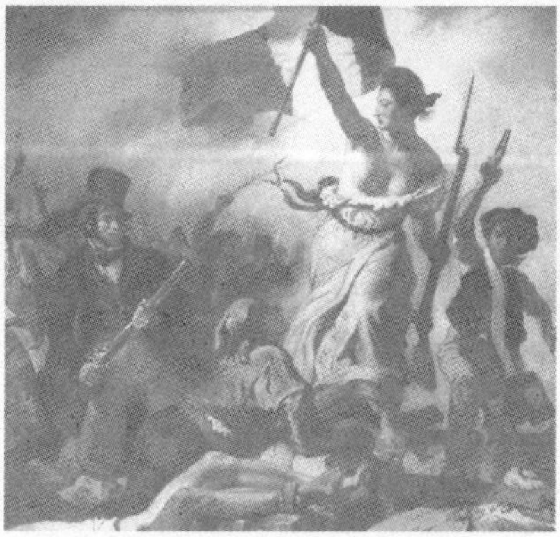

法国用革命改造自己,并试图改造世界;后来许多国家效仿法国,法国成了革命的样板。法国对自己的革命模式非常自豪,迄今,法国仍把大革命爆发的日子确定为自己的国庆日,国歌是大革命时期最流行的革命歌曲《马赛曲》。

第七讲

法国（下）
革命改造世界

◎ 专制主义的危机
◎ 革命的逻辑
◎ 战争与革命
◎ 革命的惯性与终结

路易十四去世时，法国已经站在一个新时代的起点上。如同在英国，专制制度完成它的历史使命后，就应该退出历史舞台。英国在伊丽莎白一世女王晚期已经出现问题了，到斯图亚特王朝时期，专制王权与民族之间的矛盾愈演愈烈，变得不可调和，最终引发革命。法国的专制制度也在路易十四去世后走上穷途末路，最终也走向革命。但英国的革命之路在克伦威尔过世后就终止了，自光荣革命起英国探讨出渐进改革方式，一直延续到现在。而法国革命一旦爆发就轰轰烈烈，一浪推一浪，逾百年而不可止，在将近一个世纪的时间里法国不断发生革命，成功了又失败，失败了再革命，周而复始。法国历史发展的方式如同跳跃，向前跳三步，随即向后退两步，再向前跳，再向后退，形成一种动荡的前进模式。法国用革命改造自己，并试图改造世界；后来许多国家效仿法国，法国成了革命的样板。法国对自己的革命模式非常自豪，迄今，法国仍把大革命爆发的日子确定为自己的国庆日，国歌是大革命时期最流行的革命歌曲《马赛曲》。

— 专制主义的危机 —

路易十四是一位勤奋的君主，他很敬业，勤勤恳恳，兢兢业业，致力于履行他的"职业"。但他的继承人却不是这样。路易十四之后有两位国王：一个是路易十五，是路易十四的曾孙；另一个是路易十六，是路易十五的孙子。这两个人都非常平庸，尤其是路易十五，是一个昏庸之辈。路易十五统治期间沉迷于女色，他有众多情妇，其中最知名的两个，一个叫蓬帕杜尔，一个叫杜巴丽。这两个情妇曾先后控制朝政，在枕边支使国王，可见法国的政治已沉沦到何种地步；而卖官鬻爵、贪污受贿等弊端，更使法国病入膏肓。路易十六不像路易十五那么坏，他还是想当一个好国王的，只是他能力不够。他最大的兴趣是做锁，是一个很好的锁匠；他还会做家具，是一个好木工。但他不幸生而为国王，因为是国王，他的脑袋才被砍掉了。

财政问题是压垮专制政府的最重要因素。路易十四去世的时候，法国的国库已经空虚了，战争留下无穷的债务，这些债务在几十年中都没有还清。他的继承人继续执行他的战争政策，在此后大半个世纪中继续与英国争霸，卷入三场大战，即奥地利继承战争（1740—1748年）、七年战争

路易十六

（1756—1763年）和美国独立战争（1775—1783年）。这三场战争进一步削弱了法国的实力，尤其在七年战争中法国丢掉了绝大部分的殖民地——对重商主义国家来说，殖民地有多么重要！尽管在美国独立战争中法国出兵美洲，帮助美国人打赢了那场战争，算是报了七年战争的一箭之仇；但法国的国力却更加衰弱了，高昂的军费把王国政府逼到了破产的边缘。最终，政府不得不采取措施拯救财政，而正是这些措施，引发了法国大革命。

政府的收入来自税收，恰恰在税收问题上，专制政府陷入僵局。法国有一个奇怪的制度，就是贵族不纳税，一旦成为贵族，他就免于税务。法国大革命中有一个口号，即消灭特权，而所谓"特权"，就是不纳税。这种情况在英国是没有的，英国每一个人都要纳税，贵族并不例外。法国还有一个传统，就是贵族不从事任何职业，一旦成为贵族，他就不能经商，不能从业，不能开办工厂、银行等等，以挣钱为特征的工作都不可以做。这种情况在英国也不存在，如前所说，英国的农业革命就是贵族发动的，而贵族参与工商业也是司空见惯。法国的贵族一不纳税、二不做事，就和社会完全脱节了，对国家来说，他们是赘物，这就是托克维尔说的不具备任何社会功能。贵族的状况决定了他们在大革命中的命运，革命彻底消灭了贵族，不仅因为他们反对革命，更因为他们是社会的废物。

另外一个制度性的弊端是卖官鬻爵，官职在法国是可以公开拍卖并明码标价的。这是从亨利四世开始的，目的是摆脱三级会议的控制。法国的三级会议在14世纪初就形成了，时间上并不比英国议会晚很多。法国的三级会议虽然从来就比不上英国议会，未能发挥很大作用，但仍然在国家财政问题上有发言权，是专制制度的潜在对手。亨利四世早就看出这一点，他希望清除这个障碍，不受它的制约。为此，他允许官职和爵位买卖，并且不再召开三级会议。卖官鬻爵可以增加政府收入，从而绕开三级会议的监督，但从长远来看是饮鸩止渴；因为买官晋爵的人基本上是通过经商、放债、投机取巧而发财的人，他们一旦当上官晋了爵，就可以不纳税，成为特权阶层，从而减少了政府的税收。于是政府就不得不卖更多的官、鬻

1789年三级会议在凡尔赛召开,图中正在发言的是财政总监贝克尔,他的右侧是第一等级,左侧是第二等级,对面是第三等级

更多的爵,形成恶性循环。同时,法国官场形成贪污腐败、贿赂公行的风气,加剧了专制主义的危机。

  法国介入美国革命,最终掏空了自己的国库;法国的财政早就寅吃卯粮了,而现在连卯粮都没有了。老百姓的税务负担已达极限,榨不出新油,唯一的办法就是向特权阶层开刀,要他们放弃特权,与普通人一样纳税。可是,要特权阶层掏钱纳税,相当于对统治集团自己开刀,而王朝统治的社会基础恰恰是这批不纳税的人。专制政府于是陷入两难:为避免国家破产,不得不要求特权阶层放弃特权,像老百姓一样给国家交钱;但剥夺特权阶层不纳税的特权,则意味着抛弃王朝统治的天然盟友,抽掉专制制度的社会基础。站在特权阶层方面看,放弃特权似乎意味着放弃一切,他们的地位、尊严、财产保障等等好像都和特权分不开。尽管出于理性考虑,拯救王朝就是拯救自己,没有了王朝也就没有了自己;但法国的特权阶层似乎看不到这一点,他们愿意为眼前的利益抛弃未来。于是,"财政改革"直接引导出法国大革命,特权阶层集体抗命,形成了所谓的"显贵的革命"。他们说,税务问题应由三级会议来讨论,他们无权逾越。在进退两难之下,路易十六下令在1789年召开三级会议,亲手拉开了革命的序幕。

法国大革命称其为"大",首先是因为它规模大,持续时间长,卷入革命的社会面广;其次是因为它暴烈程度高,死亡人数多,破坏力强;最后是因为它影响大,时间上的影响延续到现在,空间的影响则遍布全球。后来,许多国家发生过革命,都把法国大革命视为榜样;没发生革命的国家也以法国为戒,力图避免革命的形成。

回顾大革命之前法国的经历,其实和西欧许多国家没有区别,尤其与英国非常接近。但相比之下,法国的封建制度比英国强大得多,而分裂状态也比英国彻底得多。为克服分裂状态,英国经历了君主专制时期,其标志是都铎王朝;都铎王朝完成了统一任务,并把英国带上国家强大的第一个台阶。法国的相应过程要复杂得多,也艰难得多,经过长期曲折与反复,至路易十四时代才最终完成。结果,法国的专制制度要比英国强大得多,也牢固得多,为了克服强大的分裂势力,法国需要更强大的专制力量。英国的都铎王朝执行重商主义路线,法国的专制政府同样如此。资本主义经济形态在专制政府的卵翼下迅速发展,预示着新时代的孕育。为推翻专制统治,英国发动了革命,法国大革命也拉开帷幕,原因是一样的:专制制度已经完成历史使命,应该退出历史舞台了。但法国需要推翻的是一个过于强大的专制体制,革命于是不得不聚集起巨大的能量,这个能量比英国革命要强大得多,由此,法国大革命就变得异常暴烈。

三级会议一旦召开,情况就变得非常微妙。三级会议是法国的等级会议,这种会议在欧洲很多地方都有,比如在西班牙、葡萄牙、德意志的很多地方,甚至波兰、挪威、瑞典等等。一般来说,这些都是中世纪的产品,与现代社会不相干。会议组成不一定是三个级别,可以是四级会议或五级会议,多数以职业集团为划分,比如市民、农民等等。

— 革命的逻辑 —

法国的三级会议，第一等级是教士，包括高级教士如大主教、主教、大修道院院长等，也包括普通教士、低级教士，教会所有成员组成第一等级，由他们选代表出席会议。第二等级是贵族。法国的贵族很多，多到数不清。在光荣革命时，英国贵族只有一百多个；法国大革命爆发时，法国贵族数已经以万计，甚至十万计了，没有确切的统计数字。法国贵族头衔是可以买卖的，前面已经介绍过了。

除了第一等级和第二等级，其他所有人都属于第三等级。第三等级是包罗万象的，什么人都有，因此革命初期的著名活动家西耶士说第三等级"是一切"，其中包括商人、农民、城市手工业者，还有知识阶层、自由职业者等等，大致相当于"人民"这个概念。这是一个庞杂的群体，他们的利益各不相同，有严重的分歧，但在等级社会中，他们是"第三等级"。等级制度造就了这样一个奇特的混合体，不过我们特别要注意：后来人们所说的"人民"，大体上也是这个概念。

以前召开三级会议，都采取分级开会的方式，就是各等级分别开会，各自讨论问题，各自做决议。计票的时候每个等级算一票，三个等级一共三票。这就很有意思了。因为在一般情况下，尤其碰到重要问题、利益相关的问题时，一定是第一等级和第二等级联手投票；这两个等级从各方面说，包括其经济利益、意识形态、价值观等等都靠得更近，并且都更加依附于国王。而第三等级在每一次投票中一定失败，因为他们只有一票。但第三等级人数众多，在几千万人口中占绝对多数，而他们在投票的时候只有一票，这就非常不合理。况且，大革命爆发时，法国社会思想已发生很大变化，经历了大半个世纪的启蒙运动后，很多新思想已深入人心，自由、平等、博爱之类成了时髦的口号，连许多贵族都经常挂在嘴上。伏尔泰的立宪主义、百科全书派的知识理性、卢梭的公民权利等等，这一类新观念在法国社会广为传播，因此三级会议如果仍然依照以前的做法开会、投票，那么和新思想就格格不入了。

贵族和上层教士知道这个情况，他们反对"平等"这类新思想，希望维护旧制度。虽说正是他们启动了"显贵的革命",点燃了革命这把烈火,但在利益攸关的问题上他们迅速站到了国王这一边;所以在革命刚刚开始的时候,法国就分成两个阵营,一个是"第三等级",另一个是国王、贵族和上层教士。英国革命时也有两个阵营,但英国的阵营划分和法国的阵营划分有巨大区别。在英国革命中,阵营以宗教信仰为标志,所有支持国教的人都站在国王一边反对议会,而所有反对国教的人都站在国王的对立面。这就使两个阵营在社会结构组成方面几乎一样:国王阵营包含社会上的各个阶层,其中既有贵族,也有地方乡绅,有自耕农和佃农,以及商人和普通工匠等等;反国王的阵营也是这样的,有贵族,有地方乡绅,有商人和非常有钱的人,也有普通民众,比如自耕农、手工业者、小老板等等。在英国革命中,反对国王的人并非都是普通百姓,其中有很多上层人物,包括贵族。这样一种阵营划分使双方比较容易妥协,因为彼此的社会结构是一样的,双方利益可以对接,战争中任何一方的胜利都不会改变原有的社会结构,而只是把这个结构复制一遍而已。换句话说,英国革命不是社会革命,它只是政治革命,它要改变的是政治制度。

在法国,从三级会议召开之日起,就按照等级高低把社会分隔了:站在国王这边的是第一和第二等级,包括绝大多数贵族,以及高级教士;站在反国王阵营的是全体第三等级,是法国"人民"。这就很麻烦了,意味着如果国王胜利,那么旧制度就完好无缺地保留下来,完全不变化;而如果"人民"胜利了,那么旧制度就完结了,新的社会由此产生。也就是说,法国

讽刺第一和第二等级压迫第三等级的漫画

革命不仅是政治革命，它也是社会革命，它不仅要改变政治制度，而且要改造整个社会。

英法革命的差异性是由英国议会和法国三级会议的差别造成的。英国议会只分上下两院。上院全部是拥有头衔的贵族，比如公爵、侯爵、男爵等，前面说过，这些人很少，到光荣革命结束时只有一百多人。下院包括没有头衔的大土地所有者、中等土地所有者、地方士绅、贵族家庭成员，也包括有钱的商人和其他人。这些人的社会地位和经济状况都不差，事实上，有许多人还是贵族子弟，或者贵族家庭的亲朋好友。由此可见，上院和下院在社会成分上没有重大区别。英国革命爆发时，上院一分为二，下院也一分为二，整个社会都是一分为二的，阵营区分是纵向分割的，这和法国的情况完全不同。

法国革命是横向分割的："第三等级"是一个阵营，其他是另一个阵营，两个阵营之间没有互通的渠道，其经济、政治、思想各方面都是隔离的。整个社会分成上下两层，两层中间是一道沟。这意味着，一旦社会的两层变性为革命中的两个阵营，那么两个阵营之间必定你死我活。如此，我们就能看明白为什么英国革命以双方调和告终（我在前面说过，英国复辟是革命军主动复辟，可视为"革命复辟"），而法国革命却一浪推一浪，最后被全欧洲的反革命强行复辟。

关于法国革命的具体过程不做具体介绍，一般教科书里都可以看到。革命过程中有一个非常明显的特点，就是领导权的转手问题；法国革命中出现过几次领导权转手，而能否转手、如何转手则决定着革命能否成功。法国革命爆发后最早起领导作用的，是一个叫斐扬派的政治派别。从社会结构上看，它属于自由派贵族（其代表人物是拉法耶特、米拉波这些人）和上层资产阶级，都受到启蒙思想的熏陶。他们中有一些曾随法国军队参加过美国独立战争，接受过自由思想的洗礼。所以在革命刚爆发的时候，他们愿意站在革命这一边来反对专制政府。但对他们来说，理想的政治制度是君主立宪制，他们不想废除君主制，只想置君主于宪法之下，在思想上靠近伏尔泰。这批人是上层人士，除了自由派贵族之外，再加上一些大商人、有钱的资产者。

斐扬派的统治大体上从1789年，就是革命爆发的那一年，延续到1792年，然后出现革命领导权的第一次转手，转给了吉伦特派。那时的历史背景是：革命迫使国王路易十六接受立宪，并制定了宪法；路易十六信誓旦旦对宪法宣誓，表示要效忠于宪法，但私下却勾结外敌和法国流亡贵族，并试图逃往国外、组织军队反攻倒算。在这种情况下吉伦特派夺取政权，阻止了革命的倒退。

吉伦特派代表社会的中间阶层，是中等有产者。吉伦特派的统治时间很短，不到一年，但他们彻底改变了法国政体，营造了一个共和制国家，即法兰西第一共和国。国王也在这个时期被处死，但吉伦特派并不愿意这样做，是强大的民众压力致使国王被处死。法国革命再次陷入危急之中，

1793年路易十六被处死

欧洲多国组建了反法联盟，联盟军队攻入法国，吉伦特派面对强敌犹豫不决，未能阻挡联军的进攻。此时，遭遇危机的不仅是革命，而且是法国，法国有可能被其他欧洲国家征服。在这种情况下，保卫革命也就变成了保卫法国；而为了保卫法国，也就必须保卫革命——革命和法国成了同义词。于是，革命领导权的第二次转手出现了，让一个更坚定也更激进的政治派别出手保卫革命，那就是雅各宾派。

雅各宾派是小资产所有者的代表，他们的立场异常坚定，政策也异常激烈。在思想方面，他们更接近卢梭，主张平等、共和、社会和经济公正这些在当时看来是过激的原则。他们夺权时，法国正处于内外强敌企图颠覆革命的最危急时刻，整个欧洲都在与法国为敌；而法国若想生存下去，唯有调动所有的潜力，将社会最下层的力量也动员起来，献身于保卫革命。为此，就必须向底层人民做出重大让步，满足他们的经济诉求，于是，雅各宾派最激烈的政策手段出台了。他们强制推行一系列政策，在当时看来，这些政策完全违背了私有制社会的基本原则，即财产权，因此是超越了历史阶段的。但通过这种办法，雅各宾派与无套裤汉结为同盟，调动起他们的力量，让他们成为保卫革命也是保卫法国的主力军。所谓"无套裤汉"，是当时法国社会的最底层，可视为是那个时代的无产阶级。无套裤汉被动员，意味着整个法国被动员了，只有当民族的力量全都凝聚在一起时，欧洲的反革命才有可能被打出法国。确实，正是在雅各宾派的领导下反法联军被击退，革命被保住了，法国国家也被保住了。雅各宾派保证了革命的胜利，这是他们的历史地位。

然而，革命的胜利却意味着雅各宾派政策的失败，历史的逻辑竟如此诡谲。作为最坚定的革命者，雅各宾派用革命的恐怖对付敌人，但敌人是谁呢？这个问题在开始的时候非常清楚，就是一切里通外国的人和一切拿起武器反抗革命的人。可是当这些人被消灭后，敌人的概念就越来越模糊了，那些同情反革命的人也成了反革命；接下来，对同情反革命的人带有同情心的人都是反革命，不赞成革命手段或批评革命的人更是反革命。最后，不同意雅各宾派意见的人全都是反革命，"反革命"成了一个符号。于是我们看到：最早的敌人确实是反革命，很快，革命的朋友和同路人也成了"反革命"；接着，以前的同志变成了"反革命"，最后连昨天的战友也成了"反革命"。任何人都有可能成为革命的敌人，只要有人说他是革命的敌人，他就是革命的敌人。到这个时候，话语权就落到了罗伯斯庇尔一个人手里。他是一位坚定的革命者，毫无私心的革命斗士，雅各宾派的战斗领袖，但他将自己与革命画等号，凡是与他意见不合的人，一定都是反革命。恐怖政策走到这一步就走不下去了，1794年7月27日雅各宾派的专政被推翻，紧接着罗伯斯庇尔自己也被送上断头台。此后，法国革命就从高峰跌落，一路下滑走下坡路，从督政府到执政府，到拿破仑专政，再到拿破仑帝国。很奇怪，这个过程居然和英国革命非常相似。一个军人政府出现了，它用军队统治国家。而军人政府的出现，是因为国家

罗伯斯庇尔被处决

已陷入无政府状态，旧制度被推翻了，新制度却没有出现，只有靠军队才能维持秩序。

法国大革命是世界上后来发生的无数次革命的模板，它体现着一次革命的完整过程，以后的革命如果确实是革命，都会把法国大革命视为榜样，有意识或无意识地加以模仿。

用革命改造世界，这就是法国所走的路。法国革命给世界带来深刻影响，在这一点上，英国比不上法国。法国大革命正在进行时，英国正经历工业革命；工业革命是经济革命，法国革命是政治革命；工业革命是物质的，法国革命是精神的。法国作为世界大国，它给人留下的最深刻印象，是革命。法国革命最大的特点，是它激烈的程度；法国革命极其暴烈，比克伦威尔时期的英国革命暴烈了不知道多少倍。据后来历史学家估计，在英国革命中失去的生命大约是10万，而法国革命中丧失的生命，要比10万这个数字不知道高出多少倍，根本无法统计。假如把拿破仑战争包括进去，死亡人数就不可计算。

为什么法国革命如此暴烈？也许有很多原因，但最重要的一个原因是法国革命要推翻的专制制度实在太强大，比英国革命试图摆脱的专制政府强大得多。两个革命都要推翻专制制度，但法国的专制制度远比英国更强大。为什么法国的专制制度远比英国更强大？原因是法国的分裂势力太强大。在国家统一的过程中，法国需要一个无比强大的力量中心，才能把分裂的力量压下去。然而当这个力量中心完成国家统一的任务后，它的存在就成了法国继续前进的障碍。法国革命试图推翻专制制度，就不得不积聚最大的力量，用最暴烈的手段进行斗争。另一个因素来自国外，整个欧洲联合起来扼杀法国革命。前面曾经说过：英国是幸运的，英国发生革命时欧洲正在打仗，各国都无心顾及英国发生的事；法国革命时全欧洲相安无事，于是法国革命一旦爆发，整个欧洲都来干预，法国不得不同时面对国内的敌人和国外的敌人，而这两个敌人都很强大。法国革命这样的遭遇，在后来很多国家的革命中也同样出现过。

面对强大的敌人，维护革命的唯一力量只存在于法兰西民族自身之中。也就是说，要把整个法兰西民族调动起来，才能得到非常强大的力量，用以对抗内外强敌。这就是为什么会出现革命领导权转手现象，以及为什么需要革命领导权转手。每一次领导权转手，都会让一个更加激进的政治派别夺取政权，由它来把握革命的方向；而这个派别一定比它所取代的前面那个派别处在社会的更下一个阶层上，其所代表的人数更多，社会和经济要求更强烈，政治立场更激进，可以调动的社会力量也更大。这样我们就看到：在法国，革命是由贵族触发的，所谓"显贵的革命"；三级会议召开后，斐扬派执掌领导权，他们是自由派贵族加上有钱的商人、大资产阶级。革命面临第一次危机，领导权转交给吉伦特派，他们是社会的中间等级、中等有产者；当吉伦特派不能再保卫革命时，雅各宾派就登场了，这些小资产阶级政治代表，在严峻的内外形势下与无套裤汉联手，终于把革命推向高潮，保证了革命的最终胜利。这意味着，法国社会最底层的民众被调动起来了，由他们出来保卫革命；为此必须付出代价，必须满足最底层人民的社会经济诉求，于是，最激进的政治和社会政策在雅各宾派专政时期出现了。

有人说，雅各宾派的纲领超出了时代的允许，雅各宾派为此付出了代价。但"超越时代"是后来人的标准，是事后诸葛亮；雅各宾派的政策和做法，却是当时迫不得已的要求，是保卫革命的需要。雅各宾派上台时革命面临生死危机，它要么胜利，要么失败；胜利意味着坚持到底、咬紧牙关走下去，失败意味着主动放弃、缴械投降。面对强大的敌人，只有不断投入新的生力军，才有可能赢得战争的胜利。生力军存在于社会自身之中，在社会的等级阶梯上，每降一个层级，可动员的力量就以几何级数增长。所谓领导权转手就是这个意思：更低一个梯级的政治代表人物取代更高一个梯级的政治领导人，从而可以把更广泛的社会阶层动员起来保卫革命。

领导权转手的现象在所有革命中都存在，英国革命也出现过类似情况。在英国革命中，最早反抗国王的是整个议会，他们以"人民代表"的身份反抗王权专制；战争爆发后，长老派议员掌握革命领导权，他们在社会阶梯上处于中间偏上，其政治主张相对温和，希望与国王妥协，不主张废除王权。随着战场失利，领导权转移到独立派军官手中，他们属于中间阶层，以军队为大本营，要求彻底战胜国王，并在战争胜利后处死了国王。比独立派更激进的还有平等派。他们不仅要求战胜国王，而且要求社会平等，他们是普通士兵，是一般民众的代言人。他们也试图夺取革命领导权，但英国革命不给他们这个机会，因为战争在独立派领导下就已经获胜，英国不需要雅各宾派。可见，革命激进到什么程度，取决于革命在什么时候取得成功。

法国革命之后世界上许多国家发生过革命，而领导权的转手是一个普遍现象，成功的革命都会出现领导权转手。但领导权的转手并非无休无止，在一个节点上会戛然而止。这个节点在哪里？在革命战胜反革命的时候。法国革命这个节点出现在雅各宾派击退反法联军，并彻底摧毁国内反革命的时候。恰恰在这个时候，雅各宾派被推翻，革命则越过它的高峰，开始走下坡路。翻开法国革命史，人们看到在雅各宾派下面的社会阶梯上还有更激进的政治派别，他们是无套裤汉，那些衣食无着、朝不保夕的穷人，真正的社会最底层，其政治上的代表是忿激派（也称疯人派）。他们也发动过起义，想夺取革命领导权，但失败了，失败的根本原因是：国内外反革命已经被击败了，不需要他们走上前台。镇压无套裤汉起义的恰恰是雅各宾派当权者。而仅仅在不久之前，为击退各国反法联军、保卫革命也保卫法国，雅各宾派制定了最激进的经济社会政策，以此换取无套裤汉的支持，从而将革命推向最高潮。然而，一旦法国获救并在战场获胜时，雅各宾派就转过身来把

无套裤汉形象

无套裤汉镇压了。无套裤汉是法国无产阶级的前身，也许这就预示着一百年后法国阶级斗争的前景？

法国革命异常激烈，外来干涉是重要因素。法国革命爆发后整个欧洲群起攻之，用武力对付法国革命。但这是一个错误，它反而把革命刺激到更加激烈的程度，把法国的内部冲突转变成法国与其他国家的国家冲突；为保卫法国，必须保卫革命。这个道理后来才被很多人意识到：革命爆发了，最好不要施加外部刺激，越刺激，它越激烈。历史反复说明这个道理，在后来其他国家的革命中，凡是有外来入侵力量介入的，革命就转化为民族战争，只有用民族的力量才能获胜；它必须进行全民族动员，把整个民族摆在保卫国家，同时也是保卫革命的位置上。我想中国也经历过类似情况，中国人是明白这个道理的。

以上这些现象在很多国家的革命中曾一再出现，这说明：革命有其自身逻辑，一旦爆发，就会按其逻辑运行，人的主观意志很难扭转。法国革命是后来各国革命的先驱，它完整体现了革命的逻辑。

外敌被击退，罗伯斯庇尔和雅各宾派的专政随即就被推翻了，接下来是督政府。前面介绍过，罗伯斯庇尔是一位坚定的革命者，没有私心，全心全意保卫革命。但在他掌握政权时，权力开始集中到他自己手中。他认为革命的敌人无处不在，革命随时都处在危急中。他把自己看作革命的化身，就如同此前国王把自己视为国家的化身那样。他清除反对派，认为反对自己的人都是反革命。他将先前的战友逐一诛杀，说他们是革命的叛徒、是敌人。这种情况导致了热月政变，国民公会里的议员们为了自保，便指责罗伯斯庇尔是革命的敌人，将他逮捕，并将他处死。于是革命从高峰跌落，开始退潮了。热月政变有它的内在逻辑，即革命的初衷是推翻一个人的统治，因此不希望另一个人成为无冕之王。尤其当反革命的威胁已经解除的时候，人们不喜欢一个人统治。

但法国历史的进程却超越出这个逻辑。在法国那样一个专制传统极其强大，革命暴力又如此剧烈的国家，国民公会的集体统治在理论上说得通，在实践上却行不通；因为在国内外反革命都被击退的时候，所有法国人都学会用枪杆子说话了，任何政治团体或一群人有所诉求，第一个冲动就是上街、组织暴动，再拿起枪闹革命。从1789年攻占巴士底狱到1794年热月政变，已经有好几年时间了，人们已经习惯用武器表达意见，靠枪炮解决问题。

督政府没有权威，革命最优秀的领导人已经在一次又一次的领导权转手过程中被消灭了，剩下的是一批见风使舵、没有原则的墙头草——这些人因为没有原则才生存下来，他们无法控制瞬息万变的动荡局面。因此在1795—1799年差不多四年时间里，法国政局极其混乱，政变和夺权事件不断出现，其中包括五六次武装暴动，数不清的阴谋和无穷无尽的暗中策划，加上各地叛乱，比如农民暴动、下层民众的情绪发泄以及地方贵族的煽动谋反等。这些动乱可能来自左面，也可能来自右面，督政府在左右两个极端之间手忙脚乱、疲于奔命，国家则陷入无政府状态。亚里士多德曾经说，在人类一切政治形态中，无政府状态是最糟糕的。法国居然就陷入了无政府状态，情况极为不妙。此外，欧洲各国并没有放弃对法国革命的仇视态度，战争仍在继续。

在这种背景下一个人物出现了，注定由他来收拾乱局，这个人就是拿破仑。拿破仑是地中海科西嘉岛一个破落小贵族的后代，这个岛原本属于意大利，后来划归法国。法国人对这个地方非常看不起，认为岛上的人都是土包子，岛本身就是蛮荒之地。拿破仑幼年时因为家里没有钱，被父亲送到法国去读军校，相当于去读一个职业技术学校，不需要交学费。他学的是炮兵，在校期间受革命思想影响，接受了启蒙运动的熏陶。

他以少尉军衔从军校毕业，而后加入法国军队。不久后革命爆发，他开始崭露头角，最早的一次机会出现在土伦。当时英国一支舰队占领了土伦港，控制了这个城市，革命政府想收复土伦，就派这个年轻的炮兵军官去解决问题。拿破仑布下炮阵攻打英军，居然把英国军舰赶走了。这让他一举成名，因为在当时，英国海军似乎是不可战胜的。

以后他的地位越来越高，很快被提拔为将军。但在雅各宾派倒台的时候他受到挫折，人们认为他是罗伯斯庇尔的人，就把他解职了。他在家赋闲，工资也只能拿一半，还要养活他的众多兄弟姐妹，情况变得很糟糕。然而机会又来了。督政府时期政局不稳，各种力量都想夺权。有一次，由反革命贵族组织的右派暴动正在酝酿，督政府在惊慌中想起那位曾经在土伦打败英军的年轻军官，就把他召唤出来指挥镇压。拿破仑再一次架起大炮狂轰滥炸，当场就把暴动扑灭了。这让他立刻成为重要人物，马上就获得擢升，并且受权负责巴黎的城防安全。不过，拿破仑的军事才干很快就引起督政府首脑们的不安，他们担心拿破仑会威胁自己的地位，于是就把他派到南方，担任南方前线最高指挥官。这次调动给拿破仑带来他一生中最重要的一次机会，让他一跃成为法国最重要的军事领袖。

当时反法联军仍然从各个方面进攻法国，法国再一次面临重大危险。在各条战线上，打得最好的是南方战线；当所有战线都在吃败仗的时候，只有南方战线一直打胜仗。拿破仑还完成了世界军事史上的一次壮举，就是拉着几百门大炮翻越阿尔卑斯山，出奇兵攻入意大利本土。

面对拿破仑的丰功伟绩，督政府真的害怕了，就把他派到埃及去，名为委以重任，实为驱赶放逐。拿破仑的到来刺激了埃及的现代化转型，但对他自己却无所裨益。就在这个时候，第二次反法同盟已经形成，多国再次围剿法国；面对内忧外患的局势，督政府已经摇摇欲坠。国内许多人都在议论，说法国需要一个强权者，无论他是谁，只要能稳定这个国家，收拾社会的混乱局面，他就是救世主。在这种情况下，拿破仑私自离开埃及，随身只带着几个亲信，秘密返回法国。一个月后，拿破仑率领军队发动政变，解散了督政府，建立执政府，自己出任第一执政，事实上把法国放到了他一个人的统治之下，这就是法国大革命历史上的"雾月政变"（1799年11月9日）。雾月政变标志着法国大革命告一段落，但革命的余波尚未结束，它仍在激荡。此后15年对法国来说是拿破仑专政，对欧洲来说是15年的拿破仑战争。

雾月政变中的拿破仑

　　从反抗国王专制到拿破仑实行专政，法国革命走了10年时间。和17世纪的英国革命一样，国家政权从一个人的手上转移到另一个人的手上，革命走了一圈，是一个轮回。10年前革命开始的时候，一个贵族对路易十六说：陛下，这是一场革命。路易十六问道：什么是革命？那位爵爷回答道：革命就是转一圈。在西方语言中，"革命"本义是"转一圈"，在英语中名词是revolution，动词是revolve。我们看到在现实中，革命真的是转一圈。不仅英国出现这个现象，法国革命也出现这个现象，后来其他国家的革命往往也出现这个现象。同一个现象一再出现，在不同国家出现，其背后一定有共同的逻辑。拿破仑执政的基础是军队，军队一旦出面，无政府状态也就停止了，因为在社会的无政府状态下，军队是唯一有组织的力量。可以说拿破仑不是夺权上台的，是时势把他推上台的。人们认为拿破仑是战争英雄，做事果断，性格刚毅，因此期待他用军人的魄力恢复秩序，还法国一个和平。大家记得，在英国内战即将结束时，克伦威尔拒绝当国王，只接受"护国主"的称号；不知道是不是受到这件事的启示，拿破仑在1804年自称皇帝，建立了法兰西第一帝国。历史上，法国确实有过皇帝，不过那是在约一千年之前，在查理大帝时期。

战争是拿破仑在位时期的主旋律。1799年各国组成第二次反法同盟，这是拿破仑发动雾月政变的重要背景。此后，战争打打停停，持续不断，一直打到1815年滑铁卢战役，拿破仑被彻底打败。从1792年到1815年，各国共组建了七次反法同盟，直至1809年第五次结束，法军几乎没有失败过。拿破仑的军事才能在战争中充分展现，他亲自率领军队攻打欧洲各国，并且征服了大半个欧洲；继查理大帝之后，欧洲再一次臣服于一个君主之下，而且这个人又是一个法国人。与此同时，拿破仑在法国恢复了秩序，并授意颁布《拿破仑法典》。这部法典后来成了很多欧洲国家立法的摹本，在整个世界都有影响。拿破仑去世前曾经说，他打过很多胜仗，但胜利会在历史中消失，只有法典永存。

拿破仑战争有一个现象特别值得注意，就是每一次反法同盟的盟主，甚至金主，几乎都是英国。这个现象之所以值得注意，是因为法国革命在爆发时甚至爆发之前，就把英国作为榜样，革命者认为英国的制度优于法国，他们愿意以英国为师，通过革命，改造法国，把法国也拉到立宪的道路上去。他们试图用光荣革命的方式建立君主立宪制，通过立宪，期待法国也能像英国一样成为现代国家。令法国人感到意外的是，英国很快就以最坚决的态度反对法国革命，而且成为历次反法同盟的盟主。究其原因，不在于英国人不喜欢法国人的理想追求，而在于一个事实：英法争夺欧洲乃至世界霸权已经一个多世纪了，为此打过五次大战，每一次都发展成欧洲大战，并且每一次都延续至少七八年，多者可以是十几年。当时的欧洲，有力量与英国抗衡的唯有法国，所以在英国人眼里，法国是死对头，是英国称霸的拦路虎。法国发生革命，给英国带来绝佳机会，英国怎么也要牢牢抓住这个机会，把法国彻底打垮。因此，尽管法国革命的目标是推翻专制制度，甚至以英国为榜样重构政治体制，双方从意识形态上看已经走近了，似乎应该结为同志，共同维护共有的政治理念；但从大国竞争的角度看，英国必定对法国下狠手，将最危险的对手置于死地而后快。由此我们知道，对西方国家而言，地缘政治利益远远高于共同的意识形态。于是，英国千方百计和欧洲所有那些仍然实行专制统治的国家结盟，例如俄国、奥地利、普鲁士等等，而无论那些专制体制曾如何被英国人骂得狗头喷血。在这个时候，意识形态不起作用，起作用的是大国利益，这就是大国关系的逻辑。

战争延续了十几年，拿破仑充分显示了他的军事才能。但仅靠拿破仑个人的军事才能不足以让法国常胜不败，在战争中，由革命焕发出来的法兰西民族力量才是胜利的最终源头。革命把法国凝结成一个"民族"，对革命的自豪感，使法国人将"自由""平等"视为天职，以此为旗帜；他们要解放在专制制度压迫下受苦受难的全欧洲，这才是法国军队的力量所在——战争与革命在法军的胜利中结合为一体，在这个时候，战争等同于革命。所以在法兰西第一共和国瓦解后，革命的余波又激荡了十几年，这就是拿破仑时代。这十几年法国大革命的精神传遍欧洲，并将改变整个欧洲，甚至改变世界。这才是法国的大国地位，欧洲人迄今仍对拿破仑的战争给予正面评价，奇怪吗？其实不奇怪。拿破仑是个十足的独裁者，他靠军队控制法国，靠战争统治欧洲，但他在法国人心目中仍然是英雄，这是很值得回味的。

不过拿破仑还是失败了，他败在莫斯科城下。打败他的不是俄国军队，而是俄罗斯的寒冬。莫斯科的寒冷将来自地中海沿岸的法国士兵摧毁了，他们进入俄罗斯的时候是夏天，到莫斯科的时候已经寒风凛冽。俄国人一把火把莫斯科城烧成灰烬，不留一粒粮食、一座房子、一点生活物品，法国人在饥寒交迫中只好撤退，病死和饿死的人不知其数。到这个时候俄国军队才开始出动，跟在法军后面骚扰，结果等拿破仑撤军回到法国境内时，50万大军所剩无几。这以后，拿破仑的失败已成定局，原先迫不得已依附于拿破仑的欧洲各国转而反抗拿破仑，在莱比锡发起了"民族大会战"。来自各民族的军队走到一起，努力摆脱法国的统治，要为自己争"自由"。法国革命终于喝到自己酿造的苦酒了，民族主义唤醒了欧洲，人们愿意为"自由、平等、博爱"而战，在那个时候，就意味着打败法国。1814年，拿破仑被迫退位。尽管后来出现戏剧性的"百日王朝"，拿破仑试图恢复他的帝国，但1815年，第七次反法同盟在滑铁卢击败拿破仑，这位昔日的欧洲英雄被流放到圣赫勒拿岛，法国大革命终于写完最后一章。一场延续了四分之一世纪的大革命，被永远定格在世界历史上。

随拿破仑失败而来的是波旁王朝的复辟，和英国革命情况一样，专制的统治又回来了。但波旁王朝的复辟与英国复辟的性质不同，波旁王朝是在法国战败的情况下，被全欧洲的反革命力量用战车送回来的，那是一次反革命复辟。法国人不服气，他们认为：革命没有失败，失败的是法国，为了恢复法国，法国将继续高举革命大旗。法国于是继续走革命之路。这以后，法国就和英国分道而行了——英国在光荣革命以后再也不发生革命了，法国则在革命的道路上继续走下去。

复辟王朝反攻倒算，对共和派及帝国派人士进行迫害，许多人被判刑甚或处死，更多人被从国外流亡回来的贵族或其他反革命私刑杀戮。查理十世统治时期，反攻倒算加快步伐，一个强大的专制制度再次出现。查理十世甚至说，他宁愿去锯树，也不能像英国国王那样受议会的制约。这样，1830年，在复辟之后的第15年，新的革命爆发了，由于发生在七月，所以被称为七月革命。巴黎市民走上街头浴血奋战，与军队打了三天巷战，终于推翻复辟王朝。著名画家德拉克洛瓦的画作《自由女神引导人民》，为这场革命留下了一块丰碑，画面上，战争的场面跃然纸上，说明那是一场真正的革命，是流血的革命。

七月革命催生出一个新的王朝叫七月王朝，王朝的主人是路易-菲利普，被人称作"手拿雨伞的资产阶级国王"，他是法国历史上一个奇特的人物。路易-菲利普的父亲是奥尔良公爵，属于王族，有波旁王朝的血统，出身于法国最重要的显贵家族之一，可以继承王位。大革命爆发后此公支持革命，甚至放弃自己的姓氏"波旁"，改姓"平等"，这种情况在法国革命中是极少见的。由于有这样的家庭背景，七月革命胜利后路易-菲利普就被拉出来，让他当国王。一段时期中，人们经常可以看到一个身穿黑色燕尾服、头戴黑色高礼帽、手拿一把雨伞的人，沿着塞纳河悠闲散步，边走边欣赏夕阳的余晖，还和路人交谈，那就是路易-菲利普，一副资产阶级绅士派头。确实，七月王朝的社会基础是大资产阶级和金融家。在七月

自由女神引导人民

路易-菲利普

王朝统治下，法国工业革命起步了，尽管比英国晚了许多，但仍是欧洲大陆最早的。

到这个时候，法国的问题似乎解决了——专制制度被打倒，取而代之的是英国式的君主立宪制，有宪法，有议会，议会由选举产生，是国家最高权力机关。尽管在七月王朝时期选举权的范围很小，大约只有17万选民，占法国总人口的1.3%（同一时期英国选民约占人口总数不到3%），但法国毕竟走上了立宪道路，在法国建立了一个与英国差不多的政治体制。我们都记得，法国革命开始的时候，人们是以英国为样板的，希望建立像英国那样的君主立宪制；只是因为革命和反革命都越来越极端化，结果，英国的模板被放弃了，人们转而要求共和，法兰西第一共和国就是在这种气氛下出现的。后来，尽管与共和的理想擦肩而过，拿破仑用帝国取代了共和国，用个人独裁统治冷冻了革命，但共和的精神却保留下来。人们已不满足于君主立宪了，结果，七月王朝的立宪体制也就难以维持，它存在了18年，然后被又一次革命推翻了。触发革命的直接原因是人们要求扩大选举权，而王朝政府不接受。

法国已经习惯于革命了，它乐于用革命改变现状，1848年发生第三次革命，七月王朝倾覆，第二共和国建立了。这次革命大约延续了四年时间，其间各种力量反反复复搏斗，革命和反革命之间发生了许多事。有意思的是，这四年走完了大革命十年的路，大革命中出现的人和事，居然在这近四年中可以一一找到对应物。比如说：大革命有"斐扬派"；1848年有君主立宪派，相当于大革命中的"斐扬派"，他们要求维持君主立宪制。大革命有"吉伦特派"；1848年有共和派，相当于大革命中的"吉伦特派"，由他们建立了第二共和国。大革命有"无套裤汉"，他们曾发动起义但被镇压；1848年有巴黎工人，他们也曾发动起义，要求建立"社会共和国"。最后，1848年还创造出一个新的"帝国派"，以及另外一个"拿破仑"，由他建立了第二帝国。两次革命过程的惊人相似不得不让人相信：革命一旦爆发，就有它的运行逻辑。

1848年二月革命，七月王朝倒台

　　小拿破仑是老拿破仑的侄子，也是一个冒险家，年轻时曾在意大利参加过烧炭党起义，后来又企图在法国煽动兵变，推翻七月王朝，为此还坐过六年牢。后来他流亡到英国，对英国的情况有所了解，也接触到英国的自由主义，这些都对他日后的活动有一定影响。他说自己是劳动人民的保护者，一心为贫苦大众伸张正义；他特别提到法国的农民，当时，人口的多数正是农民，农民成为小拿破仑拉拢的对象。第二共和国在建立后立刻宣布执行成年男子普选权，这是由第一共和国确定但从来没有执行过的原则；没想到，正是农民把手中的选票投给了他们最熟悉的名字——拿破仑。于是，一个不起眼的冒险家大获全胜，"普选"这根魔棒把他送上了第二共和国总统的宝座。不久后，大革命中发生的最后一幕在1848年革命的尾声同样上演了：一个叫拿破仑的人在总统的位子上发动政变，他解散议会，实行独裁，然后宣布恢复帝国，由他自己出任皇帝，号称"拿破仑三世"。法国这次用近四年时间走完了大革命十年的路，让人惊叹历史竟可以重复，乃至马克思都评论道：历史可以重复上演，一次演成悲剧，一次演成笑剧。

在法国转型的过程中，拿破仑三世时期相当重要，国家发生了很大变化，一个现代法国初步成型。首先，工业革命在这个时期步入高潮，为法国的经济发展打下基础。其次，政治制度正在变化，尤其是在第二帝国下半段，出现所谓的"自由主义帝国"时代，政治管制开始放松，政体逐渐向议会制过渡。如果不是后来出现意外情况，法国有可能在第二帝国的框架下转变成君主立宪国家。然而意外毕竟发生了，法国注定要走共和的路。1870年普法战争爆发，这本来是一次突发事件，拿破仑三世钻进了普鲁士首相俾斯麦设下的圈套，仓促宣布对普开战。他还亲临战场指挥战斗，但一上阵就被打败了，自己也成了普军的俘虏。普军于是直逼巴黎，法国突然陷入危亡境地，仿佛又回到了1815年老拿破仑被打败的时刻（好像又是一次历史重演）。在这种情况下，法国再度发生革命，帝国被推翻，第三个共和国出现了。

革命分为两个阶段，第一个阶段是临时政府，第二个阶段是巴黎公社，后者被马克思称为无产阶级的第一次革命，它建立了第一个无产阶级政权。巴黎公社的背景是普军逼近巴黎，有产者（资产阶级）纷纷逃离，

拿破仑三世

| 第七讲 | 法国（下）：革命改造世界 | 179

1871年5月28日巴黎公社战士在拉雪兹神父公墓就义

城内只留下无处可去的无产者，他们同时也是最坚定的爱国者。为组织防御，巴黎工人组建了领导机构，即巴黎公社。"公社"这个概念在1789年大革命时期就出现了，当时革命者在巴黎建立临时管制机构，负责巴黎的市政管理。1871年巴黎公社的成立，立刻引起逃离巴黎的资产阶级临时政府的恐惧，大革命的幽灵显然浮现在他们脑海中。于是，他们与普军达成默契，共同镇压了巴黎公社。今天，在巴黎拉雪兹神父公墓仍然有一道"公社战士墙"，1871年5月28日，巴黎公社最后一批战士在这道墙下全部战死。巴黎公社武装起义是法国最后一次流血革命，公社战士与大革命时期的无套裤汉、1830年革命时的街头起义者、1848年革命中的"社会共和国"拥戴者一脉相承，记录着法国革命的一个显著特点，即这些革命带有阶级色彩。这个事实又预示了将在1917年发生在俄国的大事，法国革命的世界意义由此可见。

巴黎公社被镇压后法国出现了奇怪现象，政治舞台上原本存在五种力量：第一支力量是共和派，他们是有产阶级代理人；第二支力量是发动巴黎公社起义的人，他们属于无产阶级；第三支力量是正统派，他们希望复辟波旁王朝，让法国回到旧时代；第四支力量是七月派，希望恢复七月王朝；第五支力量是帝国派，即波拿巴派，他们想重建拿破仑家族的帝国统治，用"拿破仑"这个名字重塑法国的光荣。但普法战争结束后，共和派组建的临时政府与入侵的普鲁士军队签订和约，它被看作卖国条约，资产阶级共和派声誉扫地，法国人把他们抛弃了；几乎同时，无产阶级在巴黎公社起义中被镇压，工人的力量被彻底打垮，许多人被杀、被捕，或被迫逃亡（其中有很多人逃到美国去了），无产阶级的力量在很长时间中都没有恢复。

这样，法国政治舞台上只剩下正统派、七月派和帝国派，他们都是保王派，都不喜欢共和制，都希望恢复君主制；他们只在谁出任君主的问题上相互争执，各不相让，而在国体的问题上三方并无分歧。但最后他们还是妥协了，由波旁王朝的王位继承人尚博尔伯爵先出任国王，他死后由七月派的候选人巴黎伯爵继任。帝国派靠边站了，看来是不具备正规的王族血统；拿破仑毕竟只是来自科西嘉的一个外来者，法国的贵胄们看不起他。这样，法国准备恢复王政了。一切工作都做好了，连登基典礼使用的王室马车也已备好，只待时辰一到就恢复君主制。然而在这最后的时刻，一件看起来微不足道的小事改变了整个历史的进程：尚博尔伯爵坚持要用波旁王朝的旗帜即白色百合花旗作为国旗，而不愿使用三色旗，登基的事就此拖延下去，最终居然不了了之。据说当时的教皇为此大骂尚博尔，说他为了一块破布（白色百合花旗）就放弃王位！真的，如果我们还记得法国波旁王朝的创始人亨利四世为得到法国而放弃新教信仰，那么，尚博尔确实离他的先辈太遥远。但是，旗帜之争其实是原则之争，三色旗是法国革命的标志，从大革命到七月革命到1848年革命都以它为标识，共和国和帝国都以三色旗为国旗，连两个拿破仑也都使用三色旗。百合花旗却是旧制度的象征，是专制王朝

尚博尔伯爵亨利

的象征，它若成为法国国旗，则一百年的革命史就被完全推翻了。

最后，旗帜之争不了了之，王朝复辟也不了了之。尚博尔的固执彻底结束了法国君主制，三色旗继续使用，一直用到现在。有意思的是，如果我们注意一下世界各国现在的国旗，也许会惊讶地发现：法国的影响居然也可以表现在旗帜上，许多国家都用三个色块组成国旗，无论这些色块是横向排列还是纵向排列，也无论人们对不同的颜色做出何种解释、说它们象征着什么。法国革命对世界的影响确实很大，而三个色块往往就象征革命，或推翻旧制度；因为我们发现，以英国为代表的盎格鲁-撒克逊国家无一使用三色旗，这恰恰在无意中指出了英国和法国的发展道路不同。

1870年革命没有确定国体，国体问题被搁置了。后来，在国民议会一次会议上通过一项立法，其中顺便提到这样一句话：共和国总统由参众两院议员的联席会议选举产生。这项立法并不是专门讨论国体问题的，但它确实提到了"共和国"和它的"总统"。结果，共和国就这样悄无声息地被颁发出生证，人们对此没有反应，既没有反对，也没有应和，从此以后法国就是个共和国，一直到现在。这个结局令人惊讶：为了共和国，无数法国人在将近一百年时间里前仆后继，流血牺牲，发动过四次规模宏大的革命，付出过无数生命的代价，却未能造就共和国；而共和国的最终确立却不是由革命造成的，是因为三个保王派都不愿意让王位落到对方手中，又推不出共同的候选人，于是只好"共和"了，共和的意思就是没有国王。革命的未竟事业由保王派完成了，这时，人们都很麻木，既不欢呼，也不庆贺，同时也不反对，确实也没有人反对，这个情况是不是有点怪？

其实并不怪。法国的经历说明：当国家中最顽固、最对立的力量一旦意识到共和并不可怕，可以在他们自己之间进行"共和"时，共和就被接受了。制度的变革往往是在最顽固的力量也愿意变革时才能够完成，到这个时候，革命就不需要了，人们告别革命，坐到议会中去投票了。此后法国不再革命，一直到现在。作为共和国，法国的政治运作程序和实行君主立宪制的英国并没有太大差别，统治国家的是同一批人，国家的性质也基本一样。但法国革命给世界留下深刻的影响，后来许多国家向法国学习，用革命的方式改造国家，企图砸碎旧世界。一旦走上革命的路，革命的逻辑就会发挥作用，所以我们看到在一切可以被称作"革命"的革命中，都会在某种程度上重现法国革命的特点，其过程和结局似乎都可以预料。

作为世界大国，法国的影响力主要体现在革命留下的遗产上。尽管法国继英国之后第二个完成工业革命，并且在19世纪后半叶再次扩张，成为第二大殖民帝国，但人们谈起法国，首先想到的仍然是它的革命。法国开创了现代化的革命道路，它用革命的方式改造自己，也改变了世界历史的进程。

最后谈谈法国的工业革命。法国工业革命起步是在七月王朝时期，但真正发展要到第二帝国时期。如前所述，法国是全世界第二个完成工业革命的国家，英国工业革命兴起后对它造成巨大压力，因为从地理上看法国离英国最近，工业革命的冲击首先波及法国，让法国人认识到工业革命的力量；并且，法国一直在和英国争夺世界霸权，两国断断续续打仗，已经打了一百多年，英国经济实力的增长迫使法国迎头追赶，否则在争霸中必败无疑。在这些因素刺激下，法国随英国之后开启工业革命，成为早期工业化时代的又一个大国。

与英国相比，法国工业革命有几个特点值得一提。其一是经济革命与政治革命同时进行，这是由时势所迫。英国工业革命给法国造成很大压力，但法国的专制制度病入膏肓，国家面对体制危机，不得不先解决政治问题。政治问题不解决，经济发展就谈不上，这是我们在讲英国工业革命时曾经说过的。相比之下，英国很幸运，它在17世纪解决了政治问题，为18世纪的经济发展提供了政治保障；法国就没有如此幸运了，时势逼迫它必须解决政治问题，但同时也需要解决经济问题，结果就出现了"两个革命一起抓"的现象，这不是它的选择，而是迫不得已。尽管如此，"两个革命"居然都能同时完成，不得不说很了不起。因此在早期工业化时代，法国与英国并列，也确实名副其实。

其二是法国工业革命的模式。总体而言，法国走的是英国那样的自由主义发展道路，让经济力量自主发展。但法国的强大国家政治传统和圣西门的专家治国思想理念也在很大程度上左右了法国的经济发展道路，因此法国工业革命体现着双重现象：一方面，理论上的重农主义和自由主义提倡自由放任；另一方面，行动上的政府介入和专家治国又是经济运作的常态。换句话说，法国像英国那样实行自由放任的经济政策，同时又不像英国那样完全放任不管。七月王朝时期，政府就推动和帮助铁路、公路的建设，基建工程在这个时期蓬勃开展。第二帝国时期，在拿破仑三世的强势统治下，政府的介入更加明显。例如政府出面借款筹资，帮助企业投入生产，之后再对企业增加税收，用这笔钱偿还债务，政府说这叫"生产性消费"。另一个例子是巴黎市政建设。拿破仑三世亲自下令改造巴黎城，这是一个庞大的基建项目，我们今天看到的巴黎正是在第二帝国时期、在政府的规划指导下逐步形成的；而相比之下，伦敦就没有出现过这种情况。总之，法国工业革命基本上是英国式的自由主义模式，但政府已挤进这个被亚当·斯密认定为没有其位置的经济领域，从而与英国拉开了距离。

理论方面也体现双重叠加。法国主张自由放任，认为最理想的经济状态是不受约束的状态；但法国的自由放任更多来自重农主义，来自魁奈和他的同僚，而不是亚当·斯密。重农主义认为：政府政策这类东西只是"人为秩序"，"人为秩序"必须服从"自然秩序"，而"自然秩序"就是客观规律，客观规律是超越人之所为的。换句话说，就是经济活动必须服从市场规律。但同时重农主义又认为：国家的财富均来自农业，所以政府应该创造条件，保证农业生产顺利发展，这意味着，国家需要有条件的干预。面对工业革命的巨大冲击，重农主义显然是无法存续的，但它反对重商主义、反对政府任意干涉，在这一点上是和亚当·斯密相通的。可是，这样一种自由主义倾向又被圣西门的国家主导理论对冲了。圣西门是个空想社会主义者，他也认为人类社会有规律，在他设计的理想社会中，国家出面组织生产，实行有计划的协作制度，实业家发挥管理作用，实现全社会的

魁奈　　　　　　　　　　　　圣西门

最大幸福。由此看来，法国在行动上和理论上都从英国式的绝对自由放任向国家介入方向走了半步，这就为日后其他国家的新理论和新方式提供了前例。

其三是政治的长期动荡影响了经济发展。法国工业革命的力度不够，如同用文火烧水。有人说，那是没有工业革命的工业化。有统计显示：1840—1910年间，法国经济每十年的平均增长率只有18.6%，而同期，美国是56%，德国是35.6%，瑞典是34.8%，俄国是27.7%，英国是25%，法国明显落后。尽管在19世纪70年代法国已是世界第二大工业国，仅次于英国；但到1913年，法国工业产值只有英国的3/7，德国的3/8，美国的1/6。法国的经济发展始终落在英国后面，直至20世纪下半叶，法国的增长率才超过英国。从1789年大革命开始，到1870年第三共和国确立，不到一百年，法国却经历了四次革命，每次革命过程中又都有阶段性的小革命或其他类型的动荡；大约八十年时间里，法国出现过两个王国，两个帝国，三个共和国，十几部宪法。如此剧烈的政治动荡确实影响了经济发展，尽管法国还是完成了"两个革命"，成为工业大国。然而，需要再一次强调的是：法国的大国地位及它对世界的影响，主要表现在它用革命改变了自己，也改变了世界，这是人们永远不会忘记的。

第三篇

资本主义强权大国

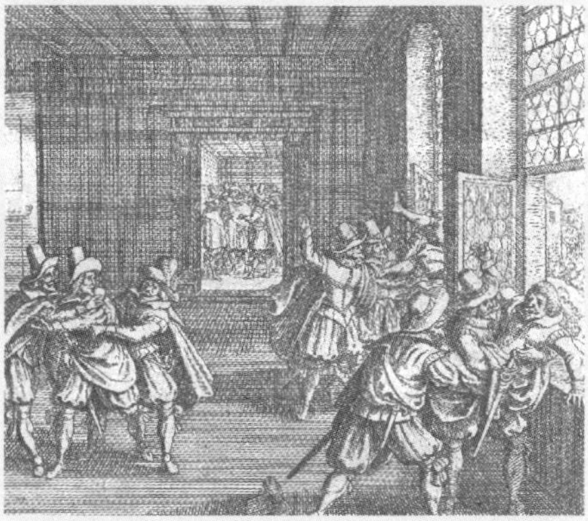

当西欧一些地区开始走出中世纪、形成统一民族国家时，德国却深陷在四分五裂的状态中，很长时间里不能摆脱分裂局面；结果当西欧不少国家快速发展时，德国却远远落后，演变成欧洲最落后的地区之一。

第八讲

德国（上）
破碎的德意志

◎ 日耳曼，德意志，"德国"

◎ 从强大皇权到皇权虚悬

◎ 分裂，分裂，更分裂

我们一直强调一个现象：历史一再证明，欧洲国家的发展和壮大有赖于一个前提，就是走出中世纪。欧洲中世纪的最大特点是什么？是社会分裂。经济上的土地分封制度，政治上的权力极端分散，由此造成社会缺乏黏合剂，不能形成凝聚力。在一个被分解的社会，谈不上经济发展，停滞与落后是常态，中世纪欧洲与世界其他文明地区相比就落后了许多。而所谓走出中世纪，就是克服分裂状态，完成社会整合，凝聚全社会力量，为各方面发展创造条件。而在中世纪的欧洲，有可能凝聚社会力量的是王权，葡萄牙、西班牙的崛起说明了这一点，英国和法国的崛起也说明这一点。中世纪晚期在欧洲许多地方出现的专制主义政权扮演了凝聚社会的角色，是它们完成了国家的统一，整合了社会，为国家发展提供了可能性。

德国的经历从反面说明同样的道理。当西欧一些地区开始走出中世纪、形成统一民族国家时，德国却深陷在四分五裂的状态中，很长时间里不能摆脱分裂局面；结果当西欧不少国家快速发展时，德国却远远落后，演变成欧洲最落后的地区之一。当时的欧洲是没有"德国"的，大国布局可以不考虑德国因素。然而，德国最终摆脱了分裂状态，完成了国家统一，此后异军突起，很快就发展成欧洲强国和世界大国。之后，它既取得惊人成就，也留下沉痛教训，它的大国之路很不平坦。下面先讲统一前的德意志。

— 日耳曼，德意志，"德国" —

"德意志"是个地理概念，它与"德国"这个国家既重叠又不相同。在德国真正成为统一国家之前，只能用"德意志"这个概念来表达。德意志的地理位置非常特殊，它地处欧洲正中央，俨然就是欧洲心脏。德意志大部分地区地势比较平坦，南面有阿尔卑斯山，把它和意大利分开；但东边和西边都没有屏障，这就使它的东西边界都很模糊，很难在一个明确的地理范围内确认一个"国家"。所以在整个德国的历史上，地理边界在哪里是不清楚的，它的疆界经常变动。仅就20世纪看，第一次世界大战改变了德国的疆界，第二次世界大战又改变了德国的疆界，冷战结束后再次出现疆界变动。在短短一百年时间中德国疆界就变过三次，而在一千多年的历史上，德意志的疆界更是飘忽不定，乃至18世纪著名诗人席勒发出传世之问："德意志，它在哪里？"

再看民族。德国人属于哪一个民族，德意志民族吗？人们经常说德国人是日耳曼人，但日耳曼人和德国人是有区别的。日耳曼人这个概念是在罗马时期开始出现的，当时罗马国家的北部疆界大体上沿莱茵河、多瑙河一线延展，莱茵河以东和多瑙河以北居住着许多部落，这些部落当时都未开化，其社会组织结构是部落而不是国家。它们分布在极其广阔的土地上，各有各的活动范围，彼此之间互不隶属。罗马人分不清这些部落，就把他们统称为"日耳曼人"。日耳曼的概念是罗马人强加给那些不开化的原始部落的，部落本身并不接受这个称谓，它们都以部落的名称称呼自己，比如哥特人、汪达尔人、法兰克人等等。罗马人为什么把这些部落称为日耳曼人，到现在也没弄清楚。有一种说法是部落人会打仗，很勇敢，打起仗来不要命，但"日耳曼"和打仗有什么关系，同样也不清楚。不过，"日耳曼"的概念就是这么来的。"德意志"是另外一个概念。前面曾经说过，公元3世纪末4世纪初，原来居住在今天北德意志地区的日耳曼人受到各种因素的影响开始迁徙，其中比较著名的一些族群迁徙到今天的法国、英国、意大利等地，构成了今天的法国人、英国人、意大利人的先祖。但并不是所有的日耳曼人都在民族大迁徙的浪潮中离乡背井，更多的人其实留在原地没有搬迁，这些人就是后来的"德意志人"。所以，日耳曼人和德意志人是有区别的。

还有一个概念叫"条顿人"，这个概念和"日耳曼人""德意志人"有一些关系。条顿人应当是日耳曼人中的一个族群，其中多数在民族大迁徙的潮流中离开家乡，后来消失了，但一部分人仍留在原地。现在有学者说"条顿"和"德意志"这两个概念有对应关系，是不是这样，并没有定论。人们经常把日耳曼人、德意志人、条顿人混为一谈，都指现在的德国人，但严格地说他们是有区别的。

变动的疆域再加上众多的部落，就造成了早期日耳曼人没有国家意识，事实上也不存在国家这种组织机构。因为没有国家，罗马人把他们看作"蛮族"，随时随地欺负他们，想征服他们的土地。但最终结果不是罗马征服了日耳曼，而是日耳曼人消灭了罗马帝国。在民族迁徙的过程中，日耳曼人逐渐组成国家，比如哥特王国、勃艮第王国、法兰克王国等。其中最著名的当数法兰克王国，而现在的德国也是从法兰克王国起步的。讲法国的时候我们讲过查理帝国。查理大帝试图恢复像罗马帝国那样的庞大国家，他靠战争获取大片土地，确立了统治权。那时，法兰克人刚走出部落状态不久，以往许多部落传统被保留下来，其中一个传统是父亲死后其财产在儿子之间平均分配。而作为最重要"财产"的帝国，后来就在查理大帝的三个孙子之间分配了，分别是西法兰克王国、东法兰克王国和中法兰克王

虔诚者路易去世后,他的三个儿子在843年缔结《凡尔登条约》,将帝国一分为三

国。经过长时间的历史演变,西法兰克王国变成现在的法国,东法兰克王国就是现在德国的前身,中法兰克王国后来又被东、西两个法兰克王国瓜分了,但它的南部演变成现在的意大利。这就是欧洲历史上有名的"帝国三分",其孕育了欧洲大陆最重要的三个国家。

简言之,现代德国以"帝国三分"为起点,东法兰克王国是它的母体。法兰克人建立起庞大的领土国家,但那些刚走出部落社会的人,却不具备像罗马人那样管理庞大国家的能力,于是,将土地分成一块一块,让不同的人分头管理,就成了合理的安排。层层分封的封建制度就是这样产生的。从最高领主(比如国王)到最下层的领地所有人(比如骑士),都在这个制度中结成从上到下的金字塔网络,以保证最低限度的社会秩序。这一套制度是在加洛林王朝时期最终成型的,而作为查理帝国的一部分,东法兰克王国也成为封建土地分封制的根据地。这个地方原本就是日耳曼人的老家,受罗马制度影响最小,部落习俗最深厚,地方意识最强,封建土地分封制也因此很典型。

起先，东法兰克国王向地方派驻官员，他们成为伯爵，后来这些人觉得自己羽翼丰满了，就自封为公爵，形成了五大公国（法兰克尼亚、萨克森、图林根、士瓦本、巴伐利亚）。此外还有一批较小的地方豪强，名义上归属于东法兰克王国，实际上各霸一方，局面相当混乱。919年，出现了一个强势人物，即亨利一世。他担任国王的第二年就把东法兰克王国改名为德意志王国，德国作为一个国家在这一年就算正式出现了。亨利一世有一支强大的军队，靠着这支军队他把五大公国都压制下去了，那些小诸侯更不在话下。此后，德意志王国进入一个比较统一，也比较强大的时期，到他的儿子奥托一世时达到顶峰，其范围除原来的东法兰克王国之外，还包括现在的意大利北部，捷克和斯洛伐克，波兰的一部分，以及瑞士、奥地利等。

亨利一世

—— 从强大皇权到皇权虚悬 ——

奥托统治德意志王国，除依靠军力外，还借助教会的力量。当时教皇住在罗马，但经常受意大利世俗贵族的骚扰；961年教皇向奥托求援，请求帮助镇压罗马贵族叛乱。奥托率军进入意大利，很快就平定了骚乱。为表达感激之情，教皇于次年授予奥托"皇帝"称号。这个名称一方面表示奥托是已经消失了好几百年的古罗马帝国的直接继承人，另一方面又意味着皇帝称号是上帝授予的，他通过教会而得到合法的权力。这以后，"神圣罗马帝国"这个概念就出现了，帝国皇帝和德意志国王是同一个人。如此一来，它就和古代罗马帝国有了根本区别，它只是德意志人的罗马帝国；所以到后来，人们称之为"德意志人的神圣罗马帝国"，以区别于古代的罗马帝国。

| 第八讲 | 德国（上）：破碎的德意志 | 195

作为强势军事领袖，奥托迫使教皇服从皇帝，将教权置于皇权之下。他通过条约明确规定皇帝可以指定教皇人选，这样就把罗马天主教会放到了国家权力的管辖下，各级世俗领主则可以任命当地的教士。他还将主教区改造成和诸侯领地一样的封建采邑，主教的地位相当于世俗诸侯。从表面上看，这样做使主教获得了诸侯的权力，但实际上把主教变成了皇帝的封臣。同时也为日后

奥托一世与教皇若望十二世的会面

的冲突埋下祸根。奥托去世后，他的继承人没有奥托那样的威严与能力，教会的不满开始反弹。教会申辩说教皇地位高于皇帝，因为教会是上帝在世上的寓所，教皇是上帝在人间的代理人，而皇帝只是一介武夫，靠军队打仗占领地盘，皇帝的一言一行需要由教会来判断对与错，所以，人世间最高的统治权属于教会，皇帝应该服从教皇。

教权与皇权之争持续不断地进行下去，到亨利四世统治时期就变得异常激烈而不可调和。当时的教皇是格列高利七世，基督教会史上一位著名的教皇。他提出以后教皇不可由任何世俗力量来决定，也就是皇帝没有任命或者选举教皇的权力。他规定以后的教皇都由一个委员会来选举，这个委员会由枢机主教（即红衣主教）组成。格列高利的规定一直延续到现在，现在所有的教皇，都是由枢机主教在秘密会议上选举出来的。他还规定皇帝（和其他世俗权力）无权任命教会官员（即高级教士），国家的官职不可以买卖，其矛头都指向皇帝。这些规定使亨利四世和格列高利七世之间的矛盾变得异常尖锐，双方开始冲突。在这个过程中皇帝能够动用的力量是军队，而教皇则握有一个非常厉害的武器，叫破门律，也叫驱逐出教。

中世纪西欧是个宗教社会，人们对基督教抱有敬畏之心。人生三件大事必须经过基督教：出生需要教会洗礼，结婚需要教会认可，离世之前需要得到教会的祷告。没有受洗的人相当于没有拿到出生证，因而得不到社会承认；未经教会承认的婚姻是非法婚姻，其子女属于私生子；未得到教会祈祷的死亡，将不可以埋葬在教区的墓地上，其亡灵是荒山野鬼，进不了天堂。对普通人来说，最后这项惩罚是最可怕的，因为人人都想进天堂；而对君主来说，一旦他被逐出教会，就不受封建规范保护了，所有贵族不分大小都可以公开造反，举兵反抗，剥夺他的君权，不承认他的统治地位。对亨利四世来说，这意味着德意志大大小小的贵族诸侯都可以起兵攻击他，夺取他的王位，危害他的性命。驱逐出教是教皇的撒手锏，他借诸侯之刀杀君王之身，在这种情况下亨利四世只好妥协。他在下雪的大冬天，赤脚站在教皇所在的卡诺莎城堡外面，身披陋衣，在雪地里站了三天三夜，向教皇认错。这就是历史上著名的"卡诺莎悔罪"。

1077年卡诺莎悔罪

| 第八讲 | 德国（上）：破碎的德意志 |

格列高利原谅了亨利四世，恢复了他的教籍；但亨利四世随即去拉拢各地诸侯，组成了一个对抗教皇的军事联盟，把格列高利赶下台。这以后，皇帝和教皇的冲突变成德意志历史的顽疾，在一百多年时间中不断爆发。皇帝腓特烈一世是德意志最强大的君主，他在位时德意志的强大臻于顶峰，为了对抗教皇，他多次出兵意大利，最后仍以失败告终。在皇权与教权对抗的过程中，皇帝不得不把另外一支政治力量拉上舞台，那就是世俗贵族。为争取他们的支持，皇帝向他们让渡各种特权，虽说在短时间内可由此组织起贵族的军队打击教会，并形成皇权与贵族的结盟；但从长远来看，却助长出另外一支更可怕的力量，即地方分裂势力，最终对皇权造成颠覆性的威胁。世俗贵族不断壮大使德意志这个国家支离破碎，不能形成强大的中央权力。1232年，大贵族（诸侯）取得了"邦君"的称号，也就是被正式承认具有国君的地位，可以在各自领地内实行完全的统治。1356年，当时的皇帝兼德意志国王查理四世颁布《黄金诏书》，规定此后国王由七大诸侯选举产生，其中三大主教（科隆大主教、美因茨大主教、特里尔大主教）、四大贵族（波希米亚即捷克国王、萨克森公爵、普法尔茨伯爵、勃兰登堡边疆伯爵）选出来的人是国王，同时也是皇帝，不再需要教皇授权。这项规定虽然表明皇帝与教皇的斗争告一段落，但它把德意志不可挽回地交给了大贵族，其分裂之势成为定局。《黄金诏书》还规定，选侯的领地不可分割，选侯在各自领地内自由行事，不受约束，拥有关税权、铸币权、贩盐权、矿产权等等，俨然就是独立的国君。这样，皇帝就被架空了，除了"皇帝"这个名称，其他一无所有。这份诏书对德国而言是致命的，表明从这个时候起德意志的分裂名正言顺，而当时，是在14世纪中叶。比较同时期英国和法国的情况：英国王权从一开始就相对强大，法国王权从弱小走向强大；德意志恰恰相反，它的皇权从强大走向没落。中世纪德国的经历，决定了它在近代的艰苦历程。

总结一下，为了与教皇对抗，皇帝选择讨好贵族，主动把德意志交给了各地诸侯。从此以后，诸侯，特别是大诸侯就成了德意志真正的主人，

七大选侯

皇帝只是一个符号，帝国只是一个概念，各邦邦君才是各自领地范围内的绝对统治者。于是，在德意志这块土地上就出现了很多"国"。尽管他们都承认皇帝的存在，也承认"神圣罗马帝国"这个概念，并承认自己是属于这个帝国的诸侯和贵族；但他们都把自己的领地视为禁脔，不允许任何人沾手。"神圣罗马帝国"由此成为空架子，德意志也成了西欧封建社会的一个极端典型。我们可以设想一下：如果那七个权大无比的诸侯坐下来选举"皇帝"，他们会把怎样的人"选"出来？可以断定：他们不会选出七个人中的任何一个，因为选了别人，就是削弱自己；也不会把最能干、最强势的人选出来，因为让这类人出线，无疑是给自己找麻烦。于是在很长时间里七大选侯只挑选势力小又无能的地方性贵族出任"皇帝"，那个时候的神圣罗马帝国，就是这种状况。

从以上介绍可以知道，中世纪德意志有这样几支力量。一是王权（同时也是皇权），即德意志的国王或神圣罗马帝国的皇帝，二者一般是同一个人。二是贵族，尤其是大贵族，后来形成为诸侯，诸侯当中最有权势的就是选侯。有人问：不少书上提到一个概念叫"选帝侯"，选帝侯是不是选侯？选帝侯确实就是选侯，但这个翻译不确切。严格地说，七大选侯选的

— 分裂，分裂，更分裂 —

是德意志国王，不是神圣罗马帝国的皇帝；不过一般来说当了国王差不多也就要当皇帝的，只是在时间上可能有差距，先当国王，再当皇帝。第三支力量是教会，以教皇为首，借上帝的名义参与博弈。三支力量不断争斗，结果就造成德意志在中世纪的破裂。需要说明的是，有些高级教士也是领地贵族，他们有封地，是从皇帝那里拿到的封地，所以在理论上也是皇帝的封臣，是一种双重身份的贵族。但他们在教会和皇帝的冲突中站在哪一边，抑或只站在自己这块领地的一边，那是不好说的。

除了这三支力量，还有一支城市的力量。中世纪早期西欧大部分地区很少有城市，商业也没落了，日耳曼人居住的地区情况更加如此，因为这些地方原本就在罗马帝国之外。9—10世纪城市慢慢兴起，商业也渐渐复归，复归的主要推动力是领主们的需要。一方面领主们需要打仗，需要武器、战马这些战争用品；另一方面他们开始追求奢华生活，希望享受葡萄酒、瓷器这类奢侈品，太太小姐们则喜欢金银首饰甚至丝绸，于是对商品的需求就明显增加。而城市是商品的中转站，慢慢也就成长起来。开始的时候，城市必须依附于领主，它们往往在领主的城堡旁边形成，一方面满足领主的需要，另一方面可以得到领主的保护。中世纪社会秩序混乱，贵族之间战争频仍，强盗流民也会带来破坏，城市依附于某一个贵族，就会在一定程度上得到保护，并且贵族的力量越大，受保护的程度就越深。大贵族领地上的城市往往能发展成大城市，诸侯驻跸之地尤其如此，在贵族的保护下城市能得到相对安宁的社会环境，有利于工商业发展。但城市的经济结构、社会结构甚至人员构成，都和领地庄园、和农村完全不同，城市是工商业社会，它不进行农业生产。城市通过经商慢慢富裕起来，它们的商业活动也日益拓展，向更远的地方延伸，逐步形成网络。到12—13世纪，城市的力量已经相当壮大，这时它们觉得羽翼丰满了，不再需要领主的保护，相反，它们觉得封建领地是障碍。在德意志高度碎裂的状态下，商货每经过一个领地就可能要纳一次税，德意志有太多的封建领地，《黄金诏书》又给领主们抽取关税的权力，站在商业的立场上，城市希望有一统一的市场，得到一个强大的保护。在西欧其他地方，比如英国、法国等等，城市往往会和国王结成同盟，它们投靠国王，共同反对贵族；然而在德意志，王权日益萎缩，力量越来越小，于是出现了非常有趣的现象：德意志城市组成商业同盟，联防互保，形成国中之国。这种情况在欧洲其他地方不大能见到，在德意志却非常突出。一个城市同盟由若干个城市组成，有时是十几二十个，有时甚至三五十个，最多的可以达到七八十、八九十个。这么多城市签订协议，制订共同的商务条款，维护共同的商业利益，互相提供资源和市场，有事大家处理，如果打仗，大家一起出兵。各城市结成条约关系，强制性地必须遵守，由此就出现了强大的城市功能，它越过了帝国的权力界限，自成一体。我们知道在西欧其他地方（例如法国），城市一般都取得自治权，从而跳出了封建等级结构；但它们都愿意接受君主的权威，视王权为保护伞。德意志不是这样。德意志城市组建同盟自己保护自己，并非它们不愿接受君主的权威，而是因为德意志的君权完全被架空。

最早的城市同盟出现在伦巴第（现在属意大利，当时被认为是在德意志的范围内）。但更重要的城市同盟是莱茵河沿岸的莱茵同盟、德意志南部的士瓦本同盟和德意志北部的汉萨同盟，其中以汉萨同盟最著名、影响最大。汉萨同盟在中世纪晚期曾控制波罗的海沿岸

1241年吕贝克与汉堡结盟，城市间的汉萨组织开始出现

商业，其活动范围包括丹麦、瑞典、挪威、英国等，甚至远达法国和俄罗斯。同盟有军队，可以打仗，有海军也有陆军，用武力保护商业活动。同盟垄断着很多地方的市场，甚至在一段时间中曾垄断英国的对外贸易。同盟最兴旺时曾有一百六七十个城市加盟，包括科隆、吕贝克、汉堡、不来梅这些著名的商业城市，经济实力极其雄厚。在欧洲其他地方，城市是王权的天然盟友，帮助国王扩大权力；德意志城市则是又一支可以与王权分庭抗礼的分裂力量，与贵族、教会的情况一样。由此可知中世纪的德意志乱到什么程度，各种矛盾错综复杂，多种力量相互缠绕。当英法等其他地方开始向统一国家发展的时候，德意志却不仅分裂，而且分裂得非常严重，其内部各种力量互相抗衡，难以整合；再加上皇权式微，有名无实，其碎裂程度是非常严重的。

更有甚者，分裂的趋势愈演愈烈，最终将德意志彻底碎片化，其导因居然是宗教改革。宗教改革在西欧其他地方促进了民族认同和国家认同，在德意志却恰恰相反，它促使德意志更加分裂。

马丁·路德张贴《九十五条论纲》

宗教改革肇始于德意志，后来席卷整个西欧。发动宗教改革的人叫马丁·路德，他出身于贫民，祖父是个农民。他的父亲经营一些工商业，后来成了小矿主，赚了一点钱，由此他能够接受教育，最终成为神学博士，在维滕贝格大学教书。1517年，路德在维滕贝格教堂门口贴出一张大字报，被后世称为《九十五条论纲》。其中他猛烈抨击天主教会，说它是天底下最腐败的机构，打着上帝的旗子骗钱，坑害老百姓。这份大字报点燃的宗教改革的烈火，很快就燃遍了西欧大地。

当时的天主教会确实非常腐败。基督教在创始之初是穷人的宗教，受罗马帝国官方的残酷镇压，许多人死于镇压之下，留下许多殉教徒。但后来基督教成为罗马帝国的官方宗教，它虽未能拯救罗马帝国覆灭的命运，但在"蛮族入侵"之后却被入侵者广泛接受，成为新政权的统治工具，基督教也逐渐成为富人的宗教、权势者的宗教了。长期的优越地位使罗马天主教会日益腐败，正印证了英国阿克顿勋爵的那句话：绝对的权力是绝对的腐败。

根据天主教的教规，教士要遵守一些基本的规范，最主要的有三条。第一条是乐贫。意思就是过清苦的日子，不可铺张浪费，不可追求享受，应该艰苦朴素，不穿好衣服，不吃好东西，不住好房子，最好是风餐露宿，安贫乐道。第二条是守贞。就是不结婚，没有自己的家庭，也没有自己的财产，教会就是大家庭，教士以教会为家。第三条是服从。理论上是服从上帝，实际上是服从教会和教皇，因为教会是上帝在人间的居所，教皇是上帝意志的传告人。乐贫、守贞、服从是神职人员的基本原则，也是道德底线，但是在路德生活的时代，所有这些底线都被众多教士突破了，包括教皇自己。

教士们不乐贫而好富，大家都爱钱，想办法致富，为此而不择手段；教士不守贞，生活混乱，什么事都有，时人都知道；服从也变成徒有虚名，不少神职人员作威作福，有令不行。这些现象在很多正直的教士眼中确实是太腐败了，如果不纠正，教会难以为继。有一件事特别引起众怒，刺激了很多正直的教士，同时也被民众深恶痛绝，那就是出售赎罪符。

赎罪就是赦免人的罪过。按照基督教的说法，人都是有罪的，罪可以救赎，救赎来自上帝，只有上帝才能宽恕人的罪行。然而在赎罪的过程中，人自己能不能发挥作用呢？罗马教会说可以，每个信徒用自己的行动去赎罪，也就是好好表现，罪过就会被原谅，死后就可以进天堂。这个说法后来被简化成花钱买赎罪，花的钱越多，赎罪就越彻底。换句话说，只要花

教会出售赎罪符

钱，无论怎么胡作非为都是可以的，最后花一笔钱抵消就行了。这当然很荒唐。但更荒唐的是有人居然销售赎罪符，并且是教皇授权销售的；通过销售赎罪符，教会可以得到一大笔钱，而且是源源不断的财富。这种情况让老百姓非常反感，很多人明白这是教会骗钱的把戏，但惮于教会强大的势力却敢怒不敢言。

马丁·路德的《九十五条论纲》就是在这个背景下出现的。有一个说法，说这张大字报不是路德自己写的，只是因为他经常在教士们开会时发表议论批评教会腐败，或者在和别人闲聊时愤愤不平，有好事之徒就把他的言论分门别类，整理成九十五条，然后在教堂大门口一贴，这就惹祸了。因为《九十五条论纲》的矛头直指教会、直指教皇，虽说表达了民众的心声，却惹怒了教廷。教皇下令要追究责任，勒令路德公开认错，否则就逐出教门，交给世俗君主法办。

路德承受了巨大的压力，但他拒不认错，坚持自己的信念。事实上，路德对基督教的理解与天主教会有很大差别。他认为一个人能不能得到救赎，并不取决于自己的表现，而是取决于上帝的决定；表现得再好也未见得能得到上帝的赦免，表现不好也不意味着必定受处罚。他认为在基督教的早期，当时那些教父把问题说得很清楚：救赎是上帝的事，救谁或不救谁，上帝早就规划好了，人不能改变这个决定——这样一种看法在理论上被称为"先定论"。路德认为：以教皇为首的天主教会违背了基督教的这个基础，把救赎说成是每个人自己的事，这样就为教会的腐败找到了借口；由此，腐败行为就一发不可收拾，才会有出售赎罪符这样的事。路德相信人通过坚定地信仰上帝而得到精神的解脱，取得与上帝直接沟通的权利，从而成为好基督徒——这叫"因信称义"。按照"因信称义"的说法，教皇和教会就是多余的，没有必要存在；但现实中教皇和教会确实存在，那是因为他们把持了人和上帝沟通的渠道，从中捞取好处。路德提出抛开教皇和教会，回到基督教的原始状态，恢复它的纯洁性。他主张没收教会的财产，把它交给世俗贵族，让他们代管上帝的财富。

路德的这些说法获得许多人的真心拥护，因为他们痛恨天主教会的腐败；同时也得到一批贵族甚至包括大贵族的赞成，因为路德说要把教会财产交给他们，他们当然很高兴。但路德的这些说法其实不是他的专利，在他之前早就有人说过类似的话，比如英国的威克利夫和波希米亚（捷克）的胡斯，他们是早期的宗教改革家。但早期宗教改革都以失败告终，并被严酷镇压；路德的宗教改革却形成燎原大火，燃遍整个天主教世界。其原因，除历史背景发生变化、人们的思想发生变化外，一大批贵族支持路德是重要因素，否则路德很可能和他的先辈们一样，难逃杀身之祸。

路德不肯认错，教会就把他驱逐出教，交给世俗权力处理。当时帝国皇帝是查理五世，这个人非常有名，他是西班牙的专制君主伊莎贝拉和斐迪南的外孙，继任西班牙国王后赞助麦哲伦环球远航，奠定了西班牙在海上的霸主地位。随后他又出任神圣罗马帝国皇帝，凭借这个称号所带

马丁·路德与萨克森选侯约翰·腓特烈、维滕贝格改革派

来的权势，他把西班牙推上了大国之巅，成为当时的超级大国。路德被逐出教门，交给查理五世用世俗法庭进行审判。按照常理，路德一定凶多吉少；但在审判过程中，选侯萨克森公爵把路德"劫持"到自己的领地藏了起来。在德意志当时的政治氛围下，谁都无法触碰路德，连皇帝也无可奈何，因为萨克森公爵是选侯，他的领地是不可侵犯的。此后路德在萨克森的保护下专心著书，最终形成了一个新的教派——路德派。

新教的出现把德意志分成两半：一半维护原有的宗教信仰，支持罗马天主教廷，这是旧教；另一半接受马丁·路德的新学说，这是新教。不过"新教"是中国人的称谓，在西方文字中这个派别被称为"抗议派"（Protestants），因为他们抗议罗马天主教廷的所作所为。奇怪的是，宗教改革在其他很多地方都推动了民族国家的形成，但在宗教改革的故乡德意志却造成完全相反的结果，它把德意志变得更分裂了，而且裂解成碎片。德意志原本就够分裂的，那是政治层面的分裂、社会层面的分裂；现在在精神的层面、意识形态的层面也分裂了，于是就彻底分裂了。新老两个教派都声称自己是真正的基督徒，掌握着上帝的真理；双方都认为另一方是上帝的敌人，必须彻底清除。战争于是接踵而来，接连不断。第一场战争是施马尔卡尔登战争，从1546年打到1555年，差不多打了10年，最终不分胜负，签订了《奥格斯堡宗教和约》。其中再次确认各地诸侯和贵族在自己领地上的绝对控制权，除此之外加上一条"教从主定"的原则，意思是"谁的土地信谁的教"：新教诸侯土地上所有居民都应该信奉新教，旧教诸侯土地上的所有居民都应该信奉旧教。从实际效果看，这项规定一方面正式承认了新教和旧教有同样的合法性，但同时另一方面把普通百姓的宗教信仰交由大贵族来决定，不接受诸侯的信仰而坚守自己信仰的人，要么离开、要么被压制。此后，诸侯的权力更大了，他们不仅在政治上有统治权，经济上有控制权，而且把控着人民的精神生活。

另一场更大的战争在1618年爆发，一直打到1648年，被称为"三十年战争"。这场战争的最终结果是德意志被彻底粉碎，完全丧失了国家统一的希望。战争引火线是所谓的"掷出窗外事件"。当时波希米亚(即捷克)国王是天主教徒,根据"教从主定"原则,波希米亚全体居民都必须信奉天主教,但这个地方曾有过胡斯宗教改革的传统,路德那把火一烧,捷克居民中就涌现出许多新教徒。新教徒不满国王的压制政策,于1618年5月冲击王宫,把两个顽固的天主教高官从国会城堡的窗口扔了出去。虽说这两人被扔到窗外的垃圾堆上没有摔死,但这件事却成为战争的导火索。市民们邀请信奉新教的普法尔茨选侯去布拉格当国王,战争于是一触即发。

这场战争的特殊之处,不仅在于其延续时间长、作战规模大,最特别的是作为宗教战争,越打到后来越丢失宗教的属性,最终演变成欧洲大战。在战争过程中,以皇帝为首的天主教阵营一直占据主动权,每每在关键时刻打败新教,并且势如破竹。然而每当出现这种情况,眼见皇帝即将胜利时,一个外来国家就会卷入战争,站在新教一边与皇帝作战。起先卷入战争的都是新教国家,比如丹麦、瑞典、英国等;可是当所有这些外来干涉

布拉格掷出窗外事件

都不能阻止皇帝的胜利时，法国亲自出手了。蹊跷的是，法国作为欧洲天主教阵营最坚强的堡垒，一向被罗马教廷视为最坚定的支持者；但战争爆发后，它一直站在幕后支持新教诸侯打击天主教皇帝，而现在却走上前台，派大军出战，最终打败了皇帝的天主教军队。到这个时候人们才真正看懂了，原来三十年战争的实质不是宗教战争，而是一场民族国家之间的战争，是欧洲第一场现代国家之战。

这场大戏的导演是黎塞留，法国著名的国家至上主义政治家。黎塞留相信强大王权是国家统一的至宝，而统一是国家富强的前提。他辅助法国的路易十三强化中央集权，为路易十四时期的强大奠定了基础。如果把这种政治信念转移到德意志问题上，那么非常明显，皇帝不能胜利。因为皇帝的胜利意味着德意志统一，而德意志统一意味着强大的德国，德国强大则意味在法国身边出现了危险的邻居，对法国的强大是致命的威胁；所以，黎塞留不能接受！为避免这个危险，黎塞留决定要维持德意志的分裂状态，无论如何不能让它统一。显然，这就是所谓的"地缘政治"思维，欧洲在几百年前就已经深谙地缘政治的秘诀了，其原则就是：要想我好，就不能让你好！黎塞留是这种政治哲学的代表。

其他国家也是这样想的，都不愿让德意志统一，德意志的地理位置太敏感了，前面说过这个问题。作为地理上的欧洲中心，德国的崛起将使整个欧洲恐慌。后来的历史也确实证明了这一点，两次世界大战都与德国的强大有关。300多年前的欧洲政治家已经意识到这一点，于是纷纷卷入三十年战争，目的十分清楚，就是打败皇帝，从而让德意志永久分裂。宗教冲突只是三十年战争的导火线，民族国家的冲突才是其实质。卷入这场战争的是已经完成统一任务的欧洲国家，它们要裂解德意志，让它永远不能统一，也就永远不能成为强大国家。当时许多欧洲人已经看出这场战争的真正性质，而只有皇帝——德意志神圣罗马帝国的皇帝却看不懂这一点，他始终认为那又是一场宗教战争，他的敌人是德意志新教徒。如果考虑到法国的亨利四世为统一法国不惜放弃自己的宗教信仰，而德意志神圣罗马帝

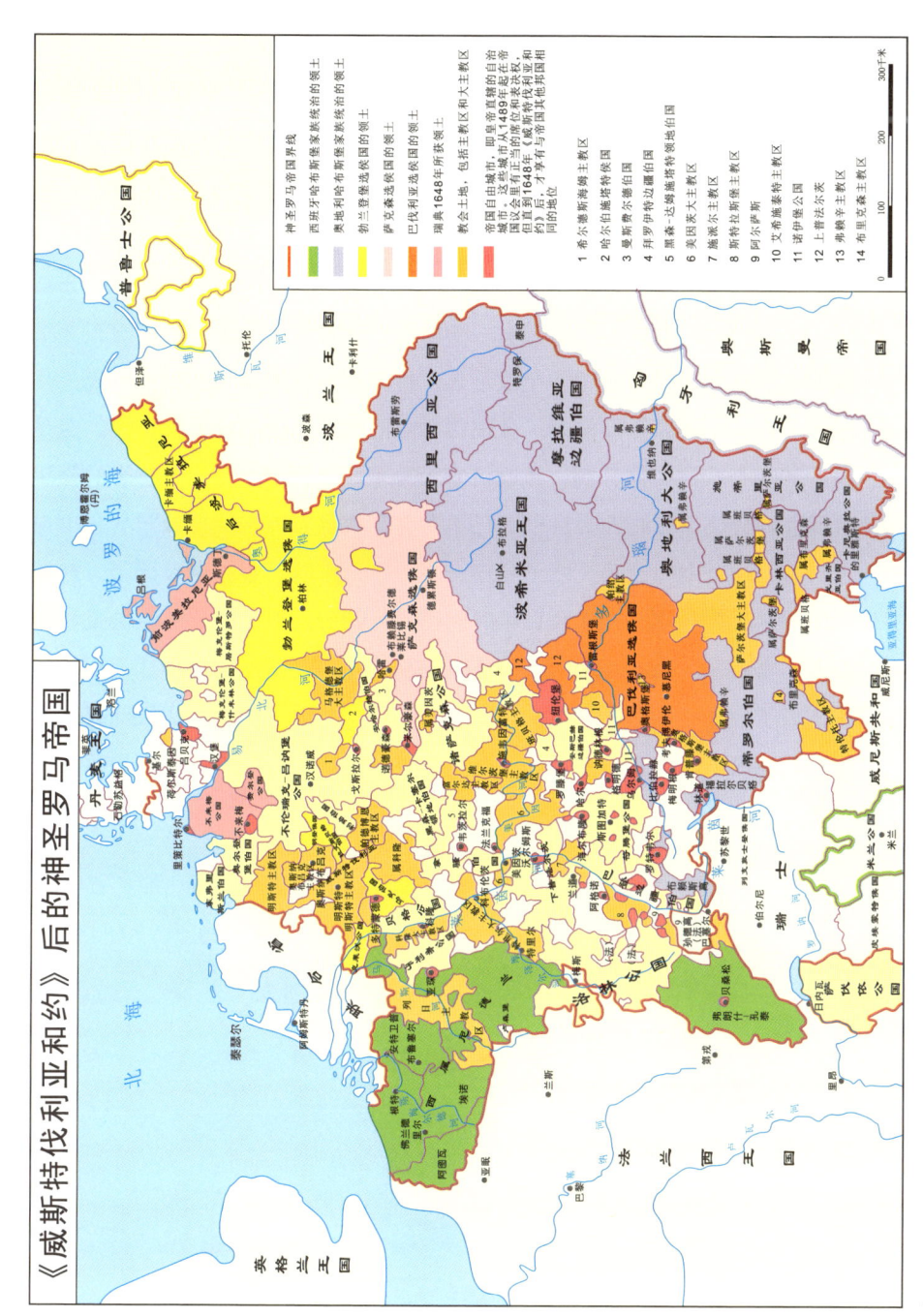

《威斯特伐利亚和约》后的神圣罗马帝国

| 第八讲 | 德国（上）：破碎的德意志 |

国的皇帝为坚守宗教信仰把国家分裂到底，这才是真正的悲剧。

战争很残酷，战场就在德意志。经过30年的战斗，德意志完全被破坏了，很多地方一片荒凉，寸草不生。后来一些记载说在有些地方见不到人，只有野狗！德意志被彻底肢解了。我们看前面第209页这幅地图，是1648年战争结束后德意志的政治版图。图面上斑斑点点，每个斑点都代表一个独立的政治体。根据1648年的《威斯特伐利亚和约》，德意志被分割成300多个邦（被称为"邦国"），1500多个帝国骑士领地，还有四五十个帝国自治市，加起来近2000个政治体。所有这些政治体相互都不隶属，几乎具有主权国家的全部权力。虽说德意志的地理范围在欧洲不算小，但是被近2000个政治实体分割，也就可有可无了。走到这一步，德意志的分裂状况登峰造极，在时人心目中它已不存在。德意志神圣罗马帝国从它出现之日起就一路走向破碎，终于到三十年战争结束时，它完全破碎了。被撕碎的德意志翻倒在地，在两百年时间里不得翻身。但这两百年恰恰是西欧许多国家快速发展的时候，工业化突飞猛进，许多国家成绩斐然，而德国却落后了，它没能赶上现代国家的第一班车，未能完成统一国家的任务，结果就造成德意志在欧洲近代转型的过程中全面落伍，成为欧洲最落后的地区之一。

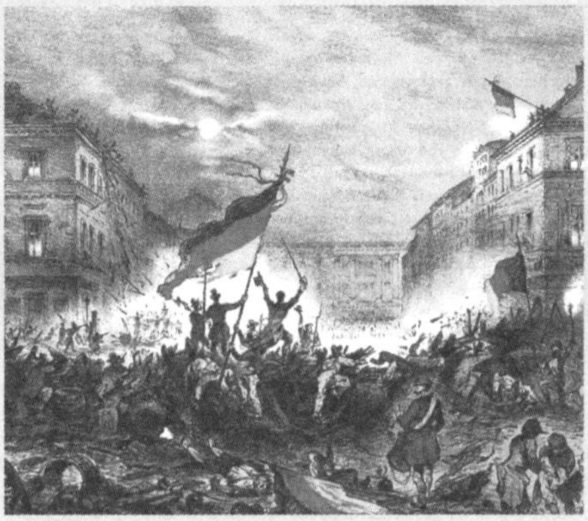

许多原本落后的国家和地区，通过学习德国模式获取灵感，从而跳出英国式的发展道路，创造出不同的发展方式。德国的成功说明：工业化道路不止一条，亚当·斯密理论并非万灵金丹，后发展国家需要走出自己的路，才能顺利完成工业化。

第九讲

德国（下）
赶超现代化

◎ 奥地利的盛衰

◎ 普鲁士的突起

◎ 德国统一与崛起

到这个时候为止，德意志的历史证明我们一直在说的一个道理，即国家统一是发展的前提；没有统一，不仅没有发展，连国家都不会出现。欧洲国家的统一，一般都会经历这样那样的战争，在战争中出现强大的君主，由他来统一国家。三十年战争对德意志来说是一个关键点，如果皇帝胜了，皇帝就可以统一德意志，"德国"就会出现。但这个机会消失了，德意志更分裂了，原因既有外部的，也有内部的。外部原因是欧洲国家都不愿意让德意志统一，于是派军队干预战争，直至打败皇帝；内部原因是当越来越多的人都看明白三十年战争不是宗教战争时，皇帝却看不明白。而皇帝的不明白恰恰反映了在那个时候，德意志民众的民族意识几乎没有，他们还停留在中世纪领地分封的阶段,"国家"的概念在他们心目中尚未形成。国家的统一要从塑造统一国家的意识开始,在这个方面,德意志掉队了。结果很糟糕,三十年战争结束后在德意志土地上出现近两千个政治实体,其中有两个诸侯领地最值得注意,它们主导了以后数百年德意志的历史走向,并奠定了现代德国的基础。它们是两个最大的邦("邦国"),其土地面积最大,力量也最强。这两个邦一个在东北,一个在东南;东北那个叫普鲁士,东南那个叫奥地利。现在的德国是这两个邦国相互斗争的结果,所以我们需要先认识这两个邦。

— 奥地利的盛衰 —

起先,东南部的奥地利最引人注目,因为它是皇帝所在地,是皇帝的领地。统治奥地利的是哈布斯堡家族,这个家族起源于现在瑞士的北部,瑞士当时也在神圣罗马帝国的范围内。1273年,这个家族出现第一位皇帝,名叫鲁道夫,他被认为是哈布斯堡家族强盛的开拓者。鲁道夫成为皇帝,是因为哈布斯堡家族在德意志贵族中势力平平,不会威胁任何人。选侯们看重他这个特点,认为可轻易玩之于股掌之间。但鲁道夫利用皇帝的地位设法扩大家族领地,其中不乏缔结各种婚姻关系和兼并其他领地,并且在必要时使用武力。1282年,通过多年战争,他占领了帝国东南角的奥地利,以后奥地利成了哈布斯堡家族的统治中心。有了这个中心,哈布斯堡家族就有了稳固的根据地,家族势力也不断扩大。从1452年开始,哈布斯堡家族几乎不中断地继承了神圣罗马帝国皇位;尽管从理论上说,皇帝仍旧是"选"出来的,但惮于这个家族势力壮大,"选举"已成了例行公事。前面说过,神圣罗马帝国很早就成了空壳,皇帝也成了虚位,真正的权力掌握在诸侯手里,这是造成德意志

鲁道夫一世印章

高度分裂的根本原因。就哈布斯堡家族而言，其真正的力量在领地，而不在皇位；通过一代又一代的不懈努力，这个家族成为德意志诸侯中领地最大、实力最强的一个，延续皇位也就成了题中之义。但这不意味着有皇帝的头衔就有统治德意志的实际权力，德意志从来就是分裂的，各邦诸侯在自己的领地上各行其是，谁也管不了谁，这意味着皇帝也管不了。

有意思的是，尽管哈布斯堡家族领地幅员广阔，但这些领地仍然是按封建惯例来管理的，家族在每一块领地上都只拥有这块领地的领主身份，而不是以皇帝的名义进行统治。比如说，在波希米亚（捷克）他的身份是国王，在奥地利他的身份是大公，在蒂罗尔他是那里的伯爵，在卡林西亚和卡尼奥拉是那些领地的公爵，等等；后来，随着领土扩张，他又成了匈牙利的国王、施蒂里亚的公爵、摩拉维亚的边疆伯爵等等。简单地说，如果这块领地是公爵领地，他就是那里的公爵；如果这块领地是伯爵领地，他就是那里的伯爵；诸如此类。他在每一块领地上以不同的身份进行管理，而从来没有把这些领地连接成一个"国家"。这种情况在古代中国没有出现过，且不说秦统一之后皇权大一统成为常态，皇帝是最高统治者并且是唯一的统治者；即便在秦统一之前的春秋战国时期，诸国并列，也没有出现一国的国君同时兼任其他国君的情况。但按照欧洲的封建制度，一个人可以同时兼任若干领地的领主，他在每一块领地上都只具备该领地领主的身份。所以即便哈布斯堡家族有众多领地，地域广大，它也仅仅是拥有一大堆领地，而不是"国家"。

16世纪中叶，哈布斯堡家族的势力达到顶峰，其领地不仅包括西班牙及其殖民地，还包括现在的奥地利、捷克、斯洛伐克、荷兰、比利时、卢森堡，波兰的一部分，匈牙利的一部分，意大利的大部分，以及散布在德意志多个地区的小块领地。可见它的统治范围已经超出了神圣罗马帝国，成为一个超地域、超民族的政治权力了。查理五世是当时的家族首脑，有人曾经说，上帝把一个"世界帝国"交到他手里了。查理五世去世前，把西班牙及其附属地包括在美洲的殖民地交给儿子菲利普，就是后来的西班牙国王菲利普二世；把奥地利和其他领地交给弟弟斐迪南一世，并让其继承皇帝头衔。这以后，西班牙就一心一意经营它在美洲的殖民地了，而神圣罗马帝国的事务就落到了斐迪南手里。此时，帝国境内宗教改革正如火如荼，德意志贵族已分成两派，一派主张新教，另一派坚持天主教，双方的矛盾越积越深，到斐迪南二世继承皇位时，三十年战争爆发了。

三十年战争给皇帝一个很好的机会，让他有可能统一德国。在英、法、西、葡这些地方以及其他诸多国家，王权在统一事业中都发挥关键作用，统一的过程往往伴有战争，通过战争驱除外敌、清除内部的分裂势力。如果德意志的皇帝也能发挥这种作用，那么德国的统一就可以完成。但作为德意志神圣罗马帝国皇帝的斐迪南二世却没能完成这项任务，他从一开始就把冲突定性为宗教对抗，德国统一完全不在他的脑子里。三十年战争的直接导火线，就是斐迪南二世对新教的极端仇视，他以波希米亚（即捷克）国王的身份对波希米亚的新教徒进行严酷压制，最终导致新教徒的激烈反抗，引发了"掷出窗外事件"。斐迪南二世是狂热的天主教徒，他把维护天主教看作他的终生使命，也是最神圣的人生使命。他的镇压点燃了德意志内部积蓄已久的火药桶，新教和天主教两个阵营终于兵戎相见，旷日持久的三十年战争爆发了。

起初，这场战争只是内战，是德意志内部两个教派、两个贵族集团之间的拼斗。皇帝是天主教阵营的领袖，他的军队节节胜利，这对皇帝来说是个极好的机会。一旦他全胜，以他为首的哈布斯堡家族就能取得对整个德意志的控制权，而德国的统一就

斐迪南二世

有可能实现。然而就在这时,外国的干预开始了,欧洲列强纷纷介入,有些国家出钱,有些国家出人,罗马天主教皇也亲自干预,站在皇帝一边给他打气。战争于是无休无止地进行下去,而战场就是德意志大地。在几十年战争中德意志被打成荒原一片,有些地方已经成了无人之地。法国的介入是最耐人寻味的。如果说瑞典和丹麦介入是支持德意志的新教,那么法国派军队进入德意志战场,站在新教一边打击欧洲的另一个天主教堡垒,并且最终把它打垮了,则是别有居心。关于这个过程,上文已有所交代,但为了讲清楚后来德国统一过程中出现的奇怪现象,即为什么不由皇帝进行统一,还是要对战争的性质做进一步讨论。

其实,战争的性质早已变化了,开始的时候也许是宗教战争、是德意志的内战,但越打越成为国际战争,转变成民族国家性质的战争。德意志周边的许多地区已基本完成民族国家构建的任务,开始了向现代国家转型的过程;但德意志仍停留在封建领地分裂的状态中,与英法等地相比,明显落后了许多。想要摆脱这种落后,它必须走出封建状态、完成国家统一。但许多力量不希望德意志统一,首先是帝国内部的贵族诸侯们不希望统一,特别是那些大贵族、那些权势极大的帝国选侯。他们不愿意看到德意志的统一,因为一旦德意志统一,他们的权势就不存在了。为了维护自己的利益,他们不希望德意志出现一个法国那样的"亨利四世",因此不愿意皇帝取得最终胜利。新教诸侯当然不愿看到天主教军队的胜利,但即便是和皇帝站在一起、同属天主教阵营的那些贵族们,也不希望皇帝成为神圣罗马帝国的真正统治者,因此对天主教军队在战场上的胜利,他们没有太大兴趣。这个因素非常重要,它表明德意志内部的分裂力量非常强大,德意志没有统一的愿望。比这个因素更强大的力量来自外部:几乎整个欧洲都不希望德意志统一,因为一旦德意志统一,欧洲心脏地区就出现一个强大的国家,这个国家在土地面积、人口数量和自然资源方面都占有优势。这个国家的出现,对它西边的国家是威胁,对它东边的国家也是威胁;全欧洲都认为统一的德国是一个威胁,因此最好就是不让它统一。那个时代的欧洲政治家已经意识到德国统一有可能带来的危险,而后来的历史发展又确实证明了这种危险的真实性。正因为如此,一个又一个欧洲国家卷入三十年战争,打到最后,法国终于从后台走到前台,派出军队直接参战,站在新教一边打败了同样信仰天主教的皇帝的军队。这个事实说明:所谓"相同的价值观"(就是意识形态)其实是虚假的,利益才是决定性因素。三十年战争从宗教战争开始,很快就演变成民族国家性质的欧洲大战。

可悲的是,偏偏皇帝看不懂这个问题。他始终认为自己的使命是捍卫天主教,为保护天主教的神圣事业而彻底消灭"异教徒"。所以每当他的军队打败新教联军获得决定性胜利时,他便立刻采取最坚定的措施残酷迫害新教徒,从而迫使新教徒再次拿起武器进行反抗,于是战争重启,同时也给了外部敌对国家进行干涉的借口。如果我们还记得法国的亨利四世为停止战乱、实行民族和解而放弃他的宗教信仰,从新教转向天主教,从而为构建"法国人的"法国创造了条件;那么德意志的皇帝就太愚蠢了,他在历史的关键时刻看不懂自己的真实使命,眼睁睁让德意志错过了历史的良机。1648年,交战双方在威斯特伐利亚签订和约,三十年战争落下帷幕,由皇帝统一德国的机会不会再来了。

后来的人对《威斯特伐利亚和约》给予高度评价,说它是现代国际体系的第一篇,奠定了民族国家关系的基础,标志着欧洲走出了中世纪。然而正是这个和约把德意志扎扎实实地钉在中世纪的画板上,让它在那里多停留了近200年。这200年是西欧其他地方迅速发展的200年,但德意志不包括在内。哈布斯堡王朝丢掉了统一德国的机会,以后它对德意志事务越发不感兴趣,它只关注自己的领地,而且不断向德意志范围之外扩大领地,最后变成了庞大、多民族和多地域的哈布斯堡君主国。这个政治体和德意志的关系越来越疏远,皇帝也更不关心德意志的命运,尽管他的头衔仍然是"德意志人的皇帝"。在这种情况下,德国的统一只能另辟蹊径了,它走上和英国、法国及其他许多欧洲国家不同的发展道路——德意志的独特性开始显现了。

《威斯特伐利亚和约》宣誓确认仪式

—— 普鲁士的突起 ——

在奥地利与德意志渐行渐远的时候，另一支力量在德意志东北部兴起，它是霍亨索伦家族统治的普鲁士。霍亨索伦家族原本是德意志西南部士瓦本地区的一个小贵族，家族领地非常小，势力也很单薄；1415年，因为效忠于当时的皇帝，从皇帝手中得到勃兰登堡选侯领地，成为选侯。勃兰登堡是德意志东北一个边疆马克["马克"，来自德语（die）Mark，含义表示"边缘""边境""边疆"，这里指边疆伯爵领地。——编者注]，原来是斯拉夫人居住地区，德意志人东扩，在12世纪夺取该地控制权，把它变成和斯拉夫人对峙的前线哨所。霍亨索伦家族以这块领地为基础苦心经营，逐渐成为德意志贵族中最显赫的家族之一。1618年，该家族又从波兰国王手中得到波罗的海南岸的普鲁士公爵领地，因而在名义上成了波兰国王的封臣。不过这件事对普鲁士国家的形成非常重要，它不仅将勃兰登堡和普鲁士这两块领地连接在一起，大大加强了选侯的实力；而且把一支重要的社会力量即普鲁士的容克贵族们交给霍亨索伦家族，为后来普鲁士国家的形成奠

| 第九讲 | 德国（下）：赶超现代化 | 219

1525年，条顿骑士团团长阿尔布雷希特皈依路德宗，将条顿骑士团国世俗化，建立普鲁士公国，并向波兰称臣

定了社会基础。

就在1618年这一年，三十年战争爆发了，德意志烽火四起，外国军队肆意进入，将它打得遍体鳞伤。瑞典是当时的北欧强国，瑞典军队是按现代军事理念组建的常备军，这支军队能征善战，在国王古斯塔夫的率领下，把皇帝的军队打得一败涂地。当时的勃兰登堡大选侯（兼普鲁士公爵）是腓特烈·威廉，他眼见瑞典军队纵横沙场无可阻拦，勃兰登堡和德意志其他地方一样饱受战火蹂躏，自己却束手无策，因此受到极大刺激，便决意也要组建一支同样的军队。战争结束不久，他就和容克集团达成协议：允许容克贵族在自己的领地上对农民进行无限制压榨，容克则同意大选侯收取军事税，用这笔钱组建一支常备军。兵士从农民中征调，服役期可长达几十年；军官则由容克子弟担任，容克和国家融合的过程由此开始。

"容克"是普鲁士的贵族集团，他们的先祖可追溯到条顿骑士团。条顿骑士团是中世纪德意志一个武装的天主教僧团，经教皇批准建立，13世纪开始用武力征服普鲁士，并将该地变成德意志移民的殖民地。在征服过程中，僧团夺取了大量土地，成为当地的封建主。后来僧团逐步世俗化，其后代就成了"容克"。本来，作为封建领主，容克们也是桀骜不驯的，对选侯经常不理不睬。但常备军建立后，选侯和容克之间的力量对比就发生了根本性变化，原先分散在容克手中的权力被集中起来，一个中央集权的政府慢慢形成。军队除了打仗之外被用于民政管理，最早的税务官就是由军官来担任的；而军官担任税务官，其强制性质就更加明显。在军官团（指全体军官）的基础上，普鲁士国家发展出完整的官僚体系，现代"国家"开始显出雏形。人们常说德国人遵守纪律，这和以军治国的传统直接相关。据说法国启蒙思想家伏尔泰曾说过一句话：普鲁士不是一个有军队的国家，而是一支有国家的军队。无论这句话是不是伏尔泰最早说出来的，如此尖刻的评论不能不说是一语中的。

勃兰登堡大选侯兼普鲁士公爵
腓特烈·威廉

　　有了军队也就有了扩张的工具，并且得到了扩大势力范围的手段。选侯的军队参与欧洲各场战争，哪一边出价高，它就为哪一边打仗。在西班牙王位战争中，当时的勃兰登堡选侯派军队帮皇帝打仗，被皇帝授予"国王"称号，统治范围包括勃兰登堡和普鲁士，"普鲁士王国"也由此产生（这以后的"普鲁士"就不仅是波兰以北的那块领地了，它包括"普鲁士国王"统治下的所有领土）。当时，普鲁士的面积在欧洲排第10位，人口第13位，但它的军队总人数名列第4位，200万人口中有8万多军人，相当于成年男子中每9个人有一个当兵。到国王腓特烈二世时，军队人数增加到20多万，国家开支的4/5用于军费。利用这支军队，普鲁士在奥地利继承战争中打败了奥地利，夺取了经济发达的西里西亚地区，让欧洲各国为之一震、刮目相看，惊动了欧洲大地。这是普鲁士强大的真正信号，而腓特

1741年西里西亚贵族代表向普鲁士的腓特烈二世臣服

烈二世也被后人尊称为"大王"（the Great）。通过持续的扩张，到18世纪末，普鲁士的国土面积达到30.5万平方千米，人口860万，俨然以"大国"自居了。

这样一个普鲁士改变了神圣罗马帝国的政治版图，当哈布斯堡家族把注意力越来越转向帝国以外的时候，普鲁士在帝国内部崛起，对后来德意志的发展方向造成决定性影响。常备军的出现在此起着重要作用，有了这样一支军队，普鲁士就可以建立专制制度。我们知道在欧洲其他地方，例如英国、法国，以及葡萄牙、西班牙，甚至丹麦、瑞典，民族国家的出现都伴随着专制制度的形成，它们是同步而行的，王权是引领国家走出封建状态的核心力量。专制统治的出现意味着一个国家的统一，意味着这个国家摆脱了封建分裂状态，走向国家和民族的统一。但在德意志情况就非常特别：专制制度在每一个邦的范围内形成，并没有导向国家的统一和民族的统一，相反使国家的统一变得更加艰难。原因就是：各邦君主的权力越大，他个人的实力就越强；邦君的利益是维护自己的独立性，而不是统一国家。因此人们看到，德意志出现了一批专制的君主，却没有出现统一的国家，这种情况在欧洲是非常独特的。就多数欧洲国家而言，专制促成了统一；在德意志，专制造成更深刻的分裂。

在18世纪的历史背景下，专制主义的合法性已经动摇了。以往，无论在英国还是在法国，或在其他地方，专制制度的理论依据是"君权神授"。君权神授的意思是：国王的权力是从上帝那里来的，上帝把权柄交给国王，让他实行统治；臣民则必须接受他的统治，接受他的统治就如同接受上帝的统治，因为国王是上帝在人间的代表。根据这种理论，国王的权力是神圣的，不可动摇的，反对国王就是反对上帝。这是一种权力合法性的学说，目的是确立专制君主的绝对权力。可是到18世纪中叶，君权神授的理论显然过时了。那时，英国已经发生过革命了，查理一世早已被处死；路易十四的专制时代已经过去，法国大革命正在酝酿；更严重的是，启蒙思想在欧洲各地广为传播，人们在思想上已不再接受君权神授论。在这个背景下，专制统治的依据何在？德意志各个邦的专制制度何以存在？要解决以上问题，像腓特烈二世这样的君主必须找到新的理论，为专制制度申辩。

说来有趣，这种理论是现成的，那就是启蒙思想。依据启蒙思想，政治统治应该是理性的，理性的统治意味着把国家管理好；因此判断一种政治制度是好是坏，不看这个制度如何，而看它的结果。专制制度若能按照启蒙的原则管理国家，就能够把国家管理得很好，甚至最好。由此，专制和启蒙的结合就出现了，这就是"开明专制"，而腓特烈二世恰恰是开明专制的代表。此处需要说明：在西方文字中，"启蒙"和"开明"是同一个词，所谓"开明专制"，其本义是"受启蒙的专制"。中国早期翻译家把同一个词翻译成了两个概念，于是"启蒙"和"开明"就分家了。但就其本质而言，"开明专制"依旧是专制，只不过它是被"启蒙"过的，它与以前的专制制度不同之处仅在于：它不再说君主的权力来自上帝，而声称君主按理性原则管理国家。腓特烈二世就是这样一位君主，他按照理性原则管理普鲁士，使普鲁士变得强大。腓特烈曾经说，普鲁士是由哲学家和国王共同管理的。表面看来如此一说也不无理由，腓特烈和许多启蒙思想家是朋友，其中包括伏尔泰。腓特烈还说他是国家的第一公仆，

腓特烈二世（居中者）在无忧宫的圆桌会议上与伏尔泰（左侧穿紫色外套者）交谈

| 第九讲 | 德国（下）：赶超现代化 | 223

是人民利益的最大的代表——专制的君主代表人民，这种说法大概是从腓特烈二世开始的。

开明专制在欧洲其他地方也有出现，其中包括哈布斯堡家族统治下的奥地利，其代表人物是玛丽亚·特蕾西娅和她的儿子约瑟夫二世。玛丽亚·特蕾西娅继承皇位时许多人不承认，因为她是女性。普鲁士的腓特烈二世认为这是个好机会，可以扩张普鲁士的势力，于是就发动对奥地利的战争，引发了欧洲历史上著名的奥地利继承战争，并最终演变成欧洲多国大战，成为英法争夺霸权的一次较量。奥地利在战争中丢掉了西里西亚，当时这个地方是欧洲中部工业发展地区，对奥地利来说极为重要。战争结果是，尽管玛丽亚·特蕾西娅保住了她的继承权，被各国承认了君主的身份，但奥地利的衰落却也很清楚地表现出来，一个老大帝国的面孔暴露在世人面前。为改变这个走势，玛丽亚·特蕾西娅下决心进行内政改革，改革的核心内容是强化中央政府，加强中央集权，把哈布斯堡家族控制下的各领地地方特权淡化甚至取消，试图构建一个统一的国家。因此，改革以加强专制权力而不是削弱这个权力为目标，很明显，改革的方向是对的。但奥地利的制度性顽疾实在根深蒂固，结果无论玛丽亚·特蕾西娅还是她的儿子约瑟夫二世都未能彻底改变哈布斯堡君主国内部分裂的事实。最终，这个政治体还是因为未能转变成现代国家而解体了——当然，那是在第一次世界大战结束时。

"开明专制"的本质是加强专制统治，它使得实行"开明专制"的邦变得更强大，同时也使德意志的统一变得更困难：各邦强大了，闹独立的资本就更雄厚了，德意志的统

玛丽亚·特蕾西娅

一更加遥遥无期了。

但统一的过程还是开始了，第一波冲击来自拿破仑战争。关于这场战争，在介绍法国的时候已经提到了。当时，法国军队横扫欧洲，整个德意志毫无抵抗之力，无论奥地利还是普鲁士都屈服于拿破仑的雄威，其他更小的地方就更没有办法了。拿破仑迫使德意志神圣罗马帝国解散，这个存在了800多年的所谓"帝国"寿终正寝，他还把许多小领地合并成较大的行政区。这样，由《威斯特伐利亚和约》规定的将近2000个各自为政的德意志封建领地，此后逐渐合并成30多个"邦"。这成为德意志统一的第一步，而这一步是在法国"皇帝"拿破仑的强制下走出来的。30多个邦中最大的两个，一个是奥地利，另一个是普鲁士。战争结束后，普鲁士牵头组建关税同盟，把多数德意志邦拉进同盟，这又为后来的德国统一埋下了伏笔。

德国统一的第二步发生在1848年，当时欧洲爆发革命，德意志各邦也相继跟上。这是一次自下而上的革命，其目标有两个。第一个是推翻专制制度，这个目标对本书读者来说并不陌生。自英国爆发革命以来，欧洲所有革命的目标都是推翻专制制度：英国要推翻斯图亚特王朝的专制统治，法国要推翻波旁王朝的专制统治，往后像西班牙、俄罗斯这些地方也都出现这种情况。所谓推翻专制统治，意味着推翻恰巧在那个时候在位的专制君主，比如在英国是英国国王，在俄罗斯是俄国沙皇。但在德意志不是这样，因为德意志有很多邦，每个邦都有专制君主，加起来一共有30多个。那就意味着要同时推翻所有这些专制君主，否则一个也推翻不了，因为他们会互相支持。更重要的是，革命在各邦分头进行，每一个邦都把目标瞄准本邦的专制君主而不关心其他邦的事务。这在当时的德意志很容易理解，因为德意志是分裂的。但这样，革命的力量就分散了，反革命的力量却是一致的，尤其有奥地利和普鲁士这两个反革命的中心；如果这两个邦的专制统治不能被推翻，那么整个德意志的专制制度就无法撼动。如此看来，德意志的高度分裂在革命中也表现出来了。1848年德意志革命不是一个革命，而是许多革命，许多革命分头瞄准不同的目标，却试图消灭整个

—

德国统一与崛起

—

柏林革命群众欢呼1848年德意志革命

德意志的专制统治，这对革命来说实在是太困难了。

更糟糕的是1848年德意志革命还有第二个目标：完成国家统一。对一个分裂的德意志而言，这个目标似乎更为重要。对比一下其他国家的经历，比如英国和法国，它们都是先统一国家，然后再推翻专制制度，专制制度和统一是分不开的。但德意志的专制制度不仅无助于国家统一，反而使国家更难统一了。在这种情况下，革命把统一设为目标，从逻辑上看应该没问题；可是在现实中革命的两个目标相互抵触了，完成一个目标就不能完成另一个目标，结果一个目标都没有完成。各邦革命都旨在推翻本邦的专制君主，而完成统一似乎又离不开专制君主的力量，特别是那两个最强大邦的专制君主，即奥地利的皇帝和普鲁士的国王。这个现象，是非常奇怪的。

革命爆发后，在法兰克福出现了一个全德议会。这个"议会"由一些知识分子组成，参加者来自各邦，他们声称代表全体德意志人，可是并没有人向他们授权，所以他们只是自封的"代表"。这些人设计出一部宪法，规定统一的德国就此出现。但这个"议会"没有权威，没有人听它的话，于是，"议会"就提议让奥地利的皇帝或普鲁士的国王出任统一的德国国家元首，这两个人显然是有权威的，但都面临着被本邦革命推翻的困扰。于是，革命的两个目标就互相冲突了——本邦革命的对象成了国家统一的象征，甚至需要依靠他们来完成统一。那么，究竟是应该将他们推翻，还是把他们捧上德国统一的第一把交椅呢？幸好，这两位君主都不接受"议会"的提议，普鲁士国王甚至轻蔑地说：谁都不愿意把阴沟里的王冠捡出来戴在头上。就在这时，德意志内外的民族矛盾爆发了，法兰克福议会感觉它显示权威的时刻到了，于是就"命令"奥地利皇帝去镇压捷克革命，普鲁士国王去迎战丹麦并镇压波兰。这种活计很符合那两位君主的胃口，不过在完成"任务"之后，顺手就把维也纳和柏林的革命也镇压了——于是，1848年德意志革命就彻底失败了。

1848年德意志革命是历史上第一次失败的革命，它试图同时完成两项任务，结果一项也没有完成。究其原因，国家分裂是主因。由于国家分裂，革命力量高度分散，不能形成合力；而革命的对象——专制君主，却分散在30多个邦国

1848年法兰克福国民议会召开

中，从而进一步分散了革命的力量。这些事实说明：国家统一是前提，没有统一就没有一切。这以后，德意志人放弃了自下而上的革命方式，转而采用自上而下的解决方法，并且把统一作为首要任务。于是，人们就看到王朝统一的德国式道路，用王朝的力量解决问题。不过，德意志有30多个邦、30多个王朝，由哪一个王朝来实现统一呢？当然，小邦可以排除在外，它们实在不够资格；而两个大邦仍然是够资格的，所以，接下来就是奥地利和普鲁士之间的问题了。

1848年革命失败后，全德陷入深深的失望中，人们对德国的前途极其悲观。各邦在革命失败后迅速恢复专制统治，反动气焰甚嚣尘上。但普鲁士却出现了有趣的现象：革命刚失败，普鲁士国王就颁布一部钦定宪法，把普鲁士变成了一个"立宪"国家，并召集议会。尽管这部宪法是由国王自上而下颁布的，内容中充斥着集权的气息，但在德意志所有各邦中它却是硕果仅存，好像是革命的唯一果实。于是，在德意志人心目中，普鲁士成了最开明的地方，是德意志未来的希望。相比之下，奥地利却显得顽固不化，它迅速恢复专制统治，成了欧洲的反动堡垒。这显然对奥地利非常不利，人心所向开始变化。

1861年普鲁士发生的事引发后来一系列变异。那一年新王威廉一世登位，他在革命期间曾率领军队镇压柏林起义，是有名的"炮弹亲王"，一向有很强的专制主义倾向。登位后，他要求进行军事改革，试图解散国民后备军，扩大正规军，并加征军费。这个动议的政治目标非常清楚，因为国民后备军有很强的民间性质，不太容易被政府控制；威廉担心民众拥有某种合法的武装力量，从而形成潜在的威胁。恰恰在此时，普鲁士议会中形成一个自由派多数，他们坚决反对国王的动议，否决了政府的军费预算。接着议会又要求取得财政预算的审批权，从而就威胁到国王的权力。不过按照英国的样板，议会审批国家财政是基本职责，那才是"立宪"的精髓。但普王绝不愿意把如此生死攸关的政治权力交给议会，于是双方僵持不下；普王担心引发新的革命，就开始考虑退位。就在这时，有人建议把刚刚出任法国大使的俾斯麦召回柏林，让他出任首相、对付议会。这样，俾斯麦就来到德意志政治舞台的中心。

俾斯麦是容克出身，代表容克利益，他对德意志的自由主义嗤之以鼻，深信容克才是德意志的领导力量。他就任后声称，当今的大事不是靠议论和投票来解决，而是靠铁和血——这就是"铁血宰相"的来源。为了解决军费问题，他对议会说，我们的宪法里有一个"洞"，它规定国王和议会应该一致，但没有说不一致时该怎么办；所以在这个"洞"被补起来之前，国王只能先做起来。他让议会去讨论如何补这个"洞"，自己却带领政府强征军税，并且不顾议会的反对强行扩充军队。普鲁士的军队是容克的军队，前面说过这个问题，而容克是普鲁士的传统社会力量，普鲁士

俾斯麦

就是靠这支军队发展和壮大起来的。威廉一世打算进行军事改革，原因就出自于此。

议会听了俾斯麦的话，就开始讨论如何补那个"洞"，而俾斯麦却真的干了起来。他一连策划了三场战争，改变了普鲁士的政治生态，更改变了整个欧洲的权力结构。1864年他联合奥地利发动了对丹麦的战争，夺取了德意志北部的石勒苏益格和荷尔斯泰因。这场战争虽然规模不大，对德意志却很有意义，整个德意志士气大增，出现了同仇敌忾的气氛。1866年他掉转枪口对奥地利开战，并很快取得胜利。这场战争彻底重构了德意志的版图，奥地利被赶出德意志大家庭，普鲁士成了德意志各邦当仁不让的盟主。此前，奥地利尽管已经很虚弱了，但仍然是德意志范围内一支强大的力量，它是皇帝的驻跸地。如果普鲁士想以自己为核心来统一德国，奥地利就是重大障碍。维也纳长期以来是帝国的心脏，不把奥地利赶走，人心不服普鲁士。因此普奥战争的目的就是把奥地利赶走，让普鲁士成为德意志的核心，结果俾斯麦如愿以偿，奥地利被打出了德意志。

接下来打第三场战争——普法战争，时间是1870年。法国是当时欧洲大陆最强大的军事力量，有一支强大的陆军。法国对德国统一从来就很警惕，生怕在自己身边出现一个强大的国家。200多年前，为了不让德国统一，法国亲自出手，在三十年战争中将德意志打趴在地，整整两个世纪不得翻身。普法战争时统治法国的是拿破仑三世，此人并非庸才，第二帝国时期法国经济发展很快，国力也迅速增长，海外殖民地迅速扩大，再一次成为殖民大国。对德国而言，法国在南德各邦有不小的影响力，是德国统一的最后障碍，因此俾斯麦决意向法国开战，用武力完成德国的统一。但俾斯麦的高明之处在于，他不用军队攻打南德各邦，不想在德意志人之间伤和气；他要将战争的矛头对准法国，搬掉德国统一的最后障碍。为此俾斯麦设计了一个圈套，篡改了普鲁士国王写给他的一封信，把信中原本对法国的和缓语气变成一种挑衅，并将此信对外公布，这就如同在斗牛场上向公牛挥舞红布。拿破仑三世果然被激怒了，立即向普鲁士宣战；而俾斯麦早

1871年1月18日，德意志帝国在凡尔赛宫镜厅宣告成立

已做好战争准备，当拿破仑三世亲自率领法军来到战场时，两军一接触法军就大败，拿破仑三世也成了俘虏。

打败法国后，俾斯麦带着普鲁士国王即后来的德国皇帝来到法国巴黎，在往日的王宫凡尔赛宫宣布"德意志帝国"的诞生，这个帝国也就是人们所说的德意志第二帝国。普鲁士当然是新帝国的核心，其他各邦眼见法国被普鲁士打败，也就不得不依附于普鲁士了。在经历了漫长而曲折的拖延之后，一个统一的德国终于出现了。这个德国是普鲁士的德国，在落后于欧洲其他地方数百年之后，一个新的强国即将崛起。这个国家将改变世界的面貌，向世人展示：一个落后国家如何追赶现代化。

统一后的德国迅速完成工业化，经济进入起飞阶段。严格地说，德意志的工业革命是从19世纪30年代起步的，尤其是在德意志西部即莱茵河以西，那些地方紧邻法国、荷兰，受工业革命的影响比较早，起步也比较早。

但整个德意志的工业化要到第二帝国建立即统一之后才全面推进，可以看下表中这些数字：

主要国家年平均工业增长率（%）

	德国	英国	美国	法国
1874—1890年	3.5	1.7	5.2	2.1
1891—1900年	4.8	1.6	3.5	2.6

可以看出，德国工业革命在统一后飞速发展，很快就成了西方国家中发展速度最快的一个，到19世纪90年代，其年平均工业增长率居英、法、美、德四国之首，在全世界也位居首位。1910年，德国铁产量1480万吨，而英国只有1020万吨；德国钢产量1310万吨，英国只有760万吨，前者几乎是后者的2倍之多。1913年，德国煤产量19150万吨，仅次于英国煤产量。德国在新兴产业部门如化工、电气、光学等方面占据优势，其染料生产占世界90%，电气产量占世界50%，优质光学产品垄断世界市场。直到今天，像拜耳、西门子、蔡司这些公司的产品仍在世界上享有盛誉。与其他国家相比，德国工业革命是典型的第二次工业革命。第一次工业革命在英国爆发时，四大支柱产业是纺织、冶铁、采煤、航运，其中棉纺织业是龙头产业，蒸汽动力是标志。德国工业革命则以新兴产业为核心，钢取代铁成为材料工业主力，精密制造形成品牌；更重要的是电力取代蒸汽，成为新的动力源，第二次工业革命即以此为标志。这些变化让德国弯道超车，后来居上。到19世纪末，德国已超过除美国之外的所有国家，成为当时世界上第二大经济体。1870年，德国工业生产只占世界总额的13%，英国占32%。到1900年，德国赶上来了，占17%，英国是20%。1913年，英国落到了14%，法国是6%，德国则跃居第二，占世界总量的16%。此时德国虽然相比美国的38%仍有很大距离，却已超过老牌工业化国家英国和法国，成为名副其实的经济大国。

画家门采尔生活于德国的工业革命时代,他在深入西里西亚工业区采风后,创作了名画《轧钢厂》

德国取得如此巨大成就,原因在哪里?考虑到德国此前曾长期落后,甚至是欧洲最落后的地区之一,其缘由就尤其引人关注。

第一个原因是国家统一,这是根本原因。不统一就不能克服内部分裂,不能完成力量整合;而一旦统一了,民族国家形成了,发展经济的政治条件就具备了,快速发展接踵而至,这是本课程一直在讲的一个道理。统一国家的形成是经济发展的前提条件,德国以往的经历从反面证明了这个道理;而完成了国家统一,经济快速发展的过程,又从正面证明了同一个道理。

第二个原因更值得注意:德国采用了一种新的经济发展模式,这种模式不同于英、法这些早期工业化国家,这些国家基本上遵循了亚当·斯密的自由主义经济理论。德国的快速发展建立在一种新的经济理论的基础上,对看起来固若金汤的斯密学说提出挑战,这种新的经济理论叫"历史经济学派"。

19世纪上半叶,德意志出现了一批经济学家,代表人物是弗里德里希·李斯特。李斯特出生于1789年,1846年就过早去世。在他生活的时代,德意志仍是高度分裂的，国家不统一造成德意志长期落后。李斯特因此认为国家统一是经济发展的前提条件，他曾致力于国家统一事业，却因此受到本邦政府的严密监视，最终在穷困潦倒中去世。1841年他发表《政治经济学的国民体系》一书，为德国的历史经济学派奠定了基础。他在书中指出：亚当·斯密的自由主义经济理论虽然在英、法等先行国家取得良好效果，使这些国家顺利完成工业革命，但自由放任的工业化道路对德国是不合适的，因为德国落后。落后国家如果采用自由贸易政策，那无异于拆除保护墙，大开国门，放手让竞争力极强的外国商品充斥国内市场，从而使德国工业无从发展；在这种情况下德国只会永远落后，永远赶不上先行国家，更谈不上超越。他认为，落后国家必须动用国家的力量来推动工业化、指导工业化，把工业化作为国家的目标和任务，让国家成为经济发展的推动力和领导者。以此为理论出发点，他主张设置关税壁垒，反对自由贸易，指出关税壁垒是落后国家发展经济的有力保障。除李斯特之外，这一学派的代表人物还有早期的罗雪尔、克尼斯，晚期的瓦格纳、施穆勒等人。这些人的经济学著作不大使用逻辑推演、数字计算的方法，而更多使用历史经验和教训来做出结论，因此被称为"历史经济学派"。他们与亚当·斯密及其门徒最根本的区别在于：亚当·斯密等否认国家在经济中的作用，要把国家从经济领域驱逐出去，为"看不见的手"腾出空间；李斯特及其同僚则把国家重新请回来，并断言德国只有在国家的指导下才能发展经济，并追赶先行国家——因此，这两种学说是完全对立的。

"历史经济学派"在世界经济发展史上发挥过重要作用，是一种重要

弗里德里希·李斯特

的经济学理论。德国工业化就是以这种经济学理论为指导的。德国统一后，工业化的政治保障已经具备，工业化呼之欲出。然而用什么方式实行工业化？这是问题所在。作为德国工业化的设计师，俾斯麦接受历史经济学派的理论并将其付诸实践，由此便出现了德国工业化模式。对于英、法和其他西欧国家而言，这套模式是离经叛道的，不符合亚当·斯密的自由主义经济学理论。但在俾斯麦的领导下，德国政府为工业化制订了长远的发展目标，比如哪些部门需要优先发展，哪些部门可以稍缓一点，哪些部门作为国家发展的重点将得到国家的大力扶持，哪些部门可以放手让市场调节等等，这些问题在政府的规划中都有所考虑。企业家若按照国家的意图行事则一定获益，反之则没有前途。在政府规划中，重工业和铁路交通受到高度重视，与军备相关的部门，如钢铁、化工、精密仪器等，都属于优先考虑的部门。动用国家力量引导和推动经济发展，是德国工业化的显著特点，它完全背离了英国的发展模式，把英国人视为负面的国家因素引入经济活动，使其成为工业化的推动力。在亚当·斯密眼里是障碍的东西，到俾斯麦那里变成了动力，德国用一种新的发展模式完成工业化，在极短时间里走完英、法几十年甚至上百年才走完的路，一跃成为世界上最重要的工业国之一。德国模式是一种赶超型的发展模式，正是靠理论创新和模式创新，德国才迅速完成工业化，并成为当时世界的第二大经济体。

新模式对世界产生巨大影响，许多原本落后的国家和地区，通过学习德国模式获取灵感，从而跳出英国式的发展道路，创造出不同的发展方式。德国的成功说明：工业化道路不止一条，亚当·斯密理论并非万灵金丹，后发展国家需要走出自己的路，才能顺利完成工业化。试问：在20世纪，那些在工业化方面多少取得成就的国家，采用了哪一种发展模式？是英国的自由放任，还是德国的政府引导？答案是清楚的：英国模式不适用了，德国模式盛行于世。亚洲的"四小龙""五小虎"，美洲的巴西、墨西哥，西亚的伊朗、土耳其，中东的埃及、伊拉克、利比亚，还有沙特阿拉伯，这些地方在其经济快速发展的时候都使用国家力量推进工业化，奠定了以后的经济基础。把亚当·斯密理论说成是不可动摇的、普遍适用的、无可替代的等等，那只是宣传，并不是事实。事实是后发展国家普遍借用了德国模式，这才让我们看见，在今天这个世界上，有许多国家已经迈过了工业化这道槛，而成为赶超型现代化国家。

但统一后德国的道路仍然是曲折的，其地理位置的特殊性继续在起作用。前面说过，德国地处欧洲心脏，如果把俄罗斯算在内，那么它正好是东欧和西欧的交接处。这个位置让它处境很不利，一旦有事，很容易形成东西两面受敌的局面。然而换个角度看，一旦在这个位置上出现一个统一的、强大的德国，那么东、西两方面的邻居都会感到受威胁。出于这种恐惧，欧洲各国在三百多年前就联起手来共同对付天主教的皇帝，通过三十年战争把德意志打翻在地，使其两百年不可翻身。

然而德国统一之后，一个强大的德意志帝国还是出现了，它立刻就改变了欧洲的政治版图。为避免两面受敌，俾斯麦执政时相当谨慎，他努力维持与欧洲其他大国的和缓关系，保证了德国的经济发展。威廉二世继位后情况发生变化，他迫使俾斯麦辞职，并亲自执政，执行"大德意志"政策，表现出强烈的对外扩张倾向。这个政策使得德国与老牌殖民大国如英、法、俄等争夺殖民地和势力范围，从而加剧了欧洲国家之间的紧张关系。此后，欧洲就进入一个战争酝酿时期了；再过十几年，第一次世界大战终于爆发，德国战败，第二帝国随之解体。这以后德国政局始终动荡，在经历了短暂的共和制之后，第三帝国横空出世。这个帝国的出现不仅给欧洲带来巨大灾难，而且给德国也带来巨大伤害。统一后的德国在70年时间里卷入两场大战，两场大战中德国均告战败，于是人们把战争的罪责都加于德国，说德国发动战争，源于它的军国主义传统。

这种说法不是没有道理，统一的德国确实有军国主义色彩。领导德国统一的是普鲁士，而普鲁士是容克的政权；容克是一个旧的社会集团，他们是普鲁士的土地贵族，在封建等级制度下，他们是地方势力的载体。普鲁士的特殊之处在于，当权力集中的过程开始时，这些地方势力融入了政权机制，成了普鲁士的政治基础。容克继承了条顿骑士团的尚武精神，而勃兰登堡大选侯腓特烈·威廉当年在构建普鲁士时，又把军队交给了容克地主，让他们去组建军官团。普鲁士这个"有国家的军队"是带着军国主义色彩走上历史舞台的，这个特点很明显。不过，如果把第一次世界大战的战争罪责完全归咎于德国，那是有失公允的。一战爆发前经历过长时期的矛盾积累，最终形成了两个帝国主义集团。这两个集团因抢夺殖民地和瓜分势力范围长期争斗，经常发生小规模冲突；小冲突积小成大、积少成多，终于汇聚成欧洲大战。一战从根本上说是两个帝国主义军事集团之间的战争，这个性质是毋庸置疑的。既然如此，战争的罪责就不可能只在一方，双方都应负责。战后英美等国说德国是战争的责任方，而且将这种说法铁板钉钉，这就是所谓的"历史是胜利者的历史"，是胜利者打造了这种说法。

第二次世界大战就比较复杂了，需要做深入分析。战争开始的时候，它几乎就是第一次世界大战的延续；因此早就有西方学者说，从1918年交战双方签订停战协议，一直到1939年英法向德国宣战，这期间的近21年可以被看作同一场战争的间隙期。这个说法是有道理的。换句话说，第二次世界大战在其初期仍然是西方列强长期矛盾的总爆发，仍旧属于帝国主义战争。我们看历史事实：一战结束后，战胜国在巴黎召开会议，商讨对德处置问题，会上签订了《凡尔赛和约》，确立了所谓的"凡尔赛体系"。德国不能参加和约谈判，因此对德国的处置是单方面的。和约的基本思路是把德国彻底打翻，就如同三百年前要彻底打翻神圣罗马帝国那样。和约内容，除了剥夺德国殖民地、重新划分欧洲版图外，最重要的是给德国制定了天价赔款；这笔赔款尽管后来数度削减，但德国还是用了大约91年时间，到2010年才全部还清。正是这笔赔款压垮了一战后的德国，德国经济立即崩溃，国家事实上破产了；所有德国人都要为赔款买单，不仅穷人被逼到衣食无着的境地，就连"中产阶级"、那些原本衣食无忧的人，也沦落到身无分文的地步，成了"破产者"。就这样，仇恨的种子种下了，人们痛恨

1919年德国代表在凡尔赛宫镜厅签署《凡尔赛和约》，其对面是各协约国代表

《凡尔赛和约》、痛恨战胜国，渴望摆脱凡尔赛绞索，这就为右翼极端主义势力的崛起提供了土壤。在这片土壤上，希特勒用最极端的语言煽动仇恨，很快就从一个名不见经传的街头小画家爬到了魏玛共和国总理的宝座上，此后把整个德国放在自己的独裁统治下。伴随着他的上台，一个新的帝国即"第三帝国"轰然崛起，凡尔赛体系被打破了，德国的经济恢复了，民众的生活水平提高了，日耳曼种族主义被提升到疯狂的地步，反犹和反共成为旗帜。无数德国人被他的煽动所折服，随着他的"生存空间"理论的散发，以及数度"不战而屈人之兵"的成功，又一次欧洲大战也越走越近。第一次世界大战中德国的老对头——英国和法国，终于不能再忍耐，1939年新的大战爆发了。

与第一次世界大战不同，第二次世界大战在1941年转变了性质，这一年发生了两个决定性事件。首先是德国军队进攻苏联，其次是日本海军偷袭珍珠港。这两件事把英、法、德这几个西方大国的历史缠斗转变成全世界人民的反法西斯战争，并且把中国已坚持10年之久的抗日战争融入了世界人民的共同事业。战争的性质很清楚了：轴心国是侵略者，也是战争的挑起者，世界人民奋起战斗，将它们送上历史的审判台。二战结束后，对德国的处置与一战后不同，战胜国接受了一战后的教训，没有对德国进行

"惩罚"，而是进行改造，把德国转变成现在这个样子。

然而有许多问题仍需要澄清，在这些问题上人们并没有一致的认识，仍然在各说各话。人们仍然在追问：德国怎么会走上法西斯道路？希特勒如何能掌权？反犹主义何以在德国盛行并发展到丧失人性的地步？纳粹的暴行为什么没有人阻止？一个以理性著称的国度——黑格尔和康德的故乡，怎么会表现出疯狂的非理性？德国人何以会追随希特勒去攻打全欧洲，并且两线作战？……所有这些问题都夹带着深沉的哲学或道德思考，不断拷问着德国人的良知。毋庸置疑，德国人在战后经历了痛苦的精神思索，他们企图弄明白：是什么原因让希特勒这样一个难以想象的人控制了德国，在战争的道路上一意孤行？是德国的历史道路不正确，还是德国的文化传统有问题？英美这些西方战胜国引导人们向这个方向进行思考，却不提在一战结束后，正是他们的对德政策架设了仇恨的温床，让充满极端主义的思想情绪迅速发散，而发展成狂躁的反犹主义、反共主义、种族主义。与其他国家的人民一样，德国人也是战争的受害者。1970年，当时的联邦德国总理维利·勃兰特在华沙向犹太死难者下跪，代表多数德国人向受害者请罪，这表明德国人愿意卸下历史的重负而面向和平。在经历了两次世界大战之后，德国人不得不思考：为什么会有战争？如何才能避免战争？其实，这些问题不仅应该由德国人思考，全世界所有国家都应该思考。战争与人类历史同样悠久，甚至比人类历史更悠久；但是，战争应该永远存在下去吗？人类如何才能摆脱战争？或者问一个更加现实的问题：欧洲如何才能确保真正的、普遍的、长久的安全？军国主义是普鲁士-德国留下的遗产，我们只能从德意志整个历史的脉络中，才能看明白它是什么和起过什么作用，以及在今天这个纷乱的世界上德国为什么是这样的表现。

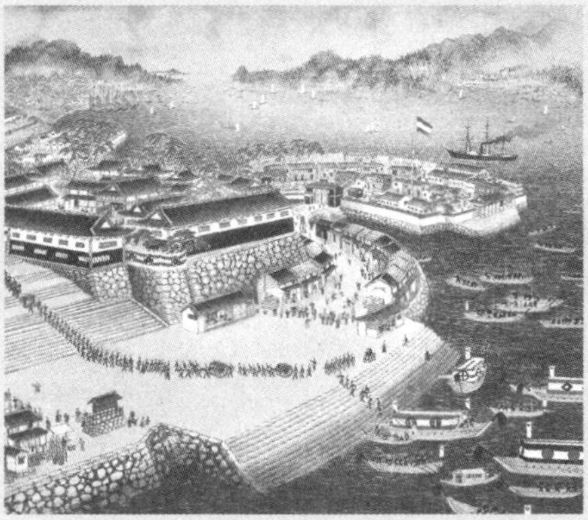

日本是第一个采用德国模式发展本国经济的非白人、非欧美国家,这就是日本在当时世界上的影响力。不要小看这个影响力,在那个时代,工业化和现代化被看作白人的专利、欧美的专利;日本的成功在非白人、非欧美地区引起震动,增强了它们的自信心。

第十讲

日本
东亚帝国梦

◎ "拿来主义"与"屏蔽效应"
◎ "公武并立"与幕府政治
◎ 明治维新与军国主义形成
◎ 帝国梦的破灭

严格地说,在本书讨论的九个"世界大国"中,日本是最不够格的;用"世界大国"的标准进行衡量,它的大国身份最勉强。现在的日本事实上仍处在美军占领下,用它自己的话说,是一个"非正常国家"。日本现在的种种表现,看起来咄咄逼人,其实只是想改变这种"非正常"状态。当然,它试图采用"迂回"战术,用"绕着走"的办法做到这一点。类似做法在日本历史上并非少见,对日本而言可说是一种文化。它习惯于依附最强的国家,由此捞取最大的好处。现时,美国与日本的关系十分微妙,是"主从"还是"盟友"?其实双方都心知肚明。

但是，毕竟在所有非西方国家中，日本是唯一摆脱了被征服命运的国家。在那个全世界都被西方欺凌、纷纷成为殖民地或半殖民地的时代，唯有日本逃脱了被分割、被占领、被控制的命运，进而完成工业化，成为一个工业国家——这在非西方国家中是第一个。进而，在那个白人种族优越论甚嚣尘上的时代，日本工业化产生巨大震动，因为直到那个时候为止，人们普遍相信工业化是白人的专利，其他种族没有能力实现工业化；无须说工业化需要复杂的管理机制，就连机器操作都超出这些种族的智力。但是，日本完成了工业化，打破了白人的那个神话，这在当时的世界上产生了深刻影响。许多被欺凌国家的人民到日本去取经，希望从日本的成功中寻找本国的出路，其中包括中国人——那些在中国近代史上筚路蓝缕的人，他们至今仍受到我们的追念。从这个角度看，把日本放在"大国"的行列里也是可以的，它毕竟在这个方面影响了世界。为理解日本，我们先讨论日本文化的两个特征。

— "拿来主义"与"屏蔽效应" —

第一个特征是鲁迅先生说的"拿来主义"，就是把别人的东西拿过来，变成自己的东西，为自己所用。通观日本历史，它很少有过自己的创造。伟大的文明都有过伟大的创造，要么是伟大的思想，要么是伟大的制作，但日本基本没有。它的一切几乎都是在别人创造的基础上演变而来的，就连20世纪日本经济奇迹中出现的那些产品，如汽车、家电等，虽然享誉世界，却仍然是把别人的东西拿过来，使其精致化、普及化，更适合市场的要求，让世界更愿意接受。

"拿来主义"伴随着日本的成长，不管来自何方，只要有用就拿过来，丝毫没有不适之感。在日本这个海岛之国，文明从其起始就是拿过来的。迄今为止，我们没有发现日本本土有人类起源的证据，它的居民是从岛外迁徙而来，主要来自东亚大陆。这些人是在什么时候来到日本的？这个问题也没弄清楚，现在知道比较多的是新石器时代的人，被称为"绳纹人"。他们制作一种陶器，用绳子在陶器表面压出花纹，他们的文化被称为"绳纹文化"。这种文化在日本存在了一万年之久，几乎是停滞不变的，当时人们只会制作石器，尽管是比较精致的新石器。然而在大约公元前3世纪的时候，日本突然从石器时代跨入铁器时代，几乎是一步跨进去的。这以后，日本就进入弥生时代，文明就出现在这个时候。

但问题来了：绳纹文化在日本存在了一万年之久，几乎停滞不变，怎么能一跃就进入铁器时代，而且找不到过渡的痕迹？其实，这是第一次"拿来主义"，把别人的东西拿过来为日本所用，文明被日本拿过来了。

这个时期东西是从中国"拿来"的。当时，中国处在从战国到秦汉的交替之时，在那个混乱的时代战争不断，许多中国人，还有朝鲜半岛上的人，为躲避战乱渡海到日本，把东亚大陆包括朝鲜半岛的文明成果带到日本，其中最重要的是铁器，以及与铁器相连的农业生产方式。在那个时候，这些成果在整个亚洲都是先进的。中国民间一直有徐福渡海求仙的传说，说徐福带数千童男童女到日本，在那儿定居，并且成了第一代天皇。这些民间传说当然得不到史料的支持，不过却反衬了在公元前3世纪左右，曾经有大批中原人渡海到日本，给日本带去文明的火种。农业也是在弥生时代出现的，几乎同时形成的还有早期国家。

日本绳纹时代的遮光器土偶

部落向国家转型是文明的一大标志，弥生时代的日本出现了许多小国，其中有一个是中国人非常熟悉的邪马台，曹魏明帝曾将"亲魏倭王"称号授予其国王。据说，邪马台下属有30多个依附国，按照早期国家的属性看，可能处于晚期部落联盟向国家过渡的阶段。邪马台位于九州东北部，这是日本距朝鲜半岛最近的地方，海峡对岸就是朝鲜。为什么在这个地方出现日本最早的"大国"？答案很容易找到——文明来自东亚大陆，文明给这个地区带来强盛。

大约公元3世纪，本州奈良地区出现另外一个国家，叫"大和"。这是后来日本国的起源地，也是大和民族的起源地，关于日本天皇是天照大神后代的传说，就是从这里传开的。大和起先也是一个地方政权，其规模和性质应该与邪马台没有太大差别，但它后来迅速扩张，吞并了周边很多地区，成为一个强大的政治体，并最终统治整个日本。国家的形成和文化的输入是同时进行的。公元3—5世纪恰好大体是中国魏晋南北朝"五胡乱华"时期，中原地区战乱不已，大批难民四处奔散，其中有相当一部分人经由朝鲜半岛进入日本，给日本带去纺织、制陶、冶炼、建筑等方面的先进技术，大大提高了日本的生产能力。在这个时期日本还接受了汉字，用汉字来记录当地语言；中国的儒学和大乘佛教也在这个时候传到日本，在以后的1000多年中，它们是日本的"国学"，也是日本人的精神依托。大和国家就是在这个背景下发展壮大起来的，很明显，如果没有东亚文明的输入，日本列岛就会是另外一种情况。在这个时期"拿来"的东西，把日本和东亚文明更紧密地联系起来，并大大推进了日本的文明发展。

公元7—9世纪，日本经历了迄至彼时最大规模的文明"拿来"过程。出于强烈的学习愿望，日本向中国派遣大量留学生，形成著名的"遣唐使"现象，其中人所皆知的是阿倍仲麻吕（698—770年）。他留唐时正值中国盛唐时期，经济发达，文化繁荣，高度发展的文明成就吸引了一衣带水之隔的日本人，他们成群结队来到中国，把所见所闻几乎全都吸收回国加以模仿，其中不仅有文学艺术、天文历法、医药技艺、佛学儒学，还有服装样式、建筑风格等等。今天日本人穿的和服其实是当时唐代服装的变体，日本人建

阿倍仲麻吕

造的楼宇也是中国唐代建筑物的摹本，日本传统的音乐、绘画、诗歌、书法等等，均浸润着中国唐代风格。日本看起来就像一个缩小的唐文化复制品。

更重要的是日本引进唐代的政治制度，按大一统皇权体制建立了律令国家。"律令"指的是制定法律、颁布命令，在全国推行统一的行政和司法体制，向地方派遣中央官员，废除私田，打击豪强，统一赋税，平均地产，缓解社会矛盾，发展生产等等。这些措施经过圣德太子改革（即推古朝改革）和大化改新两代的不断努力得以推广，将日本改造成像中国那样的中央集权制国家。日本在这个时候和中国最相像，它通过"拿来主义"把中国唐代的典章制度、司法律令一股脑儿搬到日本，建立起统一强大的国家政权。

圣德太子（居中）及二王子像

不过日本的"拿来"缺了两样东西，这典型地体现着日本文化的第二个特征，即"屏蔽效应"。"屏蔽"的意思是，有意无意地将拿来的东西去除其中某些内容，使拿来的东西变得不完整。在全面学习中国体制时，有两样东西脱落了，一是科举制，二是宦官制。这两样东西在现代人眼中都是有害的，被赋予负面评价；然而在中国制度中又意味着制度的平衡，因此有存在的理由。

先说科举制。人们现在说科举制度不好，制造八股，束缚人的思想，阻碍社会进步，等等。应该承认，在国家亟须进步、不变革就会亡国的时代，的确需要大破大立，科举制就成了旧制度的象征，被彻底否定；但在实行科举制度的时代却是有一定的道理，有其功能主义作用。一方面，科举制的作用是使社会得到某种流动性，而流动性对保持社会活力具有特殊意义。在整个古代世界，除了西欧，其他有文明覆盖的地方基本上都以强大皇权为统治特征；而只有中国的大一统皇权制度有社会学意义上的流动性，原因就是有科举制。换句话说，社会底层的人、"体制外"的人，可以通过读书、考科举，然后入仕，进入体制，甚至走到社会的最上层。中国古代的社会流动性较强，等级制度不严密，这个特点在中国的前现代表现得非常突出，超出世界其他地方。另一方面，科举制因其对儒学经典进行考试，而规范了全社会的价值观，同时也塑造出一个具有共同行为准则的官员集团。这个集团的存在使社会不因朝代变迁而异变，因而具有高度的稳定性。正因如此，中国传统社会历经苦难而不灭，这是其他文明难以做到的。但日本在引进中国制度的时候"屏蔽"了科举制，结果使中国的大一统制度扎根不深，日本也没有成为复制版的中国。

再谈宦官制。宦官制的缺失使日本皇权被削弱，在日本历史上，除大

645年乙巳之变后，皇极天皇退位，孝德天皇即位并开启大化改新

化改新前后一段时间，天皇的权力经常是旁落的。在中国制度中，皇权凌驾于三支力量之上，分别是外戚、朝臣、内臣。外戚指姻亲，即皇帝的亲家；朝臣是文武百官；内臣就是宦官。皇帝的权力有赖于这三支力量的平衡，其中每一支力量都是对其他两支力量的牵制，从而有效维护皇帝的最高权威。日本没有宦官，同时又不存在由科举考试产生的官僚集团，天皇身边其实只有一支力量存在，它随时觊觎皇权，那就是外戚，而外戚都是贵族。在日本，天皇是万世一系的，贵族也可以说是"万世一系"，从开天辟地起他们就是贵族。贵族们把持朝政，世代做官，充任朝臣，而有权有势的朝臣往往就是外戚。大化改新按中国模式建立皇权大一统国家，形式上的模仿是成功的，但天皇只面对一个集团，他们是贵族-朝臣-外戚的三位一体；而有可能与这个集团抗衡的只能是宦官，即内臣，但日本却没有。在这种情况下，日本天皇不可能像中国皇帝一样，日本皇权从一开始就深藏着隐患，而隐患是由"屏蔽"造成的。

这样，从中国"拿来"的皇权大一统在日本维持了三四百年，越到后来就越退化，慢慢变味了。天皇的权力逐渐被架空，大约到11世纪已经危机重重，社会和政治制度都在变，变化的结果是和中国制度渐行渐远；它在向一个欧洲式的"封建社会"靠拢，最终像欧洲，而不像中国。中国人很少认识到这一点。

日本"拿来"中国的制度，包括中国的土地制度。中国的土地从理论上说属于国家所有，皇帝是终极所有者，这就是所谓"普天之下，莫非王土"，在此基础上才会有"率土之滨，莫非王臣"。日本的土地从来就是贵族私有，这个情况应该是从部落向国家转变的过程中形成的。部落首领将原先部落所有的公地变成他自己的私地，贵族也由此而来。大和政权兼并各地小国时没有改变这种情况，因此贵族势力一向强大，可以挑战天皇的权力。推古朝改革和大化改新试图按中国的模式强化皇权，建立强大中央政府，这就需要削弱贵族势力，动摇他们的经济基础。于是土地所有制改革就是重中之重，变私地为公田、按人口分配土地、国家统一税收等措施

— "公武并立"与幕府政治 —

由此而来。也就是在这些经济措施的基础上,律令制国家得以建立。

但年岁一久,私有土地还是发展起来。首先,在日本体制下,由于前面说的"屏蔽效应"在起作用,天皇为维护独尊的权力只能利用不同贵族集团之间的矛盾搞平衡,用一派贵族打击另一派贵族。而这样就必须对这派或那派贵族做出让步,对其侵占土地的行为假装看不见。其次,随着人口不断增加,人们越来越需要开垦荒地以增加收成,但新开垦的土地不在官府账册之内,"私田"因而逐年增加。再次,随着战争变得频繁,大量农民投靠地方豪强以寻求保护,于是越来越多的田地落到豪强手中;政府无法阻挡这个趋势,因为它必须依赖豪强的支持。"私田"的盛行掏空了皇权的基础,把皇权架设在沙土垒成的台阶上,原先由朝廷派驻各地管理政务的官员,有可能公器私用,将公地转变成私田,成为地方豪强的物质基础。

在这个过程中武人集团出现了。他们起先被天皇用来打击外戚和贵族,并用于扩张统治范围;但后来发展为独立的政治力量,形成"公武并立"的局面。所谓"公",是指公家,即天皇;所谓"武",就是武人,称"武家"。大约从10世纪起,律令体系就开始瓦解。当时经常发生内乱,不同的贵族集团为争夺朝政大权而相互打斗,天皇为维护自己的权力,就重用武人,封他们为"将军",用他们去抗衡朝臣。将军手下有大量武士,形成强大的武装力量,这种力量的出现对皇权是非常不利的,经常颠覆皇权统治——中国唐朝的衰落也是从边镇守将叛乱开始的,但中国制度具有强大的自我恢复能力;日本却

镰仓幕府第一位将军源赖朝

因"屏蔽"的作用,将这种恢复能力清除了,结果是日本没有出现类似中国的改朝换代,而是彻底破坏了律令体制,天皇的权威终被架空。1192年,镰仓幕府正式建立,律令制退出政治舞台,日本进入幕府时代。

幕府制度的出现改变了皇权至上的原则,并将其边缘化。尽管皇权在日本从来就没有强大到足以震慑一切的地步,但在律令体制下,天皇的实权却是无可置疑的。幕府建立后将天皇的权力抽空,让其成为一个符号,只是权力的象征;真正的实权被将军接管,幕府是行政中心,是事实上的政府。幕府制的奇特之处在于:从理论上说天皇代表最高权力,将军只是天皇的臣仆,从天皇那里接受委任;但实际上天皇只是将军的傀儡,将军把天皇抬到神的地位,视其为权力的来源,用这个方法建立起幕府统治的合法性。在幕府制度下,"公家"和"武家"互为依托:"公家"依托"武家"而持续存在,永不消失,"武家"则依托"公家"取得合法性,掌握真正的实权。表面上朝廷一如既往,贵族世家仍旧担任朝中重臣,将军在就任时都会举行隆重的仪式,向天皇表示效忠;但实际上将军是世袭的,不需要天皇任命。自那以后,日本就落入武人的统治之下,武士道成了武人们的精神财富。

镰仓幕府建立后并没有稳定日本的乱局,战争持续进行,此后又历经南北朝至战国时代共200多年的混战,到1603年德川幕府建立,乱局才告一段落。长期战乱造成群雄四起,原本处于等级制度下层的地方豪绅、武士

德川幕府建立者德川家康

| 第十讲 | 日本:东亚帝国梦 | 249

们趁乱而起，凭借自己的武装力量扩张势力、扩大地盘，日本不再是古老贵族的日本了，它成了豪绅新贵们的日本。德川家康用武力平天下，将家族统治扩大到全日本，但他也必须承认地方势力的强大。他的治国之术，就是认可豪强对各地的统治，按亲疏关系，把他们分派到各地担任"大名"，相当于诸侯；他们各自盘踞一个地区，也就是他们的领地。大名在理论上效忠于将军，从将军那里领取俸禄，必要时为将军打仗或执行其他任务。在效忠的前提下，大名对辖地实行全面管制，一般不受将军干扰。为管制辖区，大名又有自己的下属，叫"家臣"。这些人一般都是武士，他们从大名那里领取俸禄，效忠于大名，为大名打仗或执行其他任务。这样在日本就形成一种等级制度，即将军-大名-武士。所有大名都效忠将军，又都有自己的武士，而武士只效忠自己的大名，于是就组建成一个又一个武装集团，相互间不断打斗。这个制度非常像西欧的封建等级制。前面讲过这个制度，此处不赘述。

在战争中，德川幕府占据了全国的土地。它把其中25%—30%留给自己，成为全日本最大的地主；其余土地有10%给天皇，让他应付庞大的宫廷开支；剩下的分给200多个大名，其中有一些成为很大的地主，另一些则所得有限。在那个时代，土地就是财富，也就是实力，所以德川家族是日本最强大的政治势力，超出其他任何力量。大名之下是武士，武士之下是农民，城市里有手工业者和商人，他们依附于幕府或大名。这样一种社会结构更像欧洲的封建社会，而不像中国的皇权大一统。古代日本从中国"拿来"了文明，随后又进行"屏蔽"，这两种相反的趋势塑造了中古时期的日本，并把它带到近代。近代以后的日本走着和中国不同的路，甚至和所有非西方国家都不同，其原因植根于日本在古代的变化路径——简言之，在近代开始的时候，日本存在一个像西欧那样的"封建社会"。

西方进入近代，把日本也卷入冲击波，当时的情况和世界其他地方差不多。16世纪上半叶葡萄牙人来到中国，很快也来到了日本。葡萄牙人来到中国没有造成很大影响，唯一的结果是"借"了澳门。当时澳门只是一

—明治维新与军国主义形成—

个小小的岬角,人烟稀少。但是葡萄牙人到日本对日本来说却是一件大事,它造成连锁反应。首先,几十万日本人皈依基督教,日本列岛西南部几乎基督教化,其中包括一批有势力的大名。其次,天主教的传播冲击了日本的传统道德,一个外来的价值体系流入民间。最后,外来价值体系激化了日本社会固有的矛盾,终至引发大规模的农民起义即天草起义,而起义军打的就是天主教的旗帜。所有这些都严重动摇了幕府的统治,也冲击着日本的传统社会,幕府于是决定禁教、切断与外国的联系。在血腥镇压起义之后,日本进入了200多年的封关锁国时期,这对日本后来的发展显然是不利的。

中国也有过封关锁国,对中国的发展也非常不利,但日本的封关和中国的封关不完全一样。日本留下一个缺口,在长崎这个地方对两个国家开放,一个是中国,另一个是荷兰,可以和它们通商。幕府打击葡萄牙人,荷兰人趁虚而入,他们说新教和天主教不一样,新教好,天主教不好。这个时候正好是荷兰人排挤葡萄牙人,把他们赶出东半球海洋的时代;当时

19世纪的长崎港,右上方的扇形人工岛就是出岛

荷兰已在巴达维亚（今印尼雅加达）站住脚，又侵占了台湾岛，并向日本渗透。17世纪是荷兰称霸世界海洋的世纪，作为重商主义的极盛典型，它不仅把欧洲的商品输往日本，同时也把西方的"奇技淫巧"都带进去了，包括望远镜、地球仪这些东西，还有西方的枪炮、工程技术、医学等等。这就是所谓的"兰学"，意思是荷兰的学问，其实是指西方那一套东西，不同于当时盛行于日本的"中学"。这套东西在日本产生巨大影响，因为一直到那个时候为止，日本的文化理念、科学技术等等都是从中国传入的，现在则来了一套新东西，出现了一个可以在危急时期使用的新选项。

我们都知道这叫"西学"，"西学"在中国的命运和在日本的命运大不相同。兰学进入日本后在社会上层广为传播，受到很多人欢迎，尤其是武士集团。他们把这些东西看作有用的、可以用的，所以很有兴趣，愿意学习，学而为用。相比之下，中国把这些东西看作奇技淫巧，只是供朝廷、士大夫玩耍而已。耶稣会进入中国，也吸引了一批士大夫关注西学，像徐

日本画家司马江汉18世纪的绘画《和汉洋三贤人图》

光启这些人；但他们人数很少，绝大多数读书人仍然以科举考试为终生事业，完全不知道西学为何物。同样是外来的知识和器物，为什么中国和日本待之以两种态度？一个因素是地理方面的。中国地域广大，是一个庞然大物，外来的影响不容易渗透，因此当西风东渐，从海上吹到中国的时候，它只能影响沿海地区，比如闽、粤沿海，而庞大的内地是影响不到的，就好像一个胖人，立在北风中，岿然不动，不以为意。而日本是一个细长的岛国，南北很长，东西狭窄，就好像一个瘦人，北风一吹就穿透全身，完全没有抵挡的能力。

但比地理因素更重要的是文化特征，就是前面说过的"拿来主义"和"屏蔽效应"。日本的文明是"拿来"的，没有生产过多少自己的东西，这种情况直到今天仍然如此。现在的日本是先进工业国，它的制造业非常发达，但没有多少领先技术或先进产品是日本创造的，它的长处是迅速将别人的发明"拿来"，然后发展到极致并向全世界推销。有人说日本像一个软体动物，没有骨架，容易变形，不像其他国家如中国、印度、伊朗等等都有自己的文明框架，体现自己的创造基因，其基因几百年不变、几千年不变，有清楚的骨架，有明显的特性。日本则是"拿来主义"的，什么东西好、对它有用就拿什么，拿来就变成自己的。好或不好的标准是有用或没有用，有用就是好，无用就不好，这就涉及日本文化的另一个特征了，即"屏蔽效应"。

前面介绍过"屏蔽效应"如何将中国的大一统皇权变异为类似西欧封建社会的日本天皇制，这种变异也发生在思想意识领域，把日本思想界与中国拉开距离。日本很早就引入中国诸子百家学说，到唐代进入高峰。但儒学成为主流学说却是在德川幕府时期，当时占主导地位的是程朱理学，无论官方还是民间都将其视为正统，学术与学问无不引经据典。但中国儒学是和科举制联系在一起的，科举制又直接对应官员的选拔。日本将科举制"屏蔽"了，也就切断了做学问和入仕之间的关系，学问做得再好也当不了官。因此日本的儒学就变成可以自由发挥的单纯思想了，并无"旁门左道"之虞,也不影响日本政局。于是日本的儒学家们都可以随意解释儒学经典,任意宣讲自己的主张。从17世纪开始,荻生徂徕及其门生通过对儒学的自由解读事实上改变了儒学,使其"脱儒入法"。这套思路后来启发了福泽谕吉,异化为他的"脱亚入欧"。

"兰学"的存在为"脱亚入欧"提供了思想土壤,它在武士阶层中广泛流传。日本武士既是武人,也是文人;既读"中学",也读"西学",而"兰学"就是"西学"的入门。无论"中学"还是"西学",对日本来说都是外来学说,都是可以"拿来"的,至于选择哪一个"学",就看当时的需要了——这就是"拿来主义"的基本要义。明治维新开启的时候,日本统治集团对世界格局和国际形势的变化已经有了一定程度的了解,对西方的崛起、其科学技术的发展及政治制度的变化都不是一无所知,这些都归因于"兰学"的存在,以及"拿来主义"的文化基因。反观中国,一直到戊戌变法,大多数士绅对域外的情况完全不了解,不知道这个世界有多大;戊戌变法既没有充分的思想基础,也没有广泛的社会基础,因此最终失败。日本文化中的"拿来主义"贯穿它的整个历史,随时随地都可能发挥作用。

中国唐代是日本向中国"拿来"的一个高峰。当时日本痛下决心学习中国、"全盘中化",直接原因是日本被唐朝打败,在白江口战役中领教了唐军的厉害,故而想把唐朝强盛的秘诀拿到手。19世纪日本又下决心"脱亚入欧"、全盘西化,直接原因是中国被英国打败,中国变弱,西方更强大了;日本转而投靠新的强者,到它们那里去"拿来"。以后近一百年日本紧靠欧洲列强,谁强它靠谁;先学德国,然后和英国结盟,第二次世界大战中它又和纳粹德国结盟,但被美国打败了,从那以后日本就紧靠美国不放松,以至于今天我们看到的唯"美"是从。这是一种典型的"软体动物"特征,你可以称之为"现实主义",也可以视之为缺乏椎骨。

1853年的黑船事件是日本转向的起点。当时美国海军准将佩里带四艘军舰来到幕府所在地江户附近(今天的东京湾)向岸上开炮,要求日本打

1853年黑船来航，佩里准将首次登陆日本

开国门，准许通商。黑船事件动摇了幕府的统治，精英集团发生分裂。前面说过，幕府时期"公武并立"，天皇被架空，将军掌握实权，幕府处理国务的时候从来不请教"公家"。但是黑船事件发生后，武家觉得自己没有办法应付，于是就与公家商量，并向各地大名征询意见。如此一来，各种意见都出现了，幕府最终决定接受美国的要求开放通商，也就是不战而降。这个姿态很奇怪。因为我们知道，当西方列强冲击到世界任何地方时，不要说中国、伊朗、埃及这些带有深厚文明传统的地方，就连非洲最南端尚未知道文明为何物的原始部落都会发动武装反抗，而日本不战而降，这就很异样。

当然，日本打不过西方，西南大名曾发动过武装反抗，即萨英战争和下关战争，但都失败了，完全不经打。幕府接受列强提出的一切要求，不仅开国门通商，而且把各种特权让与列强，包括关税权、传教权、内海航行权、领事裁判权等等；日本丧权辱国，如当时所有非西方国家一样。幕府的逻辑很简单：中国都打不过西方，日本如何能打过？但幕府的权威也由此而动摇，统治集团发生分裂，一部分大名提出尊王攘夷，另一部分则提出尊王倒幕。无论"攘夷"还是"倒幕"，前提都是尊王，就是把天皇从阴影中拉出来应付时局，帮助国家渡过难关。这样，就发生了明治维新。

明治维新的领导者是武士，一个类似普鲁士容克集团的旧社会阶层。他们在幕府体制下处在统治集团最下层，却是幕府体制的支撑力量，幕府靠他们而存在。面对前所未有的政治经济大危机，武士们多数抛弃幕府，转而支持维新，这是明治维新能够成功的基本原因。人们常常将日本的明治维新和中国的戊戌变法做对比，试图弄懂为什么明治维新能成功、戊戌变法却失败了。答案其实是现成的：两个变法都是自上而下的变革运动，但在明治维新中，武士们多数都支持变法，幕府的社会基础大体流失；戊戌变法中的中国士绅们却很少有人愿意变革，"变法"只是少数人的事，连皇帝出面支持改革也无济于事。作为自上而下的改革运动，没有统治集团内部多数人的支持哪怕默许，是不可能成功的。

1867年明治天皇即位，当时他不到15岁，正是很容易受人摆布的年龄。小皇帝登位后，宫廷贵族中的一部分人加上西南诸藩的一些大名以及大量武士发动了一场运动，其中下层武士起了最大作用。接下来的事都是大家知道的：倒幕派提出"王政复古"，就是把权力交还给天皇，回到律令时代去——这当然是个幌子，因为谁都知道日本的天皇是虚悬的，只是个符号。幕府起先接受这个要求，就做出"大政奉还"的姿态，把权力交还给天皇。但明治政府又提出"奉还版籍"，这就要幕府的命了。大政奉还只是放弃国家治理权，而"版籍"中的

明治天皇

"版"是版图，就是土地，"籍"是人口，就是户籍，剥夺幕府的土地和人口，那就是从根本上消灭幕府。于是幕府反抗，出现了戊辰战争那一仗，幕府大败，"尊王倒幕"的任务就完成了。

明治新政府巩固后立刻废藩置县，就是把大名领地取消掉，实行全国统一管理。在幕府制度下，虽然幕府实力雄厚，影响力遍及全国，但各藩大名自己管理内部事务，幕府一般不插手，这种情况和中世纪的德意志差不多，属于割据分裂状态。明治政府废除藩国领地，在全国范围内统一划分行政区域，共设3府72县；中央派遣地方官员，责其执行中央指令，实行中央集权。通过这些措施，一个重新统一起来的日本就出现了，几个世纪前从天皇手里流出去的权力得以回收，建立起以天皇为名的中央政府。简言之，日本的封建时代结束了。

这里有一个重要问题：王政复古了，天皇是不是真有权力，实行皇权一统？按照1889年《大日本帝国宪法》（此后简称《帝国宪法》），其中开宗明义地宣告，日本国家的一切权力归于天皇，天皇集行政、立法、司法、军事大权于一身。但这只是纸面上说说而已，天皇从来不履行实权，明治

1889年明治政府颁布《大日本帝国宪法》

精英们只是以天皇的名义来打倒幕府，又以天皇的名义来治理国家；同时，即使在幕府制度下天皇也只是最高权力的象征，幕府将军们从天皇那里接受将军称号以取得合法性，然后就把天皇冷置于一边了。明治精英们巧妙地借用了这个办法，他们把天皇转化为权力的象征，以取得明治政府的合法性（所谓"王政复古"），事实上又不给他实权，由此就避免了政治变革过程中为争夺最高统治权而出现的大规模战乱，并相对和平地构建了统一的国家。

根据《帝国宪法》，一切权力属于天皇，但天皇仍是被架空的，真正的权力控制在明治功臣们手中，就是领导维新运动的那批人，其中大部分是中下层武士。后来这批人老了，慢慢退出历史舞台，剩下经历过维新的人成了"元老"，政权就转移到他们手中。再往后，这些人也死了怎么办？日本一度发生过自由民权运动，意图效仿英美等国建立政党议会制，但未能奏效；经过一系列动荡，实权落入军队手中。

《帝国宪法》规定军队不受政府控制，而直属天皇管辖，这是向俾斯麦的德意志第二帝国学来的；但天皇是被架空的，管不了军队，结果军队就自行其是，谁也无法管它。明治维新后不久日本就向外扩张，先是对朝鲜，然后对中国台湾，以后又发动甲午战争、日俄战争，以及后来的侵华战争。军队通常的做法是先动手造成既成事实，再交给政府正式批准，1928年的皇姑屯事件、1937年的卢沟桥事变等等都是如此。更典型的例子是1936年的"二二六事件"。当时日本下级军官在东京造反，上街闹事，天皇下令派兵镇压，但下了几道命令军部都不动，理由是皇军不可以自己打自己。后来天皇发火了，说军部再不行动他就自己带禁卫军去镇压，这才把军部镇住了，下令叛军主动投降。

一个以改变幕府旧制度为宗旨的新日本迅速走上军国主义道路，把政权交到军队手中，究其原因，很多因素在起作用。其一，武人治国的传统经而久之，自幕府制度确立以来，日本就是在军人统治下，"将军"们首先是军事力量的首脑，掌握军力，进而控制政权，日本文化事实上浸润着军国主义的因素。其二，领导明治维新的中坚力量是武士，这是社会的尚武阶层，也是幕府制度的社会基础，在日本历史上一贯重要。明治维新时面对日本亡国的危险，他们挺身而出领导变革，承担起现代化领导者的角色，与普鲁士容克的情况非常像，而这两个集团的社会地位也是相似的。正因为如此，日本在明治维新后很快走上向德国学习的道路，1889年的《帝国宪法》几乎就是德意志第二帝国宪法的翻版。其三，《帝国宪法》中关于"独立统帅权"的规定明确指出，军队指挥权不在政府手里，更不在议会手里，而在天皇那里；但天皇又是被架空的，他没有实权，军队终成为国家的主人，正式把日本带上军国主义道路。其四，一个非常重要的现实需要是明治维新后日本迅速对外扩张，在世界上抢夺殖民地。当时许多日本人相信必须拥有殖民地，因为西方列强都有殖民地，日本既然想"脱亚入欧"学习西方，那就要彻底地学，也需要占领殖民地。这种扩张的愿望助长了军方的气焰，让其夺权的图谋变得合理。总之，走军国主义道路，既是历史的逻辑，也是人为的选择，最终使日本成为战争策源地。

明治维新是什么性质？中国学术界长期争论。在我看来，明治维新所起的作用相当于西方国家摆脱封建分裂状态、向现代民族国家方向发展。通过明治维新，日本清除了因幕府制形成的国家分裂，重新建立中央集权，看起来是恢复了律令时期的古代天皇制，实质上却模仿近代西方国家，建立了强大的中央政权，为现代日本转型提供了政治制度框架。日本的特殊之处在于，它延续幕府时期的政治传统，把天皇放在一个似有似无的位置上，利用其"有"，使明治维新获得合法依据，又因其"无"，而使一批人可以用天皇的名义执掌实权却不必解释权力的来源，这就为军部走上政治前台埋设了伏笔。总之，明治维新是日本现代化的第一步，它既是学习西方的结果，也是日本传统的延续，在这里我们清楚地看到了"拿来主义"及其中的"屏蔽效应"；日本之所以能在所有非西方国家中率先进行现代化转型，恰恰在于它曾经有一个和西方封建社会非常像的社会结构，使其很容易把西方的资本主义"拿来"并任意对其"屏蔽"。

— 帝国梦的破灭 —

| 第十讲 | 日本：东亚帝国梦 | 259

但既然要学习西方，学谁就成了重要问题。在明治之前许多人说要学习西方，但"西方"包括很多国家，学谁的问题未提上日程。在很多人看来这个问题很简单，要么学英国，要么学美国，因为英国把中国打败了，而美国把日本的大门撞开了，因此学习英美似乎不需要讨论。明治维新成功后这个问题却出现了：日本究竟学习谁？

为解决这个问题，在明治维新完成后不久的1871年，新政府派出一个庞大代表团，把当时政府中的许多官员送往国外考察，考察的目标是寻找学习的样板，为日本寻找模仿对象。考察团走遍欧美各国，一去就是一年十个月；当时明治政府刚刚成立，百废待兴，况且国内还有反维新的势力存在，将政府多位高官派出国去做长期考察，可见其学习决心之大。一年多后考察团回来，得出的结论是向德国学习，原因居然非常简单：日本这

1871年12月至1873年9月，日本岩仓使节团赴欧美诸国考察。居中者为特命全权大使岩仓具视，右起第二人是作为副使之一的伊藤博文

样落后的国家学不起英美，它们太先进了；日本只能向落后国家学习，落后学落后，才能学得像。德国正是这样一个"落后"国家，它刚完成统一，也刚开始走向工业化，德国的情况和日本特别相像，所以学习德国就是考察团的结论。这个结论为日本后来的发展制定了路线图。

政治方面，日本《帝国宪法》几乎就是德意志第二帝国宪法的翻版，包括独立统帅权。前面介绍过这方面情况，不再重复。

经济方面，日本以工业化为目标，"置产兴业"，发动工业革命，完成工业化。工业化的最终目的是"富国强兵"，富国是为了强兵，强兵才能富国，这就是明治发展路线；所以日本很快就走上了对外扩张道路，执行殖民政策。

日本启动工业化比英国晚了100年，比欧美其他国家晚了大约半个世纪。为了追赶先行国家，真正做到"脱亚入欧"，日本刻意模仿德国，走了一条德国式的工业化道路。所谓"德国式道路"，就是动用国家力量推动和指导工业化，将工业化作为国家的目标和任务，一切服从于这个目标。为此，明治政府不仅在经济上采取措施鼓励工商业，而且对社会结构进行调整，将传统社会改造成适合资本主义发展的社会。

幕府时期的日本社会是一个等级社会，上下分明，很难逾越。皇族之外，最高等级是贵族，贵族差不多也是"万世一系"的，不像在中国"君子之泽，五世而斩"；日本贵族享有各种特权，虽然在幕府统治下他们一般不掌握政治实权。贵族之下，社会分为四个等级，分别是士、农、工、商。士即武士，他们其实是统治集团的中下层，可以带刀，为幕府或各地大名服务；农、工、商各司其事，为社会提供物质财富。明治维新完成后废除以出身为基础的等级结构，将其变为以财产为基础的阶级结构。首先是籍没贵族头衔，改称其为"华族"，允许其买卖土地，取消以前的地产俸禄，给予金钱补偿，然后引导他们把这些钱转化为资本投入工商界。这样就养育出一批大财阀，三菱、三井就是这样，很像俾斯麦德国的克虏伯、法本等。

其次是取消士族，把他们转变成中小企业家或者农场主，与原来的农、工、商混为一体。在此过程中，下级武士有可能失去财产，沦为贫民；原来的庶民则可能通过经商或开办实业致富，以前不可逾越的等级结构被打破了。通过这些改革，新的社会结构逐渐形成，纵向的等级结构变成了横向的阶级结构，以资本为导向，把日本引上了资本主义发展道路。在工业化之初，为解决资金短缺问题，明治政府还向海外输出劳动力赚取外汇，甚至输出妓女，有一部电影叫《望乡》，真实地反映了这一段历史。为抢夺原料、资本和市场，日本加紧对外扩张。总之，在"脱亚入欧"的口号下，日本尽量模仿原始资本主义的各种做法——这就是日本的早期工业化，而其成就也是相当突出的。

到第一次世界大战结束的时候，日本已经是工业国了，发展速度很快。从1868年明治维新算起，40多年时间日本跨越两次工业革命，成为除欧美之外的工业国家，引起世人瞩目。日本的经济发展遵循德国模式。如果有人说德国是第一个"发展中国家"，采用跳跃方式完成赶超型发展；那么日本是第一个采用德国模式发展本国经济的非白人、非欧美国家，这就是日本在当时世界上的影响力。不要小看这个影响力，在那个时代，工业化和现代化被看作白人的专利、欧美的专利；日本的成功在非白人、非欧美地区引起震动，增强了它们的自信心。

但和德国一样，日本也走上军国主义道路，给亚洲带来无穷灾难。明治维新刚结束，日本就开始向外扩张，第一个对象自然是朝鲜。朝鲜与它一海之隔，而日本在历史上也曾数次入侵朝鲜；不久，朝鲜就成了日本的殖民地。第二个对象是中国台湾。为了占领台湾，日本可说下足了功夫，最终在甲午战争后吞并台湾并且觊觎东北和山东，在中国争夺势力范围。吞并台湾后，它的胃口越来越大，幻想着要吞并全中国，这才引起西方国家的警惕。因为这时西方列强对中国的政策是划分势力范围，绝不允许一国独吞。进而到1941年日本挑起太平洋战争，公开与美国争夺太平洋霸权，这才让美国决不能让了；因此无论罗斯福总统事先知道还是不知道偷袭珍

1945年9月2日，日方代表在"密苏里号"战列舰上签署投降书

珠港的计划，日美战争都是不可避免的。日本走军国主义道路的最终结果是彻底战败，这个结局也和德国是一样的。

但日本战后的情况就和德国不一样了。战后德国经历了彻底改造，对战争的责任进行了彻底反思。日本在战后被美军占领，占领初期在一个短时期内美国曾同意用对待德国的方式来处理日本，即去军国主义化，彻底摧毁财阀加军阀的明治体制，就像在德国彻底摧毁纳粹势力一样。但后来美国放弃了这个政策，转而支持日本财阀，支持对战争负有罪责的一批寡头，让他们继续执政。原因是朝鲜战争爆发，随后又是越南战争爆发，这两次战争使美国意识到一个对美国俯首帖耳的日本有多么重要，于是，就出现了今天的美日同盟。美日同盟塑造了一个经济上强大、国际政治舞台上跛脚的日本，而美国运用其驻军控制日本，让它成为美国在西太平洋地区守护其霸权的看门人。但日本确实心甘情愿吗？许多人都说"不"，日本人内心深处大概也说"不"。不过日本人应对困境的方法是很奇特的，经常脑子里想着东，两只脚却向西走，认定向西走到头了仍然是东，这大概就是迂回战术。我们回顾日本的历史，回顾黑船事件以来日本的所作所为，就可以大致预判它今后的走向。迄今为止，它仍不承认二战的罪责，仍向往有一天能旧梦重圆。它可以向最强大的国家尽可能"拿来"，内心深处却选择性地进行"屏蔽"。

第四篇

20世纪超级大国

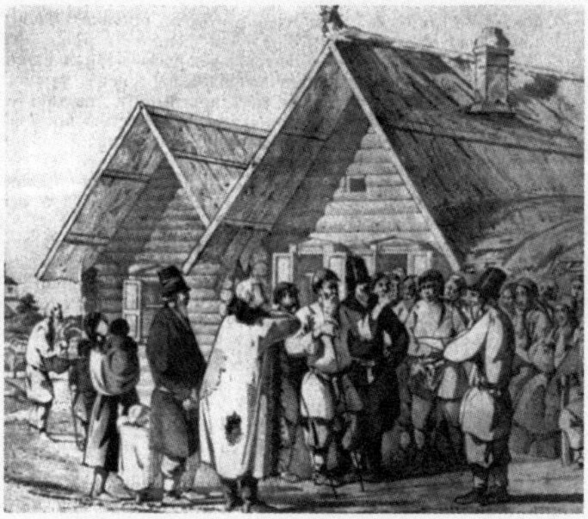

彼得一世的西化政策是强制性的，这就开启了一个先例：俄罗斯现代化是强制性的、后发的现代化。彼得一世改革紧紧围绕两个中心，一是建立强大的军队，二是建立强大的政府；目的是把俄罗斯带上重商主义道路，改造落后的俄罗斯。

俄罗斯的现代化从一开始就和西方国家不同，那是一条俄罗斯的现代化之路。

第十一讲

苏联（上）
俄罗斯的前世今生

◎ 俄罗斯国家的形成

◎ 俄罗斯帝国的崛起

◎ 向现代世界靠拢

◎ 西方还是东方？

在人类历史上，苏联是第一个社会主义世界大国，它的地位非常特殊；20世纪下半叶，苏联又是两个超级大国之一，在国际舞台上叱咤风云。然而在20世纪末，曾经无比强大的苏联却黯然退出历史舞台，令全世界惊讶不已。尽管如此，作为苏联遗产的今日俄罗斯仍然是一支强大的国际力量，这也是一个事实。我们讲苏联，是把它看作俄罗斯国家历史的一个部分来讲的，不了解俄罗斯国家的整体历史，就不可能理解苏联。并且，若不承认苏联是俄罗斯国家历史上一个重要的部分，甚至是最光辉的部分之一，那也就截断了俄罗斯的历史，如同鸵鸟埋头沙丘，自欺欺人而已。更重要的是，作为社会主义世界大国，它表现出社会主义的许多特征，预示着历史今后发展的方向；但它的解体又说明苏联的试验遭遇挫折，而挫折在哪里，这又是人们关心的问题。在本书讨论的九个世界大国中，苏联是唯一的社会主义世界大国，它的前世今生与未来走向，也就具有特殊的意义。

一 俄罗斯国家的形成

俄罗斯人属于东斯拉夫人，俄罗斯国家出现的时间很晚。公元9世纪，第一个俄罗斯人的国家才出现，而那时的中国已经越过盛唐时代，正在向五代十国和北宋过渡。国家出现前俄罗斯人一直处在部落状态，实行军事民主制，而且流动性很强，很少在一个地方长期定居，这种情况就如同民族大迁徙之前的日耳曼人那样。前面曾说过日耳曼人很晚才向文明过渡，起点大约是在公元2—3世纪，而俄罗斯人进入文明的时间比日耳曼人更晚，而且晚了好几百年。

关于俄罗斯国家的起源，一直有很多不同说法，但多数专家，包括很多俄罗斯学者都接受一种观点，就是俄罗斯最早的国家是由瓦良格人创建的。瓦良格人是居住在今天斯堪的纳维亚半岛上的一个诺曼人分支。斯堪的纳维亚半岛是今天瑞典、挪威的所在地，半岛居民被称为"诺曼人"，也就是北方人，我们讲英国的时候曾经提到过这些人。这些人当中有一个分支叫瓦良格人，其中有一个酋长叫留里克，人们说，俄罗斯最早的国家是这个人建立的。

如果看地图，能看到从斯堪的纳维亚半岛穿过芬兰，沿拉多加湖进入现在的俄罗斯境内，一路向南，有若干条河流贯穿南北。这些河流未必首尾相通，彼此可能被陆地隔开，但它们确实形成天然的水上交通渠道，把波罗的海和黑海串联起来。通过这些河流，可以把北方的物产运往南方，再把南方的货品送往北方。正因为这种地理上的特殊性，也许在人们记忆力之外的远古时期，这里就形成一条商道，而这条商道的重要性是不言而喻的。它可以把南来北往的商品送往东欧大草原的各个地方，成为连接广阔内陆地区的流通大动脉。在这条动脉的南端是黑海，由黑海再向南，穿过两道海峡就进入地中海。地中海是欧洲文明的发源地，也是欧洲最繁华的地区。商道的存在，把文明的南方和未开化的北方连接起来，形成从黑海到波罗的海的通衢要道。

商业的利润是诱人的。沿着商道出现若干城市，这些城市自己管理自己，相互不依附，也不依附其他人。它们依靠优越的地理位置转运或分发商品，控制通商口岸，由此发迹，因而很富裕。城市中最著名的是诺夫哥罗德，在今天俄罗斯的西北部，离圣彼得堡不远。城市里有两大家族争夺管理权，其实就是争夺商业利润。其中一个家族在公元862年邀请专门在

1862年落成的俄罗斯千年纪念碑上的留里克像。
Дар Ветер CCBY-SA 3.0 DEED

商道上打家劫舍的一个团伙进城帮助自己消灭对手，团伙是来自北欧的瓦良格人，其首领名叫留里克。留里克于是带着劫匪进了城，很快就消灭了对手家族，但接下来也把邀请自己进城的家族消灭了，进而控制了诺夫哥罗德。以此为据点，他不仅扼守商道大发其财，而且沿着商道攻城略地，扩大自己的地盘。882年他的继任者奥列格挥兵占领第聂伯河边的重镇基辅（当时也是一个商业城市），并把自己的统治中心迁往基辅。这样，一个以基辅为中心的地域国家就出现了，称"罗斯"，后人称之为"基辅罗斯"。俄罗斯人认为，这就是最早的俄罗斯国家。请读者注意，最早的俄罗斯国家不在现在的俄罗斯境内，而在今天的乌克兰；俄罗斯和乌克兰之间的恩怨情仇，从那个时候就开始了。

留里克建立的王朝在俄罗斯历史上称"留里克王朝"。俄罗斯一共只出现过两个王朝，另一个是1613年建立的罗曼诺夫王朝，这个王朝一直延

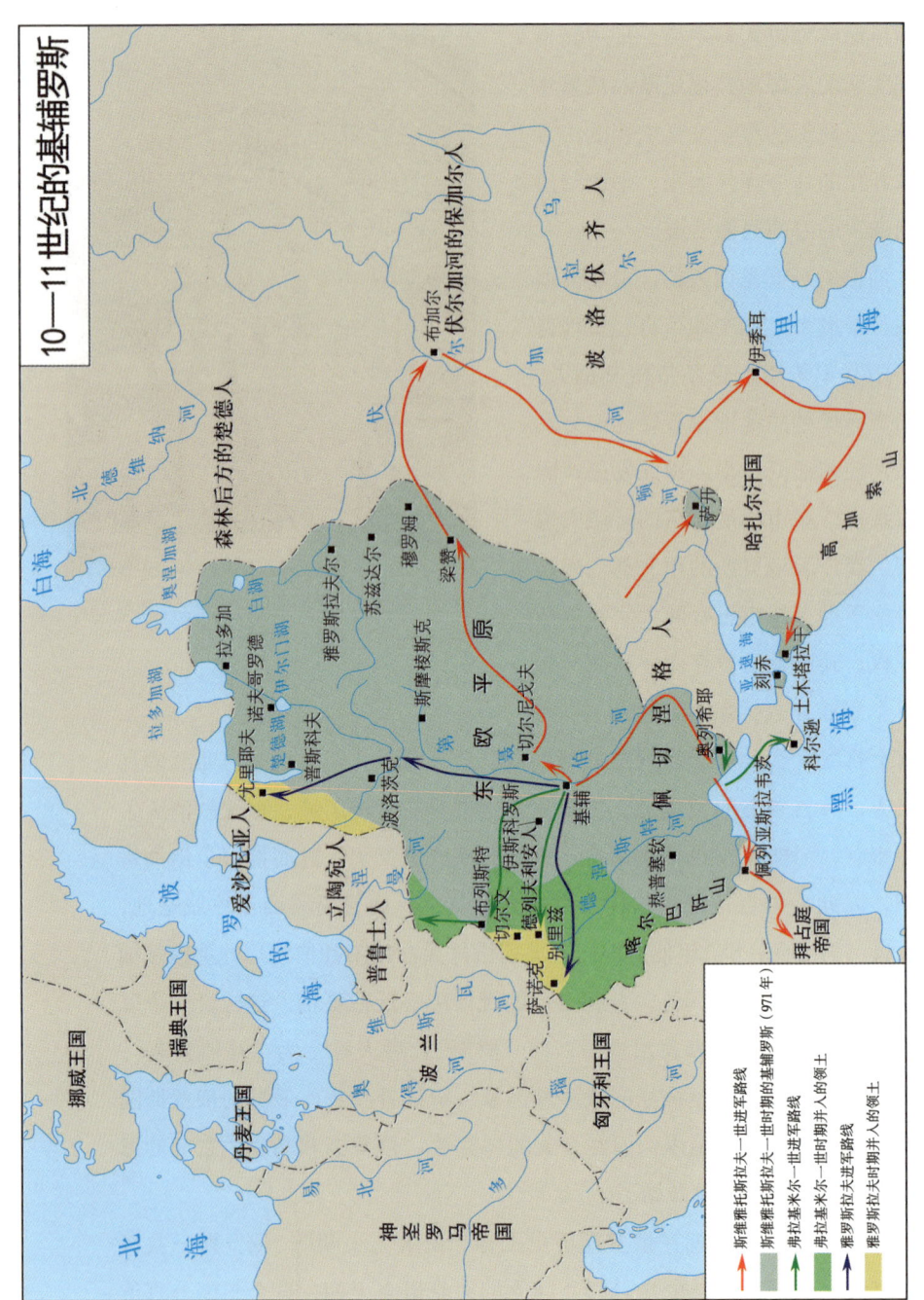

10—11世纪的基辅罗斯

续到1917年，当时俄国发生了革命。基辅罗斯建立后不断扩张，到公元1000年左右，这个国家已经有100万平方千米领土、500万人口了，在当时的东欧是一个很大的国家。弗拉基米尔大公统治时期（10世纪末到11世纪初），基辅罗斯接受东正教。这个事件在东欧的重要性，堪比克洛维时期的法兰克王国接受天主教。它确立了欧洲大陆两大教派的势力范围，也就是东欧信奉东正教，西欧信奉天主教。我们都知道天主教的中心在罗马，那里曾经是西罗马帝国的首都；东正教的中心在君士坦丁堡，这里原来是东罗马帝国的中心，后来是拜占庭的首都。古代罗马帝国一分为二，基督教也随之一分为二；但当时的一分为二仅仅在帝国内部，帝国以外的地区（被罗马人视为"蛮族"的地区）尚未接受基督教。克洛维率法兰克人接受天主教，标志着欧洲西部的"蛮族"接受以天主教为代表的罗马–意大利文明；弗拉基米尔大公率领基辅罗斯接受东正教，则意味着欧洲东部的"蛮族"接受以东正教为代表的希腊–拜占庭文明，同时也标志着俄罗斯民族正式步入欧洲文明的轨道。但后者这个文明虽然是欧洲的，却不是西欧的，此后东欧和西欧就处于既"同"又"不同"的关系中，直至今日。

988年弗拉基米尔大公奉东正教为国教，下令国民到第聂伯河中受洗入教

弗拉基米尔将东正教立为国教，据说有一个选择的过程。他意识到宗教对巩固政权的作用，认为宗教可以凝聚人心，有利于自己的统治。当时欧洲有许多宗教，包括俄罗斯人自己的多神教、欧洲西部的天主教、阿拉伯人的伊斯兰教、犹太人的犹太教等等。但他最后选定东正教，是因为东正教作为拜占庭帝国的国家宗教，是依附于王权之下的，牧首没有教皇那样的权力和影响，也没有西欧那样的"教皇国"。西欧进入封建社会后，王

权和神权两权并立，彼此之间争斗不息。弗拉基米尔不喜欢这种安排，他要求王权至高无上，而拜占庭的宗教制度恰好符合他的心愿。于是除了在信仰方面东欧、西欧各选其爱，政治制度也分道扬镳。

拜占庭帝国灭亡后，俄罗斯取得新的地位。1472年，当时的莫斯科大公伊凡三世娶拜占庭末代皇帝的侄女为妻，于是就成了拜占庭帝国的直系继承人。他还将拜占庭帝国的双头鹰徽拿过来作为自己的标记，而这个标记以后一直是俄罗斯国家的象征。自此后，俄罗斯自诩为"第三罗马"，并声称"第一罗马"（即西罗马帝国）消失了，"第二罗马"（即拜占庭帝国）也消失了，"第三罗马"（即俄罗斯）将继承两个罗马的伟大事业，把文明的火炬传承下去。俄罗斯是个高傲的民族，"第三罗马"的情结深深扎根在俄罗斯人的心灵中。

— 俄罗斯帝国的崛起 —

基辅罗斯未能完成传承罗马的任务，内忧外患造成它的灭亡。内忧就是内部分裂，对一个国家来说这是最大的灾难。斯拉夫人和日耳曼人一样曾流行一种做法，就是把财产分割传给后代；俄罗斯人的做法是这样的，老君主把领土分割给几个儿子，一方面是分割财产，另一方面也是让儿子们分头管理各个地区，以便于自己控制。但这样做的结果却是撒下分裂的种子。因此到11世纪下半叶，各地王公已经与中央政权离心离德，国家解体的过程也开始了。在这种情况下，亚欧大草原另一头却发生一件大事——蒙古的崛起。成吉思汗统一了蒙古各部，随即就向四面八方发动攻击，最终建立了庞大的蒙古帝国，最盛时的疆域从太平洋西海岸一直延展到今天的多瑙河流域、匈牙利一带。在此庞大的地域里蒙古人建立了几个汗国，其中统治俄罗斯的是"金帐汗国"，1240年蒙古军队攻陷基辅，基辅罗斯正式灭亡。顺便说明："基辅罗斯"这个名称是后人赋予的，当时这个国家就叫"罗斯"，因为它的统治中心在基辅，后来人将其称为"基辅罗斯"。"俄罗斯"就是"罗斯"，俄罗斯人从来都说自己是"罗斯"而不是"俄罗斯"。西方人也称其为"罗斯"（如英文的Russia）而不是"俄罗斯"，"俄罗斯"是蒙古人的叫法。蒙古语中没有"r"这个弹舌音，为了发出这个弹舌音，蒙古人需要先"é"一下才能弹舌头。后来，带了"é"的"罗斯"传到中国，就成了汉语中的"俄罗斯"了。介绍这些知识，是为了让读者知道在基辅出现的"罗斯"国家就是"俄罗斯"，"罗斯"和"俄罗斯"不是两个概念，最早的俄罗斯国家是在今乌克兰境内形成的。

基辅罗斯灭亡后，各地诸侯却维持下来，继续统治各自领地。蒙古人对俄罗斯的统治与他们在中国的统治不同。蒙古人扩张速度太快，而他们在扩张之前尚处于部落状态，没有治理国家的经验，更缺乏进行大范围统治的能力。因

1240年拔都率领蒙古军队攻陷基辅

此他们每占领一个地方，基本上就延续当地原有的方式进行管理，很少形成自己的制度。比如在中国，元朝政府基本采用自秦汉以来的中央集权制和郡县制，使之与中国传统相适应。可是在俄罗斯人居住的地区没有这种传统，罗斯国家使用的是诸侯分封制，接近西欧的封建领地制。蒙古人入侵后保留了诸侯（称"王公"）的统治权，但要求王公们接受蒙古人的宗主地位，向蒙古人效忠，为蒙古人效劳，包括纳税、进贡、服劳役，必要时为蒙古人打仗等等。在此前提下，王公们可以维持对本地居民的统治权，在地方上作威作福。这是一种间接统治的方式，很像几百年后英国人在印度的做法——英国人据有最高宗主权，土邦王公接受英国人的殖民统治，为他们效劳，同时可继续对本地居民进行统治。在间接统治的双重结构下，基辅罗斯原有范围内保留了一批接受蒙古宗主权的地方政权，它们原本是基辅罗斯的属地，是"公国"。

这些公国你争我斗，都为蒙古人效劳，试图在蒙古人保护下压垮对手，扩大自己的势力范围，但最终出线的是莫斯科大公国。这个公国形成的时

| 第十一讲 | 苏联（上）：俄罗斯的前世今生 |

1328年伊凡一世取得弗拉基米尔大公之位

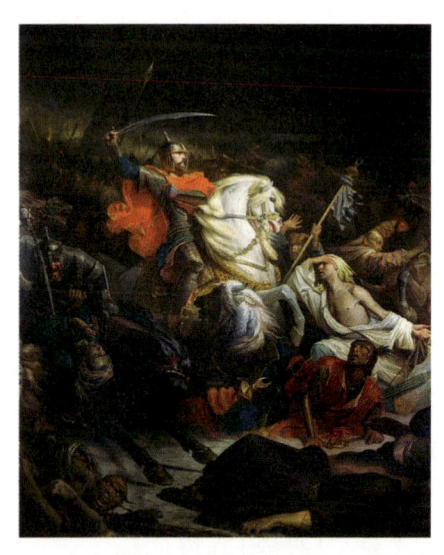

1380年库利科沃之战中的德米特里·伊凡诺维奇

候只有200多平方千米，是基辅罗斯东北部一个二级领地，也就是封地的封地，毫无起眼之处。当时各公国之间经常打仗，互相吞噬他人的土地，蒙古人也乐得作壁上观，看它们彼此打斗；经常打一个、拉一个，以便自己分而治之，更利于维护自己的宗主权。莫斯科公国的统治者在蒙古人面前表现得特别好，不仅俯首帖耳、毕恭毕敬，而且心甘情愿做蒙古人的打手，帮着蒙古人攻打或镇压自己的同胞，伺机也不断扩大自己的领土。到15世纪中叶，莫斯科公国的领土面积达到40多万平方千米，而且其统治者已经从蒙古人那里获得了"弗拉基米尔大公"的称号；在蒙古人眼里，这就是众多奴仆中的领班，可以代表金帐汗国监视俄罗斯各地王公，并且代表蒙古人向俄罗斯各公国征收赋税。其结果，就是在蒙古人的默许下，莫斯科从一个二级封地变成诸公国中最重要也最强大的一个，并且升级成"大公国"，俨然以俄罗斯人的管家自居。

然而也是从这个时候起，莫斯科大公国与蒙古人离心离德了，这是必然的结果，标志着俄罗斯独立的开始。其间有两次决定性战役，一次是在1380年，是莫斯科大公国试图摆脱蒙古统治的第一次大战，俄罗斯联军把蒙古人打败了。这次战役的影响很大，因为是俄罗斯人第一次打败蒙古人，蒙古人不再是神圣不可侵犯、永远打不败的敌人了。取得这次胜利的是当时的莫斯科大公，名叫德米特里·伊凡诺维奇，他成了俄罗斯的民族英雄。第二次决定性战役发生在整整100年之后，即1480年；当时的大公是伊凡三世，就是前面说的那位娶了拜占庭帝国最后一位皇帝的侄女的那个人。当时，俄罗斯人试图摆脱蒙古统治的意愿已经非常明显，金帐汗阿黑麻汗亲率大军意图镇压，他的军队在乌格拉河与伊凡三世的军队对峙了一个多月，最终被迫撤退，金帐汗国在俄

伊凡三世

罗斯的统治也就此结束。战役过程中，伊凡三世一度动摇，临阵退却，不愿与蒙古兵开战，完全是在国人与士兵的压力下他才重回战场，下决心与蒙古人决战。事实说明：摆脱蒙古的统治已经不是少数王公的愿望了，它成了俄罗斯人的共同意志，俄罗斯的民族意识开始形成。

可以回顾我们的课程，在所有历史中不断出现的一个现象，即国家兴起的第一步是摆脱外来统治，争取民族独立，这个现象在俄罗斯也出现了。假设俄罗斯一直由蒙古人统治，那么今天的俄罗斯会怎样？换句话说，民族独立是所有国家自我发展的第一步，俄罗斯也经历了同样的过程，如同我们以前讲过的所有国家那样。驱赶蒙古人之后，接下来要把所有俄罗斯人置于同一个政府管辖之下，也就是实行国家统一，因为当时俄罗斯人是分布在不同"公国"里的。在这方面伊凡三世也发挥了很大作用。他统治时期用和平和非和平的手段兼并了俄罗斯各公国，组建了统一的中央政府，实行中央集权；他还把自己说成是"所有俄罗斯人的君主"，并且把莫斯科说成是"第三罗马"，是拜占庭的直接继承人。一个以莫斯科大公国为

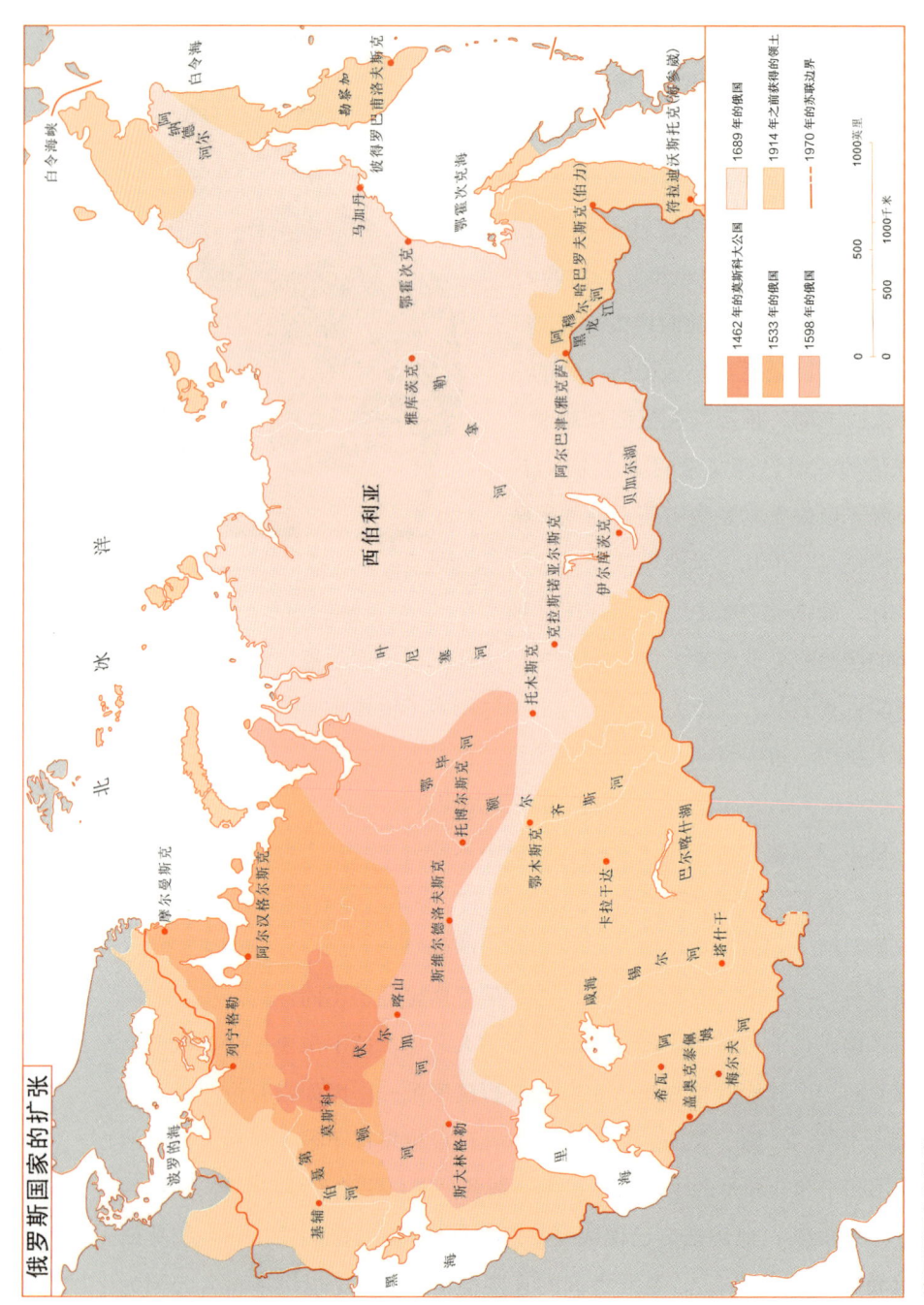

俄罗斯国家的扩张

278 | 风起云飞扬 |

核心的统一的俄罗斯国家在这个时期开始形成，到伊凡三世的儿子瓦西里三世时期，这个国家的领土面积达到280万平方千米，与神圣罗马帝国差不多大小。与欧洲其他国家一样，一个完整的俄罗斯国家在反抗外来统治、完成内部统一的过程中形成了。

但这个国家继续扩张，而且扩张的速度极快，很快就越过了俄罗斯人居住区，向其他民族居住区扩展。可见第278页地图：

地图中左侧那一小块深红色，差不多就是莫斯科大公国刚崛起时的领土，当时它把周边俄罗斯人居住的地区纳入自己的版图。可以看出，它的面积很小，而且完全是内陆，地理环境并不好。但完成俄罗斯人的统一后它就向非俄罗斯地区扩张，把外围其他民族置于自己的统治下，而俄罗斯人也迅速向新占领的地区迁徙。从地图中可以看出，扩张是一圈一圈进行的，同时向四面八方扩散，地图中不同颜色就标示了这种情况。最容易完成的是向北扩张，因为越往北走气候越寒冷，人烟也越稀少，俄罗斯人很快就到达北冰洋沿岸。在那个时候，那个地区几乎是无人居住的，也没有人要，不像现在，人们发现北极地区资源丰富，蕴藏着无数宝藏，吸引许多国家垂涎欲滴。

向西向南就没有那么容易了，都涉及出海口问题，而且都面对成熟的文明和强大的国家。西面，当时有强大的波兰-立陶宛国家，这个国家在很长时间里曾经和俄罗斯争夺东欧的控制权，双方有过很多战争；再往西，则是神圣罗马帝国的地盘，是德意志的势力范围。西北面对莫斯科来说更重要，那里有波罗的海；一旦俄罗斯的疆界抵达波罗的海，它就有了方便的出海口。从波罗的海可以进入北海，从北海就可以进入大西洋，从大西洋它可以走向全世界，所以波罗的海对俄罗斯很重要。有没有出海口对任何一个国家都是非常重要的，一旦有了出海口它就是海洋国家，即便在现在的21世纪，海洋国家的地位仍然很特别。然而在很长时间里波罗的海被瑞典控制，瑞典在那个时候是北欧的超级强国，统辖着现在的挪威和芬兰。为了打通波罗的海的出海口，俄罗斯用了100多年的时间精心谋划，

北方战争期间，彼得大帝亲自指挥1714年的汉科角海战，取得俄国海军建立以来的首次重大胜利

其间最重要的人物就是彼得一世，后人称之为"彼得大帝"。彼得之所以成为"大帝"，是因为他与瑞典打了21年的仗（即"北方战争"），最后把瑞典打败了，俄罗斯也因此在波罗的海站住了脚。为打这场仗，彼得把波罗的海岸边一个小渔村改造成俄罗斯的新首都，称圣彼得堡；也是为打这场仗，彼得一世开启了著名的向西方学习运动，启动了俄罗斯的现代化进程。

相比之下，向南的扩张更艰难，意义也更大。莫斯科大公国独立后，蒙古人在这个地区势力仍很大，金帐汗国分裂成几个地方政权，其中最强大的是克里米亚汗国，其领土遍布黑海北岸，包括克里米亚半岛。对俄罗斯来说，黑海比波罗的海更重要，因为黑海和地中海相连，如果能进入地中海，就能到达西欧文明的心脏区。地中海曾哺育古代的希腊和罗马，后来又哺育了拜占庭和阿拉伯帝国，再往后是奥斯曼、西班牙、葡萄牙，还有今天的法国、意大利甚至英国。可以说，谁得到地中海，谁就得到欧洲。

风起云飞扬

俄罗斯也想进入地中海，但首先需要控制黑海，而控制黑海的关键是克里米亚半岛，克里米亚半岛对俄罗斯来说至关重要。为了夺取克里米亚半岛，沙皇俄国打了许多次仗，直至1783年正式将其兼并。

向东扩张的速度令人惊讶。大约在150年时间里，就是在伊凡三世打败蒙古人、摆脱蒙古统治之后约150年，到17世纪三四十年代，俄罗斯人就从东欧大草原来到白令海峡，横跨约9000千米，直抵太平洋。当时，乌拉尔山脉以东基本上是无人区，尤其是进入西伯利亚东部后，几乎就是原始大森林，而且是亚寒带大森林。森林里人很少，都处于部落状态，靠狩猎和牧业生存，完全没有农业，更谈不上文明。在荒无人烟的亚寒带大森林里跨越数千千米，将途经之处变成延绵不断的定居点然后将其占领，这仍然是惊人之举，其惊人程度不亚于美国的西进运动。俄罗斯国家的扩张不亚于同时代的西班牙和葡萄牙，甚至不亚于稍晚的英国。我们都知道英国的扩张最终形成英帝国，而俄罗斯的扩张则形成了俄罗斯帝国。俄罗斯帝国的出现不仅意味着俄罗斯国土的扩大，而且意味着一种新的政治制度在俄罗斯形成，这就是人们常说的沙皇专制制度。

沙皇专制制度的始作俑者是伊凡四世，伊凡四世是第一位"沙皇"。"沙皇"这个词是中文翻译，"沙"是音，"皇"是意；俄文单词取自拜占庭帝国的"皇帝"一词，发音为"恺撒"，"沙"应该是这么来的。伊凡四世出生时据说天上打雷，所以被称为"伊凡雷帝"。但还有另外一个说法：这个人脾气暴躁，容不得人。最典型的例子是他在王宫里看见他的儿媳衣着单薄，认为她轻佻，便要打她。儿媳吓得流产了，结果他儿子很不高兴，就去找父亲理论。伊凡四世正在气头上，拿起手中的权杖砸儿子的脑袋，结果就把儿子砸死了。这就是伊凡雷帝，可见他有多么"雷"。但这么一打皇位继承人就没有了，引发了后来的一系列麻烦。

在伊凡雷帝统治下，沙皇制度开始形成，到彼得一世时期最后成型，俄罗斯也正式称为"帝国"。沙皇专制指的是沙皇的绝对统治，简单地说，是沙皇拥有至高无上的权力，他的命令就是法律，任何人不得违背。俄罗

列宾的名画《伊凡雷帝杀子》

斯的法律对沙皇的这种地位做出过明确规定,其中说任何人反对沙皇,即便用语言反对,也可以被处死。

伊凡四世统治时期最重要的特点,是打击王公贵族,没收他们的土地,消灭他们的人身。据说有4000多家世袭贵族被消灭,可见其打击面有多宽。通过消灭贵族,封建分裂的力量被大大削弱,权力向沙皇手里集中。我们知道集权的过程在英、法这些西欧国家也曾出现过,只不过采用的方式未必一致。比如在英国,军事领地贵族是在红白玫瑰战争中自我消灭的;在法国,路易十四用恩威并重的手法制服贵族,剥夺贵族的影响力。俄罗斯的这个过程很凶残,与伊凡四世这个人有关。不管用什么方法,结果都是一样的,即铲除分裂势力,加强中央集权。我们知道,这就是欧洲摆脱封建制度、构建民族国家的第一步。在俄罗斯,权力集中的过程一直持续,到彼得一世时期,对贵族的控制就更进一步。彼得规定所有贵族都是沙皇的臣仆,必须为沙皇服务,其中三分之二的人要加入军队做军官,其余三分之一进入政府部门做文官。这样,贵族作为一个整体就被纳入国家公务体系中去了,从皇权的潜在对手变成了沙皇统治的工具。

西方教科书把沙皇制度说成是东方"专制主义"(despotism),这是个贬义词,而西方的"专制制度"(absolutism,直译是"绝对主义"),是个褒义词。两个不同的词都是指权力集中在君主手里,但一褒一贬,就把东方的专制王权说成是邪恶的,西方的专制王权却是合理的,例如英国的亨利八世、法国的路易十四这些人就成为可敬可爱的人了。由此知道在西方人的脑子里,专制统治也是有好有坏的,好坏的标准取决于它在西方还是在东方。这种萨义德式的"东方主义"衡量标准确实根深蒂固,几乎体现在西方思维模式的各个方面。

在西方的信念中,俄罗斯的专制主义根深蒂固,来源于200多年的蒙古人统治;蒙古人杀人如麻,嗜血如命,把残暴的基因留在了俄罗斯人的血液里。为说明这一点,人们还以俄罗斯的双头鹰为证,说那就是俄罗斯人的精神分裂症:一个头向东,一个头向西;既体现它的东方基因,又表达它对西方的仰慕。在很多西方人心目中,东方是专制的本源,西

伊凡三世印玺上的双头鹰徽

方则是民主的源流,因此东方专制主义和西方专制主义要用两个词来表达,一个是贬义的,另一个是褒义的。这当然不是历史的真实,而是西方的傲慢。一般认为西方词汇很少有褒贬色彩——也许是这样,但凡有关意识形态的问题还是有褒贬的,而且是悄悄褒贬;因为在一般人心目中,西语词汇是没有褒贬的,于是有了褒贬也无所知。至于双头鹰问题,前面说过,俄罗斯的双头鹰取自拜占庭,是拜占庭末代皇帝的侄女把它带到俄罗斯的。拜占庭的这只鹰,一个头向西,一个头向东,只是古代罗马皇帝君士坦丁迁都到君士坦丁堡时,为表示他同时关注帝国的东西两边——既关心东罗马,也关心西罗马——而设计的一个徽标,跟蒙古人毫无关系,那个时候还没有"蒙古人"呢。

那么沙皇制度是在什么情况下形成,以及它为什么表现得非常强力,而且历时长久?伊凡四世(1547—1584年在位)与英女王伊丽莎白一世(1558—1603年在位)及法王亨利四世(1589—1610年在位)的统治时期几乎重叠,这意味着俄罗斯的专制制度和英、法等国的专制制度在差不多的时间里形成。但英国专制制度在1688年光荣革命以后就消失了,法国则在1789年大革命爆发后消灭了专制王权,俄国的沙皇专制统治却到1917年

特辖军审讯犯人

才被推翻，是什么因素在起作用？

　　第一个因素是俄罗斯民族统一的需要。莫斯科大公国在统一过程中遭遇强大挑战，原先那些各行其是的大小公国，尽管被莫斯科大公国兼并了，但分裂的根子并未清除，作为分裂势力的体现，地方统治者仍然很有影响，并保有很强大的力量。如何处理这批人，即留里克时代留下的贵族，是一件很棘手的事，弄不好就酿成内乱，随时引发豪强反叛。为杜绝贵族叛乱之虞，伊凡四世大开杀戒，消灭了大量世袭贵族，并把余下的发配到边陲，让他们远离京师，免除心头之患。同时，伊凡四世又在经济政治中心附近设"特辖区"，将国有土地分封给一批新人，让他们成为小地主、小贵族，形成拱卫京师的态势。俄罗斯出现了许许多多的小地主和小贵族，他们就构成沙皇专制的社会基础；这些人的存在有赖于沙皇的保护，而沙皇制度的存在又有赖于他们的支持。可以说，这是沙皇制度长期存在的基本原因。俄罗斯专制王权的社会基础是中小贵族，这和西欧的情况是不相同的。在西欧，专制王权与新生的商业和城市力量结盟；俄罗斯专制王权形成的时候，商业和城市力量仍很弱小，甚至可以说没有，在这种情况下，以中小贵族抗衡大贵族，就是一种选择。

第二个因素是抵御周边国家的觊觎。俄罗斯周围有好几个强国：西北边是瑞典，当时是欧洲一霸，军事力量强悍；西面是波兰-立陶宛国家，它不仅与俄罗斯争夺东欧的控制权，而且两度派军队占领莫斯科，建立起傀儡政权。正是因为波兰-立陶宛的武装干涉，留里克王朝才演变成罗曼诺夫王朝，而这个王朝的专制统治一直延续到1917年爆发革命。进而，在莫斯科大公国崛起的初期，它的东面和南面是一批带有蒙古血统的伊斯兰教徒（鞑靼人）建立的国家，如喀山汗国、克里米亚汗国等，它们自称是金帐汗国的继承者，在很长时间里对抗俄罗斯。俄罗斯要不断和这些政权打仗，才能保护它的疆界安全。而当俄罗斯的势力最终到达黑海时，它碰到一个更强大的对手即奥斯曼帝国。奥斯曼军队曾一度打到维也纳城下，威胁着整个东欧。为争夺通向地中海的出海口，俄罗斯和奥斯曼帝国长期作战，仅仅是"克里米亚战争"就打过好几次。战争必定强化了沙皇的权力，也把俄罗斯培养成"战斗民族"。

但更重要的因素是俄罗斯扩张速度太快，导致其在摆脱外来控制后，不像西欧国家那样迅速形成民族国家，而是形成了庞大的帝国；按照列宁的说法，成了"各民族的监狱"。这就造成严重的"整合困境"，即内部差异性太大，很难整合。扩张的结果是，帝国境内存在着200多个不同的民族，分布在大约2300万平方千米土地上，各民族之间的差异很大：有些尚处在原始生存状态，属部落组织结构；有些则进入资本主义早期发展阶段，文明已达到一定高度。有些还在使用弓箭棍棒，有些已经使用火枪火炮。有些仍在刀耕火种，有些已卷入商品经济。有些在音乐美术方面大放光彩，有些却停留于在岩壁上刻画的阶段。宗教方面更是千差百异，有东正教、天主教、伊斯兰教、佛教、犹太教等等不一而足，再加上各种原始崇拜，类似于中国东北的萨满教等。各民族的语言不同，宗教不同，文化不同，历史不同，文字不同，思维方式不同，生活习惯不同，存在着无数的不同。对这样一个复杂多元的社会如何管理是一个大问题，到处都是矛盾，到处都可能冒火。更有甚者，那么多民族，那么多差异性，在短时间内突然被拉进同一个国家，使融合的过程难上加难。比较一下：中国现在有50多个民族组成一个大家庭，是历经5000年磨合才形成的；沙皇俄国几乎是在一瞬间就把200多个民族置于同一个政府管辖之下，除了高压，还能用什么办法呢？沙皇专制制度在很大程度上是由于这个原因形成的。

  以上三个因素把俄罗斯推上建立强大专制制度这条路，第一要对付传统的王公贵族，第二要应对强大的外部威胁，第三要控制住那200多个不同的民族。这三个因素都对俄罗斯后来的发展非常不利，却使俄罗斯确立了沙皇专制统治，并且长期延续。事实上，类似情况在西欧国家也出现过，英、法这些国家在建立早期民族国家的过程中也有相似经历。俄罗斯的历史并没有那么"异类"，英、法的历史也不是那样"标准"。历史的差异性和共同性是彼此交织的，不同国家、不同民族的历史轨迹既不可能完全不同，也不可能完全相同。以某几个国家的历史去衡量世界各地区、各民族，显然是不合适的。

  俄罗斯的问题是沙皇制度延续了太长的时间，如果从伊凡四世算起，到1917年爆发革命将近400年。但类似的现象在西方国家中也有存在，比如西班牙的专制制度从15世纪建国算起一直延续到20世纪，前后约500年；只不过西班牙作为世界大国早已衰落了，俄罗斯的大国地位却维持到现在。

  农奴制的存在保障了沙皇制度长期延续，农奴制和沙皇制是相互依存的。在中世纪，农奴制在许多欧洲国家都存在；不同的是，农奴制在俄罗斯出现比较晚，当俄罗斯的农奴制尚在形成时，西欧的农奴制已经快解体了。俄罗斯的农民一向组织在村社中，村社问题我们在下文会专门解说。但就在俄罗斯逐渐统一、沙皇制度出现的时候，农奴制也相伴形成，并且越来越强化，发展到在整个欧洲范围内都属于极端化的地步。伊凡三世时期就已规定：农民在一年中只有特定时间才能离开土地，而这段时间非常短。伊凡四世时期，随着沙皇制度确立，农民被完全固定在土地上，任何时候都不可离开。此后不久沙皇政府又对农奴的身份做出明确规定，凡是依附于地主或为他人做工者，都可被视为农奴，农奴若逃亡，则可被追回并且受到惩罚。1649年的法典是俄国农奴制度的集大成者，其中规定逃亡的农奴可被终身追捕，其财产被没收，其家庭被追讨，地主可对农奴进行拷打、监禁，具有全面的司法权。至此，农民完全失去人身自由及财产权利，必须完全服从领主。对比一下其他国家的情况：1649年这一年，英国处死了查理一世，法国已进入路易十四时代，西欧的农奴制早已解体了，农奴制已经变得非常不合时宜。

1649年《法律大全》规定地主有权鞭挞农奴

为什么在西欧农奴制早已解体时，俄罗斯的农奴制反而在加强？原因在于沙皇制，沙皇制的存在需要农奴制。前面说过，在欧洲西部那些国家，随着近代民族国家的形成，专制的权力也出现了。但专制王权的社会基础是什么？无论在早一点的葡萄牙或西班牙，还是晚一点的英国或法国，专制王权的社会基础都是城市和商业，是正在兴起的新社会阶层。但俄罗斯几乎没有城市，也没有商业，俄罗斯太落后了。有人说彼得一世登位时全俄罗斯只有30个像样的手工工场，与西欧比较简直不可想象。俄罗斯的专制制度不能像西方那样去依靠城市和商业，与它们结成同盟，共同反对封建领主，可是一个没有社会基础的政权是站不稳的。于是我们看到：专制的沙皇依靠中小贵族来抗衡大贵族，这是与西欧完全不同的。中小贵族是从社会的中层提拔起来的，其中有些人可能因为军功，另外一些人为沙皇效力、做了些什么，沙皇给他们奖赏，给他们土地，给他们财产，让他们拱卫京师。这些人对沙皇言听计从，成为沙皇制度的坚定护卫者。俄国的贵族有数十万之众，几乎数不清，正是这些小贵族和小地主们形成了沙皇专制的社会基础。和欧洲西部作对比，俄国的情况是非常特殊的。

但贵族的利益在哪里，贵族的财产是什么？显然是土地。贵族的标志是有土地，没有土地谈不上贵族。但有了土地就产生财富了吗？未见得，还需要有人，有了人才能种地，种了地才产生财富；种地的人是农民，因此农民是不可缺少的。但俄罗斯地广人稀，土地太多，人又太少，很多偏远地区根本没有人，农民如果跑到那些地方去就很容易躲避追捕，并且生存下去，开垦新的土地；"哥萨克"这个社会群体就是主要由逃亡农民组成的。所以，把农民留在土地上，不让他们流动，对贵族来说至关重要；而沙皇则必须满足贵族的要求，因为沙皇的社会基础是千千万万的中小贵族。这样，严厉的农奴制就成了沙俄帝国存在的必要条件了。正因为如此，俄罗斯的农奴制就一直延续下来，并且不断加强。

沙皇制与农奴制如影随形，成为俄罗斯帝国的两大支柱；农奴制在沙皇俄国形成和壮大的过程中发挥着作用，却也为它后来的衰变埋下了隐患。

— 向现代世界靠拢 —

伊凡四世之子费奥多尔一世去世后国家发生内乱，波兰-立陶宛国家趁乱而入，开始进攻并在短期内控制了莫斯科，先后扶持了两个伪沙皇。这段历史说明沙皇国家在俄罗斯还不巩固，需要加强。这样就出现了罗曼诺夫王朝，俄罗斯历史上第二个王朝，也是最后一个王朝。这个王朝的第五位君主是真正巩固了沙皇专制制度，并奠定俄罗斯强大地位的一个人，他被授予"大帝"称号，并将俄罗斯改称为"帝国"。这个人是彼得一世，一般称他为"彼得大帝"。他的统治时期与法国路易十四在很大程度上重叠，有趣的是，和中国的康熙大帝、印度的奥朗则布大帝也几乎同时。在世界历史上，那真是个"大帝"辈出的时代，是专制主义盛行的时代。从这个角度理解当时的俄罗斯，其实并不特殊。

但彼得一世最重要的历史功绩并不是把俄罗斯推向了专制主义高峰，而是把俄罗斯带进了现代世界。迄至当时，俄罗斯在整个欧洲都是落后的，它在政治、经济、军事和文化各方面都不敌西欧各国——当时的欧洲，越往东越落后，而俄罗斯就在欧洲的最东端。为了改变俄罗斯的落后面貌，彼得发动了西化运动，也就是向西方学习。在全世界范围内，这是第一次在国家层面学习西方并试图赶超西方；对俄罗斯来说，则是现代化的起点。

学西方是被逼出来的。当时西欧大部分地区已进入重商主义时代，其技术水平和经济水平远超俄罗斯。西方国家在地理大发现时期纷纷进入海洋，而海上活动的兴衰就决定了国家的强弱。俄罗斯曾经是一个内陆国家，与海洋活动完全无涉，其大部分地区还处在封闭的农业状态中，商业贸易极其薄弱。这种情况决定了俄罗斯的落后地位，在西方人眼里，俄罗斯是一个野蛮国家。彼得是最早意识到俄罗斯落后的沙皇，他下决心改变这种状态，将俄罗斯改造成可以与西方匹敌的先进国家。为此，他要为俄罗斯夺取出海口。离莫斯科最近的海洋是波罗的海，而波罗的海当时掌握在瑞典手里。为了夺取出海口，他在涅瓦河口新建了一座城市，并将首都迁往该处，这就是濒临海边的圣彼得堡。这个地方起先只是一个渔村，彼得以此为基地，建立了俄罗斯海军，发动了北方战争，经过21年的战斗剥夺了瑞典的制海权，使俄罗斯跻身于大国之列。所有这一切为的就是摆脱俄罗斯的落后面貌，为了做到这一点，他下决心向西方学习——这就是彼得一世"西化运动"的背景。

彼得大帝

大家都听说过这个故事。沙皇彼得向西方派出一个代表团，名为考察，实为他亲自去西欧国家了解情况，亲身体验西方的现状。他假扮成随员与代表团同行，在荷兰和英国的造船厂学习造船技术，亲自拉锯子、敲钉子，诚心诚意拜工人为师。这是一个真实的故事。可是为什么去造船厂，彼得一世想做什么？许多书上似乎没有讲清楚。但如果把学习造船和建立海军、

彼得大帝将胡子看作俄国落后、抗拒其改革的象征，禁止俄国男子蓄胡，并对留胡子的人征税

夺取出海口联系起来，答案就清楚了。彼得一世的全部改革都围绕一个主题：打造强大的俄罗斯，使它成为欧洲大国。他的改革涉及方方面面，包括强化中央集权、推行重商主义、发展工商业、清除陈规陋习、学习西方文化、改变生活方式等等。有一些故事是非常著名的。比如要求贵族剪胡子，不愿服从的，他可以亲自动手为贵族剪；要求贵族穿西服、学跳舞、用刀叉，不愿服从的，就严加惩罚。他的儿子反对西化改革，坚持俄罗斯传统，结果遭诛杀。

　　彼得一世的西化政策是强制性的，这就开启了一个先例：俄罗斯现代化是强制性的、后发的现代化。彼得一世改革紧紧围绕两个中心，一是建立强大的军队，二是建立强大的政府；目的是把俄罗斯带上重商主义道路，改造落后的俄罗斯。在此，我们又一次见到重商主义和专制主义是紧密联系的，因此俄罗斯的彼得一世时代和法国的路易十四时代、英国的都铎王朝时代一样，既是专制主义的，也是重商主义的。彼得一世登位时，俄罗斯只有大约30个手工工场；到他统治结束时，已经有将近300个工场了，有些工场规模相当大，工人上千，这些就是以后俄罗斯工业化的基础。但在农奴制束缚下工人从哪里来？于是俄罗斯出现一个怪现象：早期工场工人是工场主从农奴主手里租来的，甚至工场主本人都可能是农奴身份，他们向农奴主交钱，以换取开办工场和租用农奴的权利。俄罗斯的现代化从一开始就和西方国家不同，那是一条俄罗斯的现代化之路。

　　彼得一世去世之后连续出现一批弱势统治者，其改革成果几乎完全被推翻，国内又出现混乱局面，宫廷里阴谋诡计、争权夺利的把戏又出来了。在这种情况下，出现了第二位强势君主——叶卡捷琳娜二世。由于她的出现，彼得一世的强国政策才得以延续，俄罗斯继续了现代化改革之路。叶卡捷琳娜是俄罗斯历史上第二位也是最后一位被赋予"大帝"之称号的人，其功绩就在于她坚持了现代化改革的方向。

叶卡捷琳娜是个传奇性人物，她不是俄罗斯人，而是德意志人，是普鲁士一个小贵族的女儿，年轻时因为机缘巧合被许配给俄罗斯的皇太子，然后就远嫁俄罗斯。刚到俄罗斯时，她对这个将要在此生活一辈子的国家一无所知，连一句俄语都不会说。但就是这样一个人，居然成了俄国历史上最伟大的沙皇之一，并且是欧洲历史上号称"开明专制"的一个代表人

叶卡捷琳娜大帝

物。叶卡捷琳娜毅力刚强，天赋很高，据说到俄罗斯之后，每天一大早起床拿着词典背单词，三年后就能说流利的俄语，完全没有外来口音。1762年她参与禁卫军政变，推翻自己的丈夫，成为新的女皇。

叶卡捷琳娜在位的时代是启蒙的时代。英国光荣革命已经过去近百年，君主立宪制已为世人熟悉；法国启蒙运动已经形成气候，在整个欧洲广泛传播。在她的故乡普鲁士，腓特烈二世发动大规模改革，开启了所谓的"开明专制"。在那个时候，君权神授的理论早已过时了，如果有君主说他的权力是上帝给的，那就一定要遭到世人的讪笑。于是，一个从普鲁士来的德意志女子，靠政变攫取权力，用什么办法来证明自己统治的合法性呢？那就只有启蒙思想了。由于生长在普鲁士，她幼年就受到启蒙思想的影响，和启蒙思想家有书信来往，这些来往一直维持到她登位当女皇；她甚至把狄德罗的私人藏书预先买下来，在狄德罗死后就由人转送到俄罗斯。登位之初，她满嘴都是启蒙语言，例如权利、国民、君主是国家公仆等等。她还下令召开立宪委员会，为俄罗斯制定宪法。如果这部宪法真的

颁布了，俄罗斯真的立宪了，那是要震动整个欧洲的。但在那个时代这是不可能实现的。其原因一是俄罗斯不存在这样的土壤，俄罗斯的专制制度尚未危殆；二是在叶卡捷琳娜进行种种改革的时候，俄国爆发历史上最大规模的一次农民起义，即普加乔夫起义。起义席卷了俄罗斯欧洲部分的大片地区，对沙皇、沙皇国家和沙皇制度造成巨大冲击，叶卡捷琳娜的立宪改革因此戛然而止，沙皇专制制度则延续下去。其实，当时的俄罗斯帝国正在剧烈扩张，大片新领土被卷入帝国，扩张是在沙皇制度的保障下进行的，立宪的意图显然不合适。

在其他方面，叶卡捷琳娜则继承了彼得一世的改革，引导俄罗斯学习西方。在她统治时期，俄罗斯继续执行"西化"政策，学习西方的工商业、经济体制，以及文化科学教育。莫斯科大学就是在她的支持下建立起来的，那是一所非常好的学校，为俄罗斯培养了大量优秀人才。在她的影响下，启蒙思想在社会上层广为传播，也为后来的制度变革奠定了基础。叶卡捷琳娜离世的时候，西化政策似乎已经不可动摇，但一个根本问题并没有解决：俄罗斯今后走哪条路——是完全西化，还是探索俄罗斯自己的方向？这个问题在俄罗斯人的心灵深处一直发酵，不仅存在于叶卡捷琳娜那个时代，也存在到今天。

— 西方还是东方？—

改革在俄罗斯内部引起很大争论，很多人事实上是反对改革的，特别在统治阶层中改革的阻力很大。彼得一世去世后他的很多改革被颠覆，叶卡捷琳娜二世接过彼得一世的接力棒，使改革能够继续进行，但在叶卡捷琳娜去世后，也出现新的反复。

叶卡捷琳娜统治时期（1762—1796年）是一个特殊的时期：第一，启蒙运动在法国深化，而且传向整个欧洲，连俄罗斯宫廷都受到影响，许多贵族了解其精义；第二，法国大革命爆发了，作为启蒙运动的直接结果，震动了欧洲，也包括各国宫廷。在这个背景下，关于俄罗斯今后向哪个方向发展就成为非常重要的问题；俄罗斯思想界开始出现激烈争论，争论的焦点是：俄罗斯向何处去？向西方，还是向东方？无论彼得还是叶卡捷琳娜，他们都指出一个方向，就是学习西方、以西方为师。但学什么、怎么学、为什么学、在多大程度上学，不同的人是有不同理解的。

彼得一世和叶卡捷琳娜二世的改革都没有触及俄罗斯两个根本性的制度，一是沙皇专制，二是农奴制。这两个制度成了俄罗斯国家发展的桎梏：既要向西方学习，又不能触及俄罗斯的根本制度。这条路怎么走？走到哪里去？这些就成了很大的问题。争论中形成两大派别，出现了所谓的"斯拉夫派"和"西方派"。两派争论开启了俄罗斯从那个时候起一直到现在的精神分裂，俄罗斯人始终在问：我们到哪里去？为什么去？这不是短期的质问，而是历史的质问，至今仍未结束。

最早的质问表现在斯拉夫派和西方派的争论中。所谓斯拉夫派，就是要维护斯拉夫人或俄罗斯人的本质特征，维护俄罗斯的特殊性，即"俄罗斯性"。西方派的意思十分清楚，那就是"西方化"，在俄罗斯语境下就是全盘西化，把西方的一切都拿过来，将俄罗斯改造成西方国家。西方派完全否定俄罗斯传统，否定俄罗斯文化的存在意义，认为只有全盘西化才能改变俄罗斯，把俄罗斯从落后状态中改造出来。对俄罗斯文化的全盘否定激怒了斯拉夫派，因为斯拉夫派的主要立场就是维护俄罗斯的特性，主张在俄罗斯传统中寻找向现代社会发展的动力。

两个派别的争论主要发生在19世纪三四十年代。之后，性质相同的争论一直在进行，并且从纯粹的思想争论延伸到行动。19世纪中叶，争论发生在革命民主主义和俄罗斯自由主义之间，尽管派别的名称发生变化，但争论的实质仍然是俄罗斯向哪里去。革命民主主义坚信俄罗斯有其特殊性，有它独特的历史传统和文化传统，这些传统决定了俄罗斯只能走自己的路，为自己寻找发展的方向。而俄罗斯自由主义对此嗤之以鼻，坚称俄罗斯传统是没有用的，过去的东西都已经过时，因此是落后的、陈旧的、保守的，只有把西方自由主义拿过来，毫不犹豫地走西方的路，才能解决一切问题。由此可见，争论的实质没有变，争论的焦点仍然是俄罗斯的发展方向。在此，我们需要了解革命民主主义所说的俄罗斯传统主要指什么，这对于了解俄罗斯日后的发展道路至关重要。

俄罗斯国家形成很晚，国家成熟的过程也很缓慢，俄罗斯社会长期保留着村社结构，村社是社会组成的基本单位。村社这种结构在世界上很多地方都存在过，特别是在人类早期历史上能看见。但俄罗斯的村社长期存在，即使是在封建社会领主土地所有制时代，村社仍然是农村的基本社会结构。然而什么是村社？村社是一种农村共同体，其基础是共同的土地使用权。如果我们绕开所有制问题来看待村社，那么一个村庄的土地在相当程度上是"公用"的，虽说并不是"公有"。土地定期在村社成员中进行分配，每过几年就重新分配一次。在封建制度下，土地连同土地上的农民一起被封授给贵族，贵族领有封地，农民则是贵族的农奴（也可能是国家农奴、皇室农奴），但农民与村社的关系并不变，农民都是村社成员，接受村社管理。所以村社和封建制度不发生冲突，它们可以相互配合。俄罗斯的这种情况与西欧不同，西欧的村社在日耳曼人入侵罗马之后就逐渐消失了，形成纯粹的领主-农奴关系。

在俄罗斯村社制度下，土地耕种是集体性质的，所有农活一起干，每一个人都参与劳动。从耕种到收获，村社负责管理农活，也负责排解纠纷，还负责向国家或领主缴纳租税，并且分配收成。为此，村社就要有自己的管理人员，管理人员是村社所有男性成员选举出来的，为村社公共事务服务，带有原始民主主义色彩。

所以说，俄罗斯的村社其实就是农村公社。它讲究两个基本原则：第一是集体主义原则。大家在一起生活，一起劳动，一起分配，所有事务都是大家在一起，谁也离不开谁，

村社会议

个人离不开集体，集体是每个人的集体，这就是集体主义。集体主义原则非常强大。第二是平均主义原则，尤其表现在定期分配土地上。它担心土地的长期占用或买卖拉开贫富差距，也担心因丧失土地而造成赤贫。村社机制把不断拉开的贫富差距又不断拉平，拉平到所有人都可以接受的程度，这就是平均主义。村社在俄罗斯历史上一直存在，也就使集体主义和平均主义两大价值观浸透到社会根基。

　　理解这一点对理解俄罗斯的发展道路十分重要。前面讲到俄罗斯思想界一直在争论俄罗斯应该向哪里去，应该走什么路；也讲到斯拉夫派和革命民主主义都认为俄罗斯和西方不同，它有自己的历史传统，有自己的文化，不能简单地模仿西方和全盘西化，不能把西方的东西照搬过来，不加分析地囫囵吞枣。他们的立场有一个背景，就是西方所面临的双重困境。一方面，19世纪三四十年代，英国工业革命基本完成，西欧其他国家工业化开始起步，如火如荼地发展近代大工业，经济快速发展，财富大量积累；另一方面，社会发生急剧变化，两极分化愈演愈烈，贫富差距越拉越大，劳动民众经历着无穷苦难，而且社会越富裕，人民就越痛苦，工人阶级开始争取自己的权益，反抗资本主义。在这种情况下，新理论和新思潮不断出现，形成了形形色色的社会主义学说，其中包括英国的欧文主义，法国的蒲鲁东主义，德国的拉萨尔主义，等等。这些学说都认为资本主义是不合理的，是人吃人的制度；它们批判资本主义，提倡社会主义，要求平等，倡导平均分配社会财富。西方的现实对俄罗斯来说恰如一面镜子，很多知识分子认为俄罗斯不能走西方资本主义的路，应该寻找自己的前进方向。

　　于是，这些人就想起了村社，村社是俄罗斯的天赐之物。村社的两个基本原则，即集体主义和平均主义，恰恰和社会主义理想吻合，因此在俄罗斯，社会主义可以找到它的基础。许多知识分子认为：西方走资本主义发展道路，结果是社会问题丛生，无数民众经受苦难；俄罗斯不能这样走，而应该绕开资本主义，一步跨入社会主义。他们认为俄罗斯具备这个条件，那就是村社机制。对俄罗斯的社会主义知识分子来说，从村社主义直接进入社会主义，这在俄罗斯是可行的——这就是俄罗斯的特殊性、俄罗斯的特殊道路。这种思潮最主要的代表人物是赫尔岑。这个人在俄罗斯思想史上有巨大影响，被视为革命民主主义的奠基者，他的思想影响了整整一代人，其中包括列宁。和赫尔岑同时或稍晚的还有别林斯基和车尔尼雪夫斯基等，这些人对俄罗斯人心灵的塑造，无论如何评价都不为高。俄罗斯后来的历史发展，确实是从这些人的思想探索开始的。

赫尔岑

与这种思潮对立的是俄罗斯自由主义。它主张全盘西化，认为西方道路是唯一正确的，为俄罗斯指明了方向，俄罗斯不需要花力气去寻找所谓的特殊道路，直接把西方样板搬过来就行了。比如，英国有瓦特，就把瓦特搬过来；英国有蒸汽机，就把蒸汽机搬过来；英国有议会和政党，俄罗斯依葫芦画瓢，搬过来就可以，其他不需要多想——这就是西方派。西方派和俄罗斯本土派的思想对立非常严重，并始终贯穿于俄罗斯后来的历史中。

马克思主义传入俄国后，对马克思主义也有两种不同态度：一种坚持马克思学说的"正统性"，在字面意义上理解马克思主义；另一种将马克思主义看作思想指导，只有与俄罗斯实际情况相结合，才能将其付诸实践。两种态度的背后其实是自斯拉夫派和西方派之间的争论开始后，一直存在于俄罗斯人心灵深处的两条路线之争。列宁将马克思主义放在俄罗斯的社会现实中进行思考，从而产生了列宁主义。这样，在俄罗斯就出现了两种马克思主义：一种是西欧"正统"马克思主义，以普列汉诺夫为代表；另一种是俄罗斯本土化的马克思主义，以列宁为代表。正因为有列宁主义的存在，俄罗斯才走上十月革命的道路，并开创了世界上第一个社会主义国家。

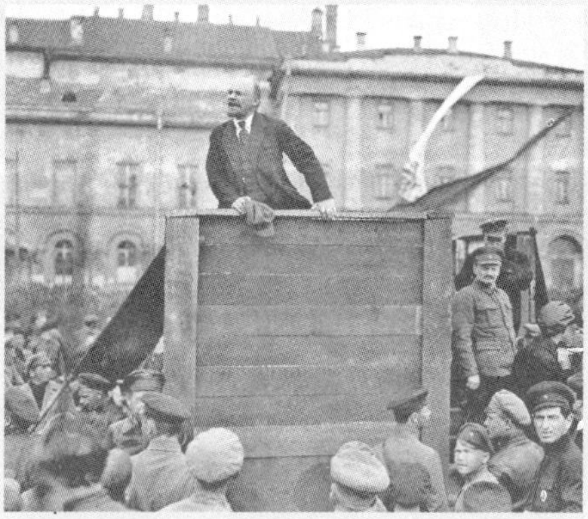

苏联用十几年时间超速完成工业化，发展成世界第二大经济体。

那个时候，苏联的国际影响登峰造极，不仅社会主义国家，民族解放运动也都以苏联为楷模，只要有民族独立，都会有苏联支持；所以苏联大旗一扬，亚非拉一大批国家都是它的同盟军。强大的国际影响力得益于强大的经济实力，归功于社会主义经济建设。

第十二讲

苏联（下）
社会主义世界大国

◎ 战争、改革与革命

◎ 社会主义国家道路

◎ 社会主义经济建设

◎ 苏联解体及其后

回顾上一次讲课内容：俄罗斯国家出现很晚，在历史上曾经遭受其他民族的侵略和统治，在驱逐外来侵略者之后，以莫斯科大公国为中心的俄罗斯统一国家最终形成。这个情况，和我们说过的其他国家没有根本性区别，应该说是几乎一样的。我们一直在说，如果没有统一的、独立的、自主的民族国家出现，没有强大的中央政府，任何国家想发展，甚至成为世界大国，都是绝对不可能的，所以在这方面俄罗斯并不特殊。俄罗斯的不同之处在于，统一后它迅速扩张，短期内膨胀成庞大帝国，这个帝国的幅员之大和内部差异性之大都是前所未有的。于是这就促成了两个制度的出现和长期延续：一是沙皇制，二是农奴制。这两种制度虽说都不是俄罗斯所独有，其他欧洲国家也都有过，但它们的表现形式和存在时间却是俄罗斯的独特之点。两种制度互为表里，相互支持，尽管作为历史现象是有其原因的，但正是这两种制度的长期存在拖累了俄罗斯的发展，使其长时间落后。为改变落后状态，俄罗斯的统治者开始向西方学习，即所谓"西化"；其中最著名的两位沙皇，一个是彼得一世，另一个是叶卡捷琳娜二世。但无论是彼得一世的改革，还是叶卡捷琳娜二世的改革，都没有触动俄罗斯的制度根基，即沙皇制和农奴制。结果，虽说改革大大推动了俄罗斯的现代化，却没有从根本上改变俄罗斯的落后面貌。正是在这种背景下，俄罗斯走进一个新的世纪——19世纪。

— 战争、改革与革命 —

亚历山大一世在位时是一个特殊的时代，其在位25年，有五分之三时间欧洲处在战争中，即拿破仑战争。由于战争，启蒙思想冲出了法国边界，在整个欧洲传播，自然也影响了俄罗斯。叶卡捷琳娜二世已经把启蒙思想引进俄罗斯，执行所谓的开明专制。以此为背景，亚历山大登位后就表示要继续改革，甚至说要立宪。他委托斯佩兰斯基伯爵规划改革方案，甚至起草了"宪法"文本，但迫于国外战争和国内反对的压力，他又改变了态度，不再支持改革，斯佩兰斯基伯爵也被解职。改革的失败直接导致一个事件，即十二月党人起义，发生在1825年。发动起义的是一批贵族青年军官，他们趁亚历山大一世刚刚去世、国内政局混乱的时刻进行兵谏，要求改变专制制度，实行立宪。这些军官都受过启蒙思想的熏陶，都认为只有停止专制统治才能改变俄罗斯的落后状态。但起义被残暴镇压，新任沙皇尼古拉一世下令向聚集在参政院广场的起义军队开炮，当场打死很多人，然后又处死为首者，流放了一大批人。十二月党人起义是一次贵族革命，参加者都属于统治阶层，他们受到西方（主要来自法国）的思想影响，试图用暴力推翻沙皇专制。这次起义是俄罗斯历史上第一次革命，标志着俄国走革命道路的起点。

从这个时候起，俄罗斯历史就呈现出非常有趣的现象，战争、改革、

沙皇军队镇压十二月党人起义

革命三者纠缠，轮流坐庄：战争的挫败会刺激统治集团，就有人站出来试图改革；一旦改革不成功或者未能如预期，就会引发革命；而革命一定预示着战争。这种现象在彼得一世时期就已经出现了。当年彼得一世之所以下决心向西方学习，发动影响深远的改革运动，就是因为战争不利，清楚地暴露了俄罗斯的落后，刺激了彼得的改革意志。到亚历山大一世时期就更加明显了：拿破仑战争促使沙皇考虑改革，而改革意图的抛弃则引发革命。虽然十二月党人的革命尝试显得幼稚、不成熟，对专制政府的实质认识不清，但他们的勇气则开启了俄国革命的先河，以后，革命的火山口随时可能爆发。

十二月党人试图改变沙皇专制统治，因为它是俄罗斯落后的一个制度性因素；另一个因素是农奴制，两个因素相互依赖，有其一必有其二，这个情况在前面已经介绍过了。但到19世纪中叶，情况发生变化，一场克里

克里米亚战争初期,俄国舰队在1853年11月30日的锡诺普海战中大败奥斯曼舰队,不久后英、法为遏制俄国而参战

米亚战争改变了俄罗斯。当时沙皇政府以保护东正教为名对奥斯曼帝国发动战争,战争的实质是争夺黑海控制权,以及俄罗斯通过土耳其海峡进入地中海的权利。土耳其海峡的地缘政治重要性是无可比拟的,因此俄土战争爆发引起英、法等西方国家的高度注意。西方国家不能允许俄罗斯的势力进入地中海,前面说过这个问题;所以当奥斯曼军队接连打败仗的时候,英、法就派军队直接介入战争,使战争成为以俄罗斯为一方,英、法、土等为另一方的国际战争。战争中各方表现都不佳,但最终俄罗斯战败,丢掉了对土耳其海峡的控制权。

战争的失败沉重打击了沙皇制度,俄罗斯为争夺克里米亚曾打过许多次仗,而这一次失败不仅丢掉了自彼得一世以来的胜利成果,而且动摇了沙皇制度。尼古拉一世因不能接受失败的事实而自杀,这是个明显的信号,说明俄罗斯的制度问题已经病入膏肓。战争中,英、法军队也极其无能,

农民们阅读解放农奴法令

比如英国军队的贪污腐败、裙带关系、指挥系统混乱等情况屡遭诟病。但英、法的问题不是根本性的制度问题，战后两国都在一定程度上进行军事改革，取得了不错的效果。俄罗斯面临的却是根本性问题，它体现了制度的落伍。继任沙皇亚历山大二世意识到这一点，不久他就发动了声势浩大的改革运动，改革涉及很多方面，其中最引人注目的是废除农奴制。

1861年3月，亚历山大二世下达解放农奴法令，将存在了几百年的农奴制废除了，这是俄罗斯向现代社会迈出的重要一步，俄罗斯终于要摆脱中世纪的羁绊了。按照法令的规定，在全俄范围内解放农奴，给农民人身自由，农民可以自由离开土地，自由迁徙，自由选择职业，取得独立的司法地位；贵族应放弃对农民的约束权，但作为补偿，他们从农民那里得到土地赎买金。农民可以买下他们耕种土地的大约三分之一，购买的地价远超当时的市场价，其余三分之二土地就完全归贵族所有。由于大多数农民

| 第十二讲 | 苏联（下）：社会主义世界大国 |

还不起赎买金,所以只能到城市打工,成为俄罗斯第一代产业工人。解放农奴的社会成果是巨大的,它虽然不是暴力革命,但影响不亚于一次暴力革命。

从资本主义发展角度看,解放农奴有双重意义。首先,它给了贵族一个机会,让他们把土地转化为资本,这对于所有的贵族都是有利的。他们一方面得到了完整的土地所有权,另一方面又获得一大笔资本,只要他们愿意,就可以创办企业、开办工厂、投资各种营利事业。正因为如此,贵族们都不反对解放农奴,让亚历山大的改革顺利进行。其次,农民被释放出来,为工业所需的劳动力提供了充足的储备。于是,资本主义工业化所需要的两个要素,一是资本,二是劳动力,就因农奴解放而同时具备。这以后,俄罗斯的工业化就迅速起步了。经过约40年的快速发展,到20世纪初,俄罗斯成为欧洲第四大、世界第五大经济体,紧跟在美、德、英、法之后。这40年间俄罗斯年均经济(GDP)增长率是2.5%—3%,考虑到英国工业革命时期几十年的年平均增长率也只有3%,这是个非常好的数字。这样,俄罗斯就是一个真正的"大国"了。如果说近100年前打败拿破仑时,俄罗斯的落后让西方人惊讶,以致拿破仑打到莫斯科才发现俄罗斯是个"没有心脏的国家";那么到20世纪开始时,俄罗斯的工业化已经如火如荼了,这得益于废除农奴制。

但另一个落后制度不仅延续,在一定程度上甚至强化了,那就是沙皇制。亚历山大二世被视为"好沙皇",受爱戴的程度相当高,这种情况让一部分革命民主主义者十分失望。他们坚信沙皇制是俄罗斯落后的根本原因,而沙皇制本身就是落后的表现。他们相信沙皇制之所以延续,是因为俄罗斯民智未开,老百姓(尤其是农民)没有觉悟,农奴解放让农民得到了眼前的好处,却不明白最大的危害正是沙皇制度。19世纪七八十年代,革命民主主义向民粹主义转变。民粹主义者提倡到民间去,去开化老百姓,向他们启蒙。民粹主义者要让老百姓知道自己为什么穷,为什么受欺负、受压迫,俄罗斯为什么落后,不如其他国家。他们要人民睁开眼睛,然后通过自己的努力解放自己，并改造俄国！为了动员群众、教育农民，民粹主义者（主要是知识分子、大学生）就穿起农民的老羊皮袄走到乡下去，与当地人同吃、同住、同生活、同劳动。他们去跟农民说话，告诉农民人民的苦难，宣传鼓动人民团结起来进行斗争，打倒沙皇、打倒政府。可是农民听不懂他们说什么，反而认为沙皇制度挺好的，沙皇是人民的父亲。农民们问：为什么要团结起来解放自己？那是不用的，我们祖祖辈辈、世世代代生活在农村，现在已经获得解放，大家都很好啊！还有，为什么要接受教育？东正教神父天天给我们讲《圣经》，大家都受过很好的教育

亚历山大二世与妻子、儿子（即后来的亚历山大三世）

了，不需要再教育了！至于人民的痛苦，是的，大家都很痛苦，但痛苦是很正常的，我们能够应付！"到民间去"这条路没走通，民粹主义失败了。

这以后，从民粹主义中滋生出一个派别，叫民意党，它主张用革命的手段推翻沙皇制度，具体办法就是行刺沙皇。经过多次行刺图谋失败之后，民意党终于在1881年刺杀了"好沙皇"亚历山大二世。当时他正准备进行宪政改革，用自上而下的方法将俄罗斯改造成立宪国家。民意党本意是用刺杀行动来改造俄罗斯，结果却使改革的进程戛然而止。

接替皇位的亚历山大三世实行全面反动，他的逻辑是：既然改革不讨好，"好沙皇"还被暗杀了，那就干脆不改革，从改革的方向全面后退。他在位时期致力于加强专制统治，高压态势愈演愈烈，沙皇专制制度显然已

—社会主义国家道路—

经难以为继了；但在他以及他的继承人尼古拉二世统治下，专制制度似乎正在起死回生。在这种情况下，那些希望改变俄国，把俄罗斯变成一个真正的现代国家的人开始寻找新的道路，这样就出现了马克思主义在俄国的传播。俄罗斯本土的"社会主义"即革命民主主义碰壁了，那么西方的社会主义能不能拯救俄罗斯？这是历史提出的下一个课题。

最早传播马克思主义的不是列宁，而是普列汉诺夫。普列汉诺夫曾经是民粹派，参加过"到民间去"运动。运动失败后许多民粹派转变为民意党人，但普列汉诺夫脱离了民粹派流亡西欧，在那里接受了马克思主义，并将《共产党宣言》翻译成俄文。这是马克思主义在俄罗斯传播的第一次努力。后来他又和同志们翻译了马克思、恩格斯的许多著作，将马克思主义介绍到俄罗斯。他还创建并领导了"劳动解放社"，这是俄罗斯第一个马克思主义政治团体；他是俄国社会民主工党的早期领导人之一，正是从这个党中，产生了布尔什维克党，即后来的苏联共产党。列宁曾高度评价普列汉诺夫，认可他在传播马克思主义过程中的巨大贡献；但后来两人产生分歧，其中最大的分歧是，在俄罗斯这样一个落后的国家，是不是应该发动无产阶级革命，以及能不能实现社会主义。普列汉诺夫认为，俄国资本主义发育不全，无产阶级不够壮大，只有等资本主义得到充分发展了，才有可能进入社会主义。因此他对十月革命持反对态度，主张先发展资本主义，无产阶级政党可以起监督作用，不让资本主义造成太大的伤害。这些观点

普列汉诺夫

306 | 风起云飞扬 |

反映了西欧工人党派的"正统"立场,表达了在马克思、恩格斯逝世后掌握社会主义运动领导权的伯恩斯坦、考茨基这些人的思想;尽管普列汉诺夫和这些人也有分歧,但和列宁的想法完全不同。

列宁认为,伯恩斯坦、考茨基这些人背离了马克思主义,是修正主义者;马克思、恩格斯思想的核心是无产阶级夺取政权,建立无产阶级专政国家。列宁主张用暴力推翻资本主义社会,用革命的手段改造社会。他指出社会主义革命会首先爆发在资本主义最薄弱的环节上,这个环节恰恰就是俄罗斯。他不同意社会主义革命应该在发达资本主义国家同时发生的说法,而坚信,社会主义可以在一个国家首先实现,这个国家将引领全世界的无产阶级革命。他强调领导革命的应该是无产阶级坚强的先锋队,也就是无产阶级革命政党;这个党是由职业革命家组成的,实行严格的组织纪律,全党服从中央。以上这些构成了列宁主义的基本内容,这也是第三国际(共产国际)和第二国际(社会主义国际)的根本分歧所在。1903年,俄国社会民主工党第二次代表大会上,列宁的观点得到多数人支持,由此而形成布尔什维克党("布尔什维克"在俄语中的意思是"多数派")。列宁的思想体现着马克思主义的俄国化,俄国马克思主义者和西欧社会民主党分道扬镳;列宁与普列汉诺夫之间的争论,在很大程度上又延续着自斯拉夫派和西方派争论以来一直存在的两条路线分歧,列宁代表着俄罗斯本土的马克思主义者,普列汉诺夫则代表了西欧派。

国内外形势变化促使革命时机迅速成熟。1904年爆发日俄战争,这场战争是沙皇俄国和明治维新以后的日本争夺中国东北和朝鲜的一场战争,主要在中国领土上作战。战争结果俄罗斯大败,被迫接受日本的停战条件,丢掉了在中国东北的优势地位。这对俄罗斯是重大打击,不仅因为它丢掉了巨大的经济利益,而且因为它被一个刚刚崛起的非白种人国家打败,是非常丢面子的事。与以往一样,战争失败触发了国内危机,数百万工人罢工、走上街头示威,有些地方甚至发生武装起义。在强大的压力下,沙皇政府宣布进行立宪改革,并下令召开国家杜马,即立法会议,相当于西方

1905年陷落于日军之手的旅顺港,旅顺会战是日俄战争中持续时间最长的一次战役

国家的议会。在这个背景下,斯托雷平的经济改革出台了,其本意是加快资本主义的发展步伐,把俄罗斯彻底改造成西方式的资本主义国家;但改革结果却加速了无产阶级革命的到来,把俄罗斯变成了社会主义国家。

事情要从废除农奴制说起。亚历山大二世废除了农奴制,却留下一条尾巴。按其法令规定:农民获得自由身份后仍须接受村社管理,村社负责协调农业生产、管理农民份地、调解村民纠纷、帮助鳏寡孤独等等;农民还需要对地方政府负责,完成政府的任务,比如纳税和服役;农民若想外出打工,也应得到村社的允许,由村社开具证明。这些规定是为防范出现社会混乱而设的,沙皇政府担心农奴制突然解体会导致社会失序,特别是农民,突然之间无人管束了,会无所适从。但从资本主义发展的角度看,这些约束是不合理的,阻碍劳动力的自由流动,压制致富的冲动,助长村社平均主义,不利于资本主义发展。

这样就出现了斯托雷平这个人物,他是个彻头彻尾的西方派。在他看来,只要把西方的模式拿过来不假思索地照搬执行,俄罗斯的一切问题就都能解决。1906年他担任沙皇政府的大臣会议主席，相当于首相，1907年发动"六三政变"，从而开启"斯托雷平反动时期"。在任期间他一方面对遍及全国的农民运动残暴镇压，另一方面进行土地改革，目的是把农民从土地上彻底释放出去，打破村社束缚，为资本主义提供完全"自由的"劳动力。他指示把村社控制的土地彻底私有化，鼓励土地买卖，鼓励农民退社，甚至强迫农民退出村社，成为独立的私有制农民，直接对国家负责。他想用这个办法制造农村两极分化，让少部分农民成为

斯托雷平

富农，多数农民则丢失土地，成为雇农，或者背井离乡去城市打工，做工厂工人。他认为这样就能迅速推进资本主义经济发展，完成工业化。显然，这是基于西方尤其是英国、美国历史经验的自由资本主义发展模式——通过土地私有化达到社会贫富分化，进而完成工业化，但这一切又需要在不"自由"的沙皇制度下进行，这本身就是一个悖论。

改革引起强烈反弹，社会剧烈动荡。土地兼并造就了一个庞大的小土地私有阶层，也就是富农；俄罗斯的村社传统受到巨大冲击，这个传统在俄罗斯已经存在几百年甚至上千年了，人们对此非常熟悉。村社有两项基本原则，第一是集体主义，第二是平均主义。这两项基本原则保证了俄罗斯农业社会长期稳定，在贫穷的基础上维持平等。但斯托雷平改革推行土地私有化，集体主义没有了；同时鼓励少数人发财致富，平均主义也没有了；而且改革是依靠沙皇专制的力量强行推进的，使本已晃动的沙皇制度摇摇欲坠。随着改革措施相继出台，社会迅速两极分化，阶级对抗越来越明显，西方资本主义造成的一切弊端都在俄罗斯出现了，这对于社会主义学说的传播显然很有利。一时间兴起了许多社会主义政党，其中包括布尔什维克党；在所有

尼古拉二世

这些社会主义政党中，只有列宁提出，寻找机会发动无产阶级革命，建立社会主义国家。

机会很快就来了，触发因素又是一次战争。1914年第一次世界大战爆发，俄国参战了，但它的军队打得很差，在整个战争过程中几乎没有打过胜仗。究其原因，虽说俄罗斯相对西欧那些国家来说仍然是落后的，落后的局面表现在战场上；但最主要的原因是沙皇政府太腐败，专制制度走到了尽头。尼古拉二世是个昏君，今天许多西方人甚至俄罗斯人为尼古拉翻案，说他有文化，有教养，风度翩翩，一派帝王气势。但尼古拉二世绝对不是英明君主，这是毫无疑问的。尼古拉在统治后期将近10年时间里依赖一个据说能通神弄鬼的人，一个农民出身的"妖僧"，让其干预朝政，指派大臣；战争期间甚至让这个人决策军事行动，用他的"预言"来指挥军队——仅此一斑就可以知道沙皇制度已经腐朽不堪了。在这种情况下前线军队连连失利，国内矛盾又极度尖锐化，劳动力被抽调到前线，工厂没人做工，田地没人耕种，国家经济破产了，人民生活极其艰难，革命的危机因此到来。先发生二月革命，接着是十月革命——1917年爆发的俄国革命，其震撼力和影响力堪比法国大革命。

十月革命是社会主义革命，其结果是一个社会主义国家出现。这场革命几乎是在列宁一个人的坚持下发动的，当时布尔什维克党的领导层都认为俄国不能发动无产阶级革命，因为俄罗斯的资本主义不成熟。但列宁坚持：社会主义革命首先爆发在资本主义最薄弱的环节上，而俄罗斯正是这个薄弱环节；社会主义可以首先在一个国家实现，而这个国家就是俄国。十月革命正是在这个理论指导下爆发的，而且一举成功，建立了苏维埃政权。这以后，俄罗斯的历史就是社会主义的历史了，一个社会主义的世界大国登上历史舞台。

俄国发生社会主义革命有它的必然性：第一，俄国一直在寻找自身的发展道路，以适合俄罗斯国家的特殊性；第二，俄国一直有平均主义、集体主义的历史传统，有俄罗斯自己的社会主义思想；第三，马克思主义传入俄国后，列宁将其本土化，因此当社会主义的实践在西欧未能实行时，俄罗斯却付诸行动。从现代化转型的角度看，农奴制的废除预设了后来的历史发展，它把俄罗斯拉上资本主义发展轨道，一方面推动了经济的快速发展，另一方面又使原有的贵族土地所有者获取最大利益，资本主义与沙皇专制之间的张力被扩大了，转型显得矛盾重重。斯托雷平改革意在走西方道路，却使社会对立进一步尖锐，加上第一次世界大战造成的动乱和痛苦，发生革命就在所难免了。对于那些离开了祖祖辈辈生存的农村，到城市忍受资本主义剥削的新一代产业工人而言，他们会怀念那丢失的村社和往昔的田园，怀念在他们看来是公平的、公正的、没有太大贫富差距的美好记忆。社会主义向他们展示了平等的理想，十月革命则开辟了走向社会主义的道路，无数工人追随列宁投入革命洪流中，将1917年革命转变成无产阶级夺取政权。

如果说革命是用暴力推翻旧政权、建立新的社会秩序，那么真正的暴力不表现在11月7日那一天，不表现为"阿芙乐尔号"巡洋舰的炮声，也不表现在对冬宫的进攻上；它更多表现在后来三年中几乎遍及全俄的内战，表现在红军和白军之间的拼死搏斗。战争进程非常残酷，死了很多人，比俄国军队在第一次世界大战战场上死去的人还要多。战争波及整个社会，所有阶层都受到影响，很多人不是在战场上死去的，而是饿死、冻死、病死的。战争最后以苏维埃政权的巩固为结局，列宁领导的革命终于成功了。

战争结束后进入政权建设阶段，1922年建立苏联，也就是苏维埃社会主义共和国联盟。列宁在布尔什维克夺权后发表声明，提出民族自决的主张。沙俄帝国是靠领土扩张建立的，在短时间内就把很多非俄罗斯民族连同他们的土地收入帝俄统治下，所以民族矛盾非常尖锐。为化解矛盾，保护新生政权，布尔什维克党在十月革命之后就发表了关于民族问题的声明，表示任何

1920年5月，列宁发表演讲以激励即将奔赴战场的红军

民族都可以选择自己的前途，于是有很多被沙俄兼并的地区就脱离俄国。但是后来这些地方也纷纷发生革命，建立苏维埃政权，其中乌克兰、白俄罗斯、外高加索联邦在1922年与俄罗斯联邦合并，组建为苏联。苏联宪法写进了民族自决的原则，规定各加盟共和国可以自由进出，意思是有加入苏联的权利，也有退出苏联的权利。在当时这个规定有利于苏联国家的组建，但长远来看是不利于国家存在的，不是个聪明的做法。将加盟共和国定义为某些民族的政治实体，实际上就否定了苏联大家庭的整体存在。这是苏联成立时犯下的严重错误，后来要为此付出致命的代价。

　　从第一次世界大战爆发一直到内战结束，俄罗斯始终处于战争状态中，国家的经济完全崩溃了，人民的生活非常困难。由于战争需要，苏维埃政权必须以维护政权生存作为第一要务，在那个背景下执行战时共产主义经济政策；意思是说，在战争时期，国家所有的资源、财富，所有的能力，

新经济政策时期的农产品市场

都要集中起来，用于保卫苏维埃政权。在工业方面，政府没收大型甚至中小型企业，实行国有化，然后向各企业派驻国家代表，建立高度集中的管理机制，执行国家指令。在农业方面，主要是实行粮食征集制。因为受到战争破坏，当时大量田地荒芜，没有人耕种，导致粮食产量下降，大家都没有饭吃，特别是在前线的人，经常是饿着肚子打仗的。苏维埃政府于是派工人纠察队甚至军队去农村征集"余粮"，其实是对粮食予以没收，以保证前线的粮食需求。在战争的特殊情况下，这确实是不得已而为之的事，其他国家也曾发生过类似情况。例如在法国大革命雅各宾专政时期，为保证战争胜利，也在经济方面采取过激烈措施，比如粮食限价、惩治囤积商人等。但是等到战争结束后，征集的做法就不合适了。当时苏俄的经济完全被破坏了，生活资料奇缺，生产跟不上，农民的敌对情绪也极为明显。针对这种情况，列宁迅速提出一项新的经济政策，在一定程度上放开国家管制，特别是对农民采取鼓励生产的办法，让农民在缴纳完国家的粮食税之后，可以把剩余的农产品拿到市场上去卖，种植自己愿意种植的农作物，放开农村的农产品市场。在工业、商业部门，也有限度地开放私人企业、承包企业并引进外资发展经济。这就是"新经济政策"。新经济政策实行后，劳动者的生产积极性被调动起来，短时期内就恢复了国民经济。到这个时候，苏维埃政权基本上稳固了。

总结一下，列宁在世时完成了这样几件事：第一，发动了革命，建立了苏维埃政权；第二，打赢了内战，保卫了苏维埃政权；第三，恢复了经济，稳定了苏维埃政权。

列宁在1924年1月去世，这个时候，一个新生的社会主义国家已经牢固地建立起来了。

一 社会主义经济建设

列宁去世后斯大林成为党的领导人，直到1953年，斯大林都是苏联党和国家的最高领导人。斯大林一生有两大功绩：第一是领导苏联完成工业化，使苏联成为名副其实的经济强国；第二是领导苏联打败纳粹德国，使苏联成为两个超级大国中的一个，是一个真正的世界大国。

1925年12月，领导权交接问题基本上解决了，斯大林作为列宁的接班人，他的地位基本上得到确定。这样，联共（布）召开第十四次代表大会，按照斯大林的意见，制定了社会主义工业化总方针，明确规定联共（布）今后的主要任务是社会主义工业化建设，把苏联从农业国变成强大的、有自主生产能力的社会主义工业大国。这以后，苏联进入高速工业化发展阶段，全体国民投入经济建设

列宁与斯大林，摄于1922年9月

之中去，短期内完成了工业化。

按照中央部署，1926年开始制订国民经济发展规划，经过两年努力制订完成。1928年开始执行第一个五年计划，到1932年提前一年完成，四年中国民收入增长86%，工业年平均增长率达到19.2%；工农业生产总值中，工业比例达到70.7%，其中重工业和轻工业的占比分别为53.4%和46.6%，说明在第一个五年计划完成时，苏联已经从农业国转变为工业国，而且以重工业为基础。

1933年开始执行第二个五年计划，到1937年再次提前一年完成，国民收入增加1倍，工业总产值比1932年增长

1931年苏联宣传海报，鼓励工人用劳动热情将五年计划压缩到四年完成

1.2倍，年平均增长率是17.1%。这时，苏联的工业排名已经从1913年的世界第五、欧洲第四（沙俄时期的最高峰），上升到1937年的世界第二、欧洲第一了，成为那个时候世界第二大经济体，仅次于美国。苏联工业产值占世界总量的19%，而1926年开始制订国民经济发展规划时，只占世界4%。第二个五年计划完成时，苏联已成为强大的社会主义工业国。

1938年开始执行第三个五年计划，但未能全部完成，因为1941年爆发苏德战争，第三个五年计划由此中断。但在从1926年算起的14年中，苏联已建立起一个完整的工业体系，尤其是重工业体系，可以生产飞机、汽车、拖拉机、化工、重型机械、精密仪表、军工类等各类产品，年度产钢1800万吨、煤1.6亿吨、石油3100万吨、电483亿度，这些都是第二次工业革命的基本成果。通过社会主义工业化建设，苏联赶超了主要资本主义国家如英、法、德，其经济发展的速度是令人叹为观止的。尤其是，在苏联高速

发展的时候，资本主义国家正经历严重的经济危机，1929年美国股市崩盘，打击了全世界的经济，直至第二次世界大战爆发都没有完全恢复；而苏联的成就恰恰与之形成鲜明对照，一时引起世界瞩目，许多西方知识分子甚至认为马克思的思想胜利了，资本主义行将灭亡。像西德尼·韦伯和比阿特丽丝·韦伯夫妇——英国费边主义的精神领袖——这些人，都亲自去苏联考察，对苏联的社会主义建设成就赞不绝口。

发展重工业是苏联社会主义工业化的核心内容，为什么是这样？斯大林认为，一个国家的经济力量主要体现在重工业方面，重工业强大，国家就强大，重工业弱，国家也弱。他认为，重工业是生产工具、生产资料的生产部门，产品包括石油、煤炭、钢铁等，有了这些东西，其他经济部门才会有发展的基础。他并且认为，资本主义工业化是先发展轻工业，然后才有重工业；社会主义工业化不能这样，社会主义国家只有充分利用国家的优势大力发展重工业，才有可能在短时期内赶超资本主义。他相信，苏联作为社会主义国家始终处在资本主义国家的包围中，资本主义国家随时想扼杀苏联，为此不惜动用武力；而苏联为了生存需要，必须具备强大的重工业基础，因为一旦打仗，有了重工业才能立于不败之地。

事实确实如此，第二次世界大战证明斯大林的判断是正确的。战争爆发后，重工业部门立刻转向军工生产。飞机是不消说的，苏联具备生产飞机的能力，甚至可以自主生产发动机；汽车可以转型为装甲车，拖拉机改装为坦克也不是困难的事。化工、钢铁、石油等等都是战争资源，没有这些资源就不能作战。第二次世界大战在欧洲战场其实是钢铁战，一次坦克战就可以损失掉几百辆坦克，于是新的坦克就必须制造出来。空战也是这样。数十架、上百架飞机瞬间就消失了，新的飞机就必须补充。社会主义工业化为苏联提供了强大的重工业基础，保证它在战争中战胜纳粹德国。20世纪90年代苏联解体后，许多西方人有意识地否认苏联在欧洲战场上的决定性作用，否认是苏联打败了希特勒德国。老一辈欧洲人却很清楚，他们知道是苏联军队解放了欧洲，也解放了欧洲人。谁也无法否认，二战爆

1942年苏联T-34坦克从工厂运往前线。RIA Novosti archive, image #1274 / V. Kaushanov / CC-BY-SA 3.0

这是一幅苏军攻占柏林时的照片,士兵把苏联国旗插到德国国会大厦的屋顶上。这张照片非常著名,是第二次世界大战最著名的照片之一

发后，法国在一个半月内投降，德军迅速占领了欧洲大部分地区，一些国家甚至在一两天之内就沦陷了，有的根本就不抵抗。英国仅凭一道英吉利海峡得以自保，此后直到1944年才和美军一起登陆诺曼底。从1941年开始，在整整4年时间里，是谁在和德军作战？除了苏联还有谁？历史是不容篡改的，但现在确实有人在蓄意篡改。

战争胜利的物质基础来自工业化，若没有两个半五年计划的成功执行，也就没有这个基础。苏联社会主义工业化的成就归功于计划经济发展模式，所以，我们需要对计划经济做一个评价。

计划经济是一种经济发展模式，在这种模式下，一个国家的所有经济活动全都纳入国家的总体规划中，各类生产由国家统一制订计划，由各生产单位分头执行并按时完成。在很多人看来这是一种异类，是不符合常理的，不符合经济规律，但其实并非如此。可以回顾一下从英国发生工业革命以来，几个有代表性国家的经济发展史，就能看出经济发展的模式已经变化过多次了，基本趋势是国家的作用日渐增强。英国发动工业革命的时候，它执行自由主义的发展模式，即亚当·斯密的经济模式，其实质是自由放任主义。按照斯密的说法，国家对经济领域的问题绝对不能干预，应该让经济运行实现自由，而且是完完全全的绝对自由。在社会事务中，凡是和经济沾一点边的，政府都应远远避开。在亚当·斯密看来，无所作为的政府是最好的政府，越不作为就越好。一切经济问题都应留给市场去解决，这就是所谓"看不见的手"。英国模式是完全的放纵，其中没有国家的份儿。

法国工业化基本仿效英国模式，但政府干预的特点也相当明显。空想社会主义者圣西门提出管理经济属于政府职能，他主张"专家治国"，这个思想在法国有很大影响。法国中央政府一向比较强势，历史上不乏强人治国，强权的传统使政府比较容易干预经济而不受公众反对，所以相比于英国，法国公众对政府的行为比较容易接受。七月王朝时期政府就显示了干预的意愿，通过议会立法修建铁路等；此后直至19世纪末，各类政权都致力于基础设施建设，包括政府出资或贷款修建公路铁路、开挖运河等，而无论这些政权是王国、帝国还是共和国。第二帝国是政府干预的高峰时代，拿破仑三世采用多种办法刺激经济，包括发行国债、帮助企业借款筹资等，巴黎的城市建设也是按事先的规划进行的，政府发挥着决定性作用。与英国的自由放任相比，法国已经向国家干预迈出一步，尽管是不彻底的一步。

德国工业化是按照历史经济学派的理论进行的。俾斯麦动用国家力量强行推动工业化，要求企业按照国家的规划进行生产，根据这个思路，政府不管经济、不过问经济问题是不负责任的表现。政府应该承担起发展的任务，引导工业化，推动工业化，规划工业发展的方向；政府应该告诉企业家国家需要什么，把工业化作为国家的任务和目标来完成。在俾斯麦时代，政府制订规划，动用国家的力量推动规划，再由企业家来执行。政府制定政策，向执行国家意志的部门或企业倾斜，因此在经济领域实行"优胜劣汰"的不是亚当·斯密那只"看不见的手"，而是俾斯麦这只看得见的政府的手。在俾斯麦时期的德国，国家全面介入经济领域，这才会有德国的快速工业化，并且在世界上第一个实行某种程度的福利政策。

在苏联，国家则不仅起引导和推动作用，还亲自下场，主体运作国家经济。每一个工厂、每一家企业，包括集体农庄，全都是国家的下属部门；政府向它们下达生产任务，规定它们生产多少吨钢、多少台拖拉机、多少架飞机，乃至于一切生活用品，比如多少匹布、多少件衣服、多少副眼镜、多少颗纽扣、多少根针，等等。生产任务下达后，企业负责完成任务，经理、厂长只需要执行国家指令，原料设备由国家提供，产品由国家调拨。这样，整个国家看起来就像是一个大集团公司，一个超大的集团公司，各行业、各部门都是这个超大公司的子公司。领导这个公司的是苏联政府，而负责制订计划、下达生产指令的是国家计划委员会。

可以比较一下在资本主义市场经济模式下"集团公司"的运作方式。一般来说，集团总部向每一个下属部门和子公司下达年度计划，子公司负责完成任务，到年终接受总部考核，并接受奖励或惩罚。如果把苏联这个国家看作一个超大的"集团公司"，全国所有生产部门都是它的下属"子公司"，那么这个超大"集团公司"和市场经济下的"集团公司"在运作方面就非常相似。许多人认为，苏联模式是非常异类的，是不可思议的；但如果把苏联这个超大"集团公司"与市场经济下的"集团公司"做类比，那么它就没有如此"异类"了，其差异只是这个超大"集团公司"大到把整个国家都涵盖在内，它是个无所不包的大公司。它与资本主义国家中"集团公司"的区别在于：第一是它以国有制为基础，一切财产属于国家，因此可以由国家直接运作全国范围内的所有经济活动，实行计划经济；第二是国家作为超大"集团公司"，在公司内部就可以不考虑商品交换，这意味着在苏联经济体制中可以没有"商品"，起作用的是计划，不是市场，这就是"计划经济"。

计划经济有一套理论，集中体现在由斯大林署名的《苏联社会主义经济问题》一书中，该书1952年正式出版。这时，由列宁、斯大林领导的苏联社会主义工业化已告完成，斯大林本人也即将离世。早期社会主义经济建设的实践被总结在该书中，形成理论，反映着苏联几十年社会主义经济建设的思想。这些思想比较完整地体现了计划经济的思维模式和行为方式，因此，与其他几种工业化模式（英国模式、德国模式等等）一样，苏联模式也有其理论。我们希望读者们注意到这个理论。

在经济发展问题上，我们已经意识到不同国家执行了不同的模式。不同模式之间的差异表现在一对关系上，即市场与国家之间的关系。具体地说，焦点在于应该由市场发挥作用，还是由国家发挥作用。在重商主义时代，国家起决定性作用，没有国家，重商主义就无法运行。在亚当·斯密时代，市场被看作是正确的力量，国家应该远离经济，越远越好，这样就形成了英国模式。在俾斯麦时代，德国人把国家重新请回经济领域，让国家的力量推进发展，从而形成德国奇迹。到社会主义苏联，国家的力量是压倒性的力量，市场几乎完全退出，"斯大林模式"也由此产生。审视这些模式可以发现：英国与苏联是站在一条轴线上的两个端点，一个完全否定国家，另一个完全否定市场。那么哪一个更好呢？从结果看，两种模式都完成了工业化，都取得令人瞩目的出色成就；但其各自也都有缺陷，都留下后遗症，须由后人去清除。英国是第一个完成工业化的国家，它用了大约70年时间使英国成为那个时代世界上的最强国，但它也造成严重的社会问题，贫富分化加剧，普通劳动者付出重大代价——这些，我们在"英国"那个部分详细叙述过。

苏联用十几年时间超速完成工业化，发展成世界第二大经济体。第二次世界大战结束后，苏联是两个超级大国之一，围绕它出现了一个社会主义阵营，它引领了半个世界，曾经是亚非拉国家的一面旗帜。那个时候，苏联的国际影响登峰造极，不仅社会主义国家，民族解放运动也都以苏联为楷模，只要有民族独立，都会有苏联支持；所以苏联大旗一扬，亚非拉一大批国家都是它的同盟军。强大的国际影响力得益于强大的经济实力，归功于社会主义经济建设。

但苏联模式也有其问题。首先，苏联工业化采用重工业、轻工业、农业发展顺序，最终造成比例失衡，产生的负面影响很大。第一，它使民生问题长期被忽视，这在社会主义建设早期和战争时期是可以理解的，但无限制延长就出了问题，人民的生活水平长期得不到改善，在二战以后资本主义发生变化的背景下，动摇了民众的信心。第二，它使农业长期得不到发展，用"剪刀差"的方式维持农产品的低价，依靠农业补贴工业，造成事实上的剥夺农民。苏联工业的高速发展是建立在靠农业积累工业资本的基础上的，工农差别和城乡差别没有像马克思希望看到的那样缩小，反而进一步扩大，因而有损于国家的终极利益。

其次，计划经济存在其问题。计划经济是国家全面干预和介入的经济模式，越是在执行初期成效越大，优越性越明显，因为在那个时候经济底盘小，总量小，品种相对少，容易做计划。但越到后来越难做计划，因为底盘越来越大，局面越来越复杂，苏联国家计划委员会很难确定一个国家应该生产多少颗纽扣，或多少个热水壶。在苏联模式中，市场几乎不起作用，民生产业离开市场就失去导向，结果出现苏联式的物资匮乏——不是没有，而是生产少，这同样也会影响人们的信心。进而，随着国家机关的固化，计划制订过程会越来越官僚化，官员们不再做细致的调查研究，而是凭想象、按经验办事，使计划与现实越来越脱节，最终让计划变成了障碍。一个像苏联那样高度集中的计划经济模式，越到后来问题越大。这种模式最大的问题是完全否定市场的作用，它和英国模式恰好处在两个极端，于是各自表现出它们的弊端。

从英国到苏联，我们看到发展模式问题其实是市场与国家的关系问题，不同模式的区别在于给市场和国家各自多大的空间。两种极端的情况下——英国模式和苏联模式，前者缺乏国家空间，后者缺乏市场空间。英、苏之外的国家的做法大体介于两者之间，但有些偏向国家，有些偏向市场。通过理性的思考应该意识到：只有当市场与国家的关系处于平衡状态时，经济发展才具备最理想的环境，才能获得最理想的成果；然而在现实中，这几乎是不可能的。所以在我们看到的现实世界中，没有一个模式是绝对的"好"，也没有一个模式是绝对的"不好"，它们各有自己的优势，也各有自己的劣势，这才是一个真实的世界。

— 苏联解体及其后 —

第二次世界大战结束后，苏联的地位如日中天：它是两个超级大国之一，是社会主义阵营的领袖；它支持风起云涌的民族解放运动，在国际事务中一呼百应；它在科学技术方面与美国抗衡，其综合国力不比美国差。当时，两个超级大国主宰世界，世界是一分两半的。

然而1991年苏联突然解体了，让全世界大吃一惊。此前没有人预见到苏联的解体，正如1917年没有人预见到苏联的出现一样。苏联解体以后，人们一直在追问它为什么解体，正如从1922年开始人们就在追问苏联为什么出现一样。

苏联解体有多重原因：国内的，国外的；政治的，经济的；个人的，非个人的；必然的，偶然的；等等。有人把苏联解体归咎于西方国家的颠覆，有人把苏联解体解释为领导人的失误，各种因素确实都在起作用，但苏联自身的原因显然是基本原因。

苏联赢得二战胜利，这是它体制优越的表现；但这个体制也有缺陷，二战结束后，计划经济的问题开始暴露，隐患已经出现。有些人甚至高层领导中都有人建议进行某种调整，使经济运行更加合理。但斯大林反对进行改革，并将其提高到政治角度进行批判。苏联高度集中的计划经济最大的问题是以主观意志取代经济规律，完全否定市场的作用。斯大林在其逝世前不久发表的《苏联社会主义经济问题》中也承认商品经济和价值规律的存在，表明他开始意识到这个问题了；但他相信这些只存在于消费领域，也就是一般老百姓的生活用品中。这种思想事实上一直延续到苏联存在的最后时刻。苏联模式最大的缺陷，就是不给市场应有的空间。

斯大林在世时如果能深刻认识这个问题，而主动进行改革，以后的情况会非常不同。但这个机会一旦丢失，以后就不再来。斯大林以后的苏联领导人，没有一个能突破禁忌，彻底弥补制度中的缺陷。赫鲁晓夫试图进行某种改革，但他的改革是成功少，失败多，原因就是跳不出斯大林模式，用斯大林模式来反斯大林。赫鲁晓夫反斯大林更多的是出于个人需要，而不是纠正斯大林的错误。

改革是维护体制长久生存的最佳方法，资本主义制度自形成起一直在变化，人们现在看到的资本主义，同十五六世纪葡萄牙、西班牙的资本主义相比，已经变得"面目全非"了。每一次变化都给资本主义带来新的活力，也都使新的世界大国取代原有的世界大国。苏联却没有充分意识到改革的重要性，始终认为自己的制度是完美无缺的，不需要做任何调整。但制度的缺陷却是客观存在的，等到问题成堆、积重难返时，已经回天乏力了。在经济方面，苏联一直维持计划经济体制，而没有充分意识到其不完善甚至缺陷之处。

政治方面也是这样。斯大林的个人崇拜事实上延续下来，赫鲁晓夫和勃列日涅夫都如此，前者在任11年多，后者在任约18年，两人加起来将近

30年，而斯大林去世到苏联解体一共还不到40年。勃列日涅夫时代是一个死气沉沉的时代，一切改革的尝试都停止了，党和国家领导层高度老龄化，不作为、无作为成为风气。这18年对苏联是致命的，让苏联进入窒息状态。勃列日涅夫去世时，苏共中央政治局平均年龄超过70岁，明显是一个老人俱乐部。此后接连两任总书记都属于年老体弱的情况，任职一年多就因病去世。直到这时苏共领导层才意识到年轻化的必要性。于是，戈尔巴乔夫登场了，他很年轻，当时54岁。

很多人说戈尔巴乔夫摧毁了苏联，他的"新思维"让苏联解体。不过苏联解体的直接推动力是民族问题，是苏联宪法中的一个漏洞。苏联宪法规定，苏维埃社会主义共和国联盟是各加盟共和国自愿组合的联盟，加盟共和国可以自由加入，也可以自由退出。这是在1917年革命中列宁提出的民族自决权的基础上确定的，没想到却成了联盟散伙的法律依据。加盟共和国是民族自治体，俄罗斯内部的民族矛盾本来就很严重，只是在苏联体制下被遮盖了。戈尔巴乔夫所起的作用，是在"政治改革"的口号下放弃了苏共的领导地位，而在苏联那种"自愿组合"的联盟体制下，苏共是能够把各加盟共和国拴在一起的唯一纽带；因为苏共是一个集中统一领导的党，只有它才能保证苏联在联盟体制下不裂解。当苏共是国家的领导力量时，它通过地方党组织控制各加盟共和国，保证国家的安全统一；而一旦苏共放弃其领导地位，联盟的纽带就被拧断了，苏联于是必定解体。

对戈尔巴乔夫而言，他起先只想做"经济改革"而不是"政治改革"，为此他还专程访问中国，会见了邓小平，向小平同志请教改革开放的经验。但他回国之后却发现经济改革推不动，原因是政治方面的，苏联的官僚体系太强大，老派官员不把这个年轻人放在眼里。戈尔巴乔夫一怒之下放弃了经济改革，转向了政治改革。但他的政治改革以抛弃苏共领导权为先导，在事实上摧毁了苏联国家的凝聚核心，结果苏联就迅速瓦解了。可见，尽管戈尔巴乔夫对苏联解体负有不可推卸的责任，但解体是几十年不能与时共进的结果，根本原因仍然是体制缺陷。导致苏联解体的那些人是要承担

1991年12月8日，俄罗斯、乌克兰、白俄罗斯领导人签署《别洛韦日协定》，宣告成立独联体，苏联名存实亡。RIA Novosti archive, image #848095 / U. Ivanov / CC-BY-SA 3.0

历史责任的，而造成苏联僵化的人则更应该承担责任。

苏联解体后，一股"拥抱西方"的热浪席卷俄罗斯，人们欢呼一个僵化的体制瓦解了，一个真正的"现代俄罗斯"，也就是西方化的俄罗斯终于要出现。但事与愿违，俄罗斯人越想亲近西方，西方人越不愿意接受他们；在西方人眼里，俄罗斯仍然是一个野蛮的国家、落后的国家，它与西方格格不入。西方惧怕俄罗斯，总想着把俄罗斯分解成许多碎片，就如同1648年把德意志分解成碎片那样。叶利钦是一个真正的西方派，他坚信只要一切照搬西方，俄罗斯就能成为西方的一员。他因此接受美国人的提议，对俄罗斯经济实行"休克疗法"；他还聘请美国人做顾问，帮他实行"休克疗法"。在他就任期间，他把之前苏联的国有财产私有化，据称是平均分给了每一个公民。但事实是，"休克疗法"完全摧毁了国家经济，货币如水泄一般贬值，物价几百倍高涨，无数俄罗斯人逃往国外谋生，苏联时期积聚的存款变得一文不值，国有财产则流入一小批发国难财的寡头手中，而这些人多数是苏联时期的政府官员，或国营企业负责人。俄联邦——苏联的继承人，已经处在崩溃的边缘。据说，西方已做好准备，去接管一个被撕碎的俄罗斯了。

在这种情况下，叶利钦终于看到危险所在，他于是采取紧急措施阻挡危机发展，其中关键的措施，是把普京从地方调到中央，让他接替自己的职务，然后就隐退了。据说普京上任后曾立下誓言：给我20年，还你一个强大的俄罗斯。普京的执政作风显然体现着俄罗斯的历史传统，在普京的领导下，俄罗斯的经济恢复了，自信心也恢复了，又敢于和西方世界叫板了；叶利钦时代的末日景象消失了，俄罗斯重新开始摸索前进的路。

于是我们看到：俄罗斯灵魂深处的自我拷问在叶利钦和普京两人身上又一次上演了——叶利钦可被看作西方派的延续，普京则继承了本土派。普京自称其政治哲学是俄罗斯保守主义，而现代俄罗斯保守主义的根脉，可一直上溯到历史上的斯拉夫派。自从彼得一世开启向西方学习的运动后，俄罗斯人一直在追问：向东方，还是向西方？俄罗斯的现代国家之路是曲折的、艰难的，然而在结束关于俄罗斯的讨论之前，有一点需要补充：在我们已经讨论过的八个世界大国中，我认为其他七个都已经是过去时，很难恢复到曾经有过的一流大国地位了；唯独俄罗斯是例外，俄罗斯的大国之路还没有走完。

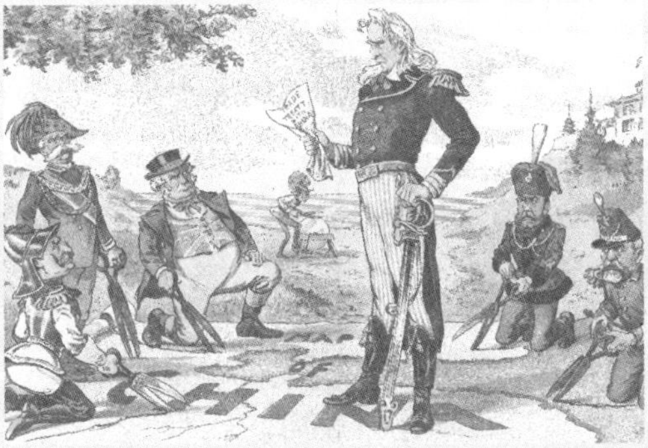

有一种理论叫"边疆理论",在19世纪末20世纪初的时候非常流行。它说西进运动造就了美国,疆界越往西,美国离欧洲就越遥远,欧洲的传承就越少,美国的特性就越多。这个理论在精神上塑造了美国,而理论的物质基础是西进。

美国是在暴力冲突中出现的,先是对英国开战,然后与印第安人打仗,接着是对墨西哥的战争。打完这些战争,美国继续向西走,"西进运动"也拉开了新的一幕——挺进太平洋。

第十三讲

美国（上）
从美国到美帝国

◎ 美国特殊论：虚构的理论
◎ 美国独立：国家的出现
◎ 美国发展：强国的形成
◎ 美国扩张：帝国的道路

很多人对美国的兴趣，比对其他国家的兴趣更大，其实没有必要，美国只是众多国家中的一个，受到应有的关注就可以了。尽管美国是现在世界上最强的大国，但美国的历史很短，从建国算起只有200多年，与世界上众多文明古国的历史相比，只是一瞬间。许多人认为美国历史不值得学，国家历史太短，缺少惊心动魄的故事，经常找不到波澜。翻遍一部美国史，除了几次重大事件，如独立战争、南北战争、罗斯福新政、民权运动等等，书中不厌其烦地叙述的就是：某次大选某个政党得多少票，比其他政党多多少票；谁当选总统了，谁没选上；哪些人投了这个党的票，哪些人没

一 美国特殊论：虚构的理论

投；等等。对于非专业的读者来说，显然太枯燥。这样一部美国史和其他国家的历史做比较，很难引起读者们的兴趣；就如同人们去美国旅游，很快就发现美国各地千篇一律，到过一个地方，就知道其他地方也差不多，有特色的地方很少。尽管如此，美国历史还是要了解的，不仅因为美国是当今世界唯一的超级大国，也因为美国这个国家确实有一点特殊，被说成是"美国特殊论"。但美国的特殊究竟在哪里？这个国家从哪里来又向哪里去？它是如何演变成超级大国的，今后会怎样？这些问题时时引起人们的好奇心，也让人不断去思考：所谓"世界大国"究竟是什么？不了解美国是不可能的。我们讲大国兴衰，美国是重重的一笔。

美国远离"旧大陆"，远离欧亚文明中心，这让它很特别：在一块"无人"的土地上生长出一个国家，到20世纪成为超级大国，并成为唯一的超级大国，有点让人不可思议。世界上并不乏蛮荒之地，都远离文明中心，都曾经人烟稀少，多数这种地方至今仍处在不发达或欠发达状态中，而美国却已成为世界上最发达的国家，是不是得天独厚呢？如果是，得天之什么独厚呢？

美国曾经是英国的殖民地，在英国统治下存在了一百多年，后来通过独立战争成为世界上第一个摆脱殖民统治、建立独立国家的地方。由欧洲人占领的殖民地曾经很多，后来也相继取得独立。南美洲是欧洲人较早占领和开发的殖民区，并且紧跟美国获得独立，可是南美洲现在的情况却和美国相差太远，原因在哪里？接下来将要解答以上问题。

美国的地理位置很特殊，它东西两面都是大洋，南北两面各有一个国家，但都是弱国，这种状况让它没有任何外来威胁之忧。如果它愿意，可以到美国以外的世界去闹事；如果不愿意，可以"躲进小楼成一统，两耳不闻窗外事"，关起门来过日子，不受外界干扰。如此优越的地理环境，是亚欧大陆任何国家所没有的。

而且，当美国这个地方刚被白人殖民时，它几乎渺无人迹，被白人视为"无人"之地。当然，印第安人在这块土地上已经生存数万年之久了，美洲一直是印第安人的家园。现在有学者推算在白人开始进犯北美洲时，这一块土地上曾经有多少印第安人。推算的数字从50万到500万不等，但即便是500万，其稀少程度仍然是惊人的。北美洲现在有三个主要国家——美国、加拿大和墨西哥，全洲总面积大约是2400万平方千米，相当于现在中国的2.5倍；用500万人口去除2400万平方千米，大概是每近5平方千米有1个人，在如此广袤的大地上，这些人口确实是微不足道。白人占据这个地方时，说这里是"无人"之地——的确是人烟稀少，但最根本的原因是印第安人在他们眼里不是人，白人视之为动物，与野兽无异。

在这样一片远离亚欧大陆、"无人"居住、蛮荒一片的土地上，突然之间就兴起一个国家，并且发展得那么快，用一百年左右的时间就超越了欧洲，成为世界上最富裕的国家，不可不说是个奇迹。为解释这个奇迹，一种"美国特殊论"就出现了。按照这种说法，美国是一个特殊的地方，是上帝保留的一块净土，它远离文明，远离旧世界，远离邪恶和犯罪，远离肮脏的欧洲社会。旧世界充满尔虞我诈和争权夺利，它的历史越悠久，人类的邪恶本性就表现得越充分。而美国这块干净的土地既没有传统，也没有历史，更没有文明。在这块土地上建立起来的国家，必定是上帝的乐土，是上帝所眷顾的地方；上帝赐予它引领人类的使命，注定成为世界的灯塔。

这就是"美国特殊论"，是美国人津津乐道的"山巅之城"理论。美国人相信他们的国家正是《圣经》所说的"山巅之城"，是上帝的净土；"山巅之城"之于美国人，正如"第三罗马"之于俄罗斯人。不过《圣经》里的神话毕竟太遥远，在世俗化愈演愈烈的今日世界，它最多只是美国人的自娱自乐。美国这个国家的特殊之处究竟在哪里？这才是真正的问题。

看一看美国的殖民史。1607年第一批英国移民在弗吉尼亚的詹姆斯敦站住脚，建立了英国在北美洲的第一个殖民地，美国的历史就是从那个时候开始的——当时在英国，是斯图亚特王朝第一任国王詹姆士一世统治时期。这以后，直到17世纪结束的时候，英国人在北美洲建立了一个又一个殖民地，后来组建为"美国"的那些殖民地，至此都成了英国的属地。

17世纪在英国是个动荡的世纪，国王与议会对峙、专制王朝被推翻、革命与内战、王朝复辟、光荣革命、君主立宪制建立，这一系列戏剧性的事件如走马灯般轮番上演。尽管政治动荡、社会动荡、民心动荡，但英国的殖民活动却没有停止过；无论哪一种政府、哪一个统治者，在殖民问题上都是一致的，所以到17世纪结束时，英国在北美洲已经站稳了。

英国不是第一个侵占美洲的国家，在它之前有西班牙、葡萄牙，尤其是西班牙；葡萄牙和西班牙这两个国家因为抢占殖民地、开辟世界市场，成了最早的世界大国。与英国同时的还有荷兰和法国，它们也都在抢占美洲殖民地，后来同样成为世界大国。英国并不例外，从在美洲建立第一个殖民地开始，它就在为成为世界大国做准备。

但英国殖民地和其他国家不同。其他国家建立殖民地，都是政府派军队占领该地，在当地建立殖民政府，委派官员进行统治，然后掠夺当地财富——西班牙掠夺黄金白银，法国人青睐原始森林里的动物毛皮，荷兰人一心想在北美建立贸易据点。这些国家的殖民活动，是政府主导下的军人、商人、传教士的活动，这些人去殖民地只是从事一场冒险，意图发财，并没有在殖民地扎根的打算。

但英国人要的是殖民地的土地。政府向一些投机家发放特许状，让他们到北美洲建立殖民地；投机家则招徕移民去美洲，向他们承诺会得到大量的土地。英国人从一开始就拖家带口来到美洲，试图在殖民地寻找新家园。这些人大部分来自社会底层，他们在故乡一无所有，所以对故乡毫无眷恋；他们到美洲来，就是为寻找一块安身之地，好养家糊口。后来有美国理论家说，移民到美洲，是遵循上帝的指引，到美洲这块干

1615年前后，詹姆斯敦的英国移民正在从事烟草种植

净的土地上来建立人间天国，创建山巅之城。这就把美洲的移民神圣化了，把"无人"的土地和上帝联系在一起，给美洲殖民地套上基督的光环——以后无论美国做什么，似乎都出自上帝的旨意。美国人就是这样把自己包装起来，打扮成上帝的选民。美国理论家把英国在北美建立的第二块殖民地普利茅斯说成是美国国家的起源，把清教说成是美国精神之源，其目的同样是把美国和上帝联系在一起，为美国这个国家寻找基督的支持。从上帝那里寻找神性为自己添彩，体现在美国生活的最微小的方面——稍稍注意一下美国钱币上镌刻的那一行字，写的是"IN GOD WE TRUST"。

但事实告诉我们，移民美洲的多数英国人并非为寻找精神自由和宗教信仰自由而奔赴美洲，他们的主要目的是寻找土地，而他们确实得到了土地。同时，历史也告诉我们，移民美洲的英国人并非全都是清教徒，甚至多数不是清教徒，他们的上帝分属各自的教派；正因为如此，现在的美国有许许多多不同的基督教派别，其数量之多，是其他基督教国家自叹弗如的。

用神的恩赐证明美国之特殊，无论如何也难以服人；但美国人确实相信这种说法，至少在内心深处愿意接受它。美国当然有特殊性，正如任何

新英格兰的早期清教徒前往教堂集会

国家都有其特殊性一样；但美国的特殊性不是神的特殊性，而是历史的特殊性。作为英国殖民地，英属美洲殖民地是移民殖民地，与其他殖民地相当不同。殖民地可以分为两类。第一类是像印度、马来亚、南非、肯尼亚这样的殖民地，它们的特点是当地居民人口众多，有些还有非常悠久的文化传统，比如印度。殖民者入侵后，用各种方法控制本地居民，而自己就成了这个地方的新主人，当地居民则成了被统治者，成了附属于殖民者的人。在这类殖民地，殖民者在人口中永远是少数，其比例是人口总数的百分之一、千分之一，甚至万分之一。比如印度。印度人口过亿，英国殖民者人数最多的时候也只有几十万，其中多数是军人。西班牙在南美洲的殖民地和后来法国在北非的殖民地都是这样，白人殖民者统治原住民。

英属北美殖民地是另外一种情况：殖民者进来时北美人口稀少，大片大片土地上荒无人烟。英国人拖家带口来到北美，他们中很多是农民，看中的就是土地；他们在家乡上无片瓦、下无寸地，是身无分文之人。到殖民地之后他们把土地据为己有，把印第安土著消灭或者赶走。当印第安人被消灭得差不多时，剩下的幸存者又被圈围起来，放进所谓的"保留地"，就好像把牲口圈起来一样。久而久之，这块土地上的印第安人被忘记了，外来移民成了美洲的主人，而且他们毫无愧疚地说自己就是美洲的主人，仿佛他们在上帝造人之后就被安置在这里。这种殖民地叫移民殖民地。我们看到在这类殖民地中，移民占人口绝对多数；在英属北美殖民地，那就是清一色的英国人。美国人说，美国是在一块没有人、没有传统、没有文化、没有历史，因而没有旧大陆一切肮脏龌龊的土地上建立起来的，是上帝保留在人间的"天城"。这种说法当然是不真实的。

美国文化来自英国。英国人不是赤条条来到美洲的，他们带来英国的文化和英国的传统，他们使用英国的文字，保留英国的风俗；他们长着英国人的脑袋，说着英国的话，习惯于英国人的思维模式，穿着英国的衣，吃着英国的饭，带来英国的各种制度，连同它的工具和技术；他们使用英国的货币，喜爱英国的园艺，维持着英国的生产方式和生活习惯，以及英国的宗教、思想、信念等等。总之，一切都是从英国带来的，连他们自己都是英国人，服从英国政府的管辖；殖民地从英王那里拿到许可证，以此为其合法性依据。那个时候没有美国，只有英国；没有美国人，只有英国人。移民殖民地怎么会没有文化和传统，说美洲是一张干干净净的白纸呢？从17世纪初英国人在北美建立殖民地，到18世纪末美国向英国闹独立，差不多快两百年的时间里，北美殖民地是紧跟英国亦步亦趋走过来的，经历过英国所发生的一切。这两百年是英国发生剧烈动荡的时期，从专制王朝走向革命，从革命转向复辟，又从复辟走向光荣革命，英国经历了从君主专制到君主立宪的变化，走过了一段急风暴雨式的历史。作为英国的一个部分，北美也经历了那段历史，经历过专制统治，见证过革命风暴，由革命转向复辟，最后进入光荣革命。英国发生的一切也都在殖民地发生了，殖民地和英国本土一样，在历史的激流中经受冲击。进而，殖民地人是英国人，他们祖祖辈辈接受英国文化的熏陶，从头到尾散发着英国传统的气息；殖民地从英国政府那里得到授权，一直受到英国政府的保护，直至它们开始闹独立。况且，它们闹独立的一个理由也是来自英国传统，即"没有代表权不纳税"。在这种情况下，如何可以相信美国是在一块没有人、没有传统、没有文化、没有历史的土地上产生的？至少应该说，美国是在英国传统的基础上建立起来的，它是英国文化在殖民地的延伸。

这才是美国的特殊性，美国之特殊是因为英国的特殊。英国的特殊表现在哪里？表现在它是世界上率先走向政治制度变革和经济体制变革的国家，它开辟了现代社会转型的先河。北美殖民地在初建之时就和英国一起走，走过了一百多年，它继承了英国的传统，经历了英国的历史，积聚了社会转型的各种条件。换句话说：如果是英国第一个完成了现代化转型，那么北美殖民地也具备转型的前提；如果是英国第一个发动了工业革命，那么北美殖民地也可以发动——但是，北美殖民地欠缺了一个最基本的条件，它需要自己的国家，一旦殖民地自己成为国家，独立建国，那么现代化的一切条件就都具备了。这意味着它必须摆脱英国的殖民统治，成为独

一 美国独立：国家的出现

立国家。1775年爆发的独立战争恰恰催生了这个国家，美国是站在英国的肩膀上长大的，英国人转变成美国人。这就是美国的特殊性，这个特殊性是世界上任何其他地方都不具备的；正是这样一个特殊性，使美国在建国以后迅速发展，并最终成为独占鳌头的世界大国——而恰恰这个特殊性，是历来美国人绝对不愿意说的。

殖民地在英国的卵翼下成长起来。起先，殖民地离不开英国的保护，而英国也需要殖民地存在。对英国来说，殖民地为它提供原料和市场，在当时欧洲列强激烈竞争的背景下，没有殖民地就很难发展工商业。但殖民地更需要母国的保护。首先是母国保护殖民地不受其他国家侵害，像法国和西班牙都是殖民大国，都在和英国争夺美洲殖民地。其次是殖民地要依赖母国才能生存，殖民地经济不能自立，没有母国的支持，殖民地是无法维持的，就像幼鸟离不开父母。但慢慢地，幼鸟长大了，羽翼丰满了，殖民地和母国之间产生裂痕，起初是小小的分歧，后来会扩大。比如，按照英国的规定，殖民地的产品要先送到英国才能出口到其他国家，其他国家的产品也需要经过英国才能进入殖民地。这个规定很荒唐。因为殖民地需要的有些商品是在加勒比地区出产的，而这些地区很可能是法国或西班牙的殖民地，所以要把商品先运到大西洋彼岸的英国，然后再跨越大西洋运回美洲，送到英属殖民地。反过来也一样，殖民地的产品要经过英国才能运往加勒比，进入西班牙或法国的殖民地。另外一个让殖民地人讨厌的规定，是不准他们越过阿巴拉契亚山脉，堵住了他们寻求更多土地的愿望。客观上说，英国这个规定保护了印第安人，但违背了英国移民的利益。

总之，经过一百多年的发展，殖民地翅膀硬了，和母国的分歧逐渐积累，不过直到18世纪中叶双方仍然是互相依赖的，谁也离不开谁。但七年战争改变了这种状况，双方的关系也发生变化。七年战争是英、法两国争夺世界霸权的一次决斗，发生在1756—1763年，而美洲是其决战的战场。当时英、法两国都在北美有大片殖民地，法国的势力甚至更大一点。但法国人殖民，尤其在北美的殖民和英国非常不同，他们看中的是北美的动物毛皮。北美森林里有很多动物，有一些动物的毛皮非常珍贵，比如说银狐，银狐的毛皮就很值钱。还有比银狐毛皮更值钱的，就是水獭皮。法国是时尚之都，水獭皮大衣或帽子在巴黎是顶级奢侈品，所以法国人到北美是去寻找这些东西的。很多商人钻进原始大森林，跟印第安人做生意，拿一些稀奇古怪的东西交换动物毛皮，这是法国的殖民方式。

英国殖民是生产型、开发式的，殖民地相当于小型的英国社会，其中有各色人等，包括农民、手工业者、商人、士绅、官员等。这种类型的殖民地能够维持自我生存，因此最终北美基本落到了英国手中。

战争爆发后，英国军队能得到英国移民的全力支持，他们给军队放哨、引路、通风报信，还能提供后勤物资，例如粮食。法国军队得不到这些东西，他们的战争军需品要从欧洲运过来。英属北美殖民地为英国打赢这场战争做出了巨大贡献，其中一个人在战争中脱颖而出，这个人叫乔治·华盛顿。他是一支民团的指挥官，参与了作战行动，在战争中积累了领导军队和指挥战斗的经验，后来这个人就非常著名了，他是美国独立后的第一任总统。

七年战争中的华盛顿

尽管殖民地为战争胜利做出了巨大贡献，但战争结束后英国要求殖民地做更多的贡献，理由为战争目的是保卫殖民地，英国为此花了太多的钱，殖民地应该帮助英国填补财政空缺。但殖民地人不能接受这个说法，他们认为保卫殖民地本来就是英国的责任，因为殖民地是英国的殖民地，殖民地人是英国人。在战争中，殖民地给英国军队提供援助，没有殖民地的帮助，很难说英国军队能不能打胜仗。称英国帮助殖民地是不公平的，相反是殖民地帮助了英国。

这种争辩听起来很奇怪。如果说英国和殖民地本是一家人，那就谈不上谁帮谁；假设战争在英国本土进行，是不是可以争论是肯特郡帮助了约克郡，还是约克郡帮助了肯特郡？而谁帮谁的问题一旦出现，就充分说明辩论的双方不是一家人；双方都说"是我帮助你"，"我者"和"他者"的区分就出来了。一旦这个区分出现了，情况就变得很糟糕，它的真实含义是双方都只认同自己，而不认同对方，不把对方看作自己人。换句话说，在此之前，殖民地人不会认为自己不是英国人，相反以自己是英国人而感到骄傲；反过来，英国人也不会说"是我们帮助你们"，因为双方是一家人，不存在谁帮谁的问题。可是一旦有人说"是我们帮助你们"，殖民地人就开始思考：自己不是英国人吗？"我者"和"他者"的意识非常重要，这是划分社会群落的心理基础，也是产生群体意识的起点。

举个例子，男人和女人。女人知道她是女人，是因为她发现男人是"他者"，和她不一样；男人知道他是男人，也因为女人和他不一样，是他的"他者"。民族也是这样：英国人知道他是英国人，因为有法国人作他的"他者"；法国人知道他是法国人，也因为有英国人作他的"他者"。"他者"的存在非常重要。而七年战争结束后，英国人开始变成北美殖民地人的"他者"，而这个"他者"却是英国人自己制造出来的，因为他们开始谈论"我们"和"你们"。殖民地人开始觉得自己不是英国人，而是"美洲人"；一旦"美洲人"这个概念扎下根来，美国这个国家的思想基础就形成了。其实，类似的情况在欧洲其他地方也曾出现过："英国人"的出现、

"法国人"的出现、"德国人"的出现,都孕育着各自国家的形成——而现在轮到"美国"了。不同的是,"美国"是英国的殖民地,它要从英国里面脱离出来。

英国的一系列措施加快了这个过程,它向殖民地加税,包括征收茶税,美洲人于是开始反抗,提出一个英国人自己的口号:"没有代表权不纳税"。意思是说,美洲殖民地在英国议会没有代表,所以英国无权向美洲殖民地征税。在这个过程中出现过波士顿茶案,一批殖民地白人把脸涂得黑黑的,在夜里爬上英国东印度公司的运茶船,把船上茶叶全都抛到海里去。此后英国人对波士顿进行封锁、镇压,这是导致后来战争的一个很重要的事件。接下来第一次大陆会议在1774年召开,除佐治亚以外的12个殖民地都派代表参加,商讨如何对付英国人。再接下来,独立战争就爆发了,那是在1775年,所谓的"莱克星顿的枪声"。这些内容在中学教科书上都写了。

在这个过程中出现了两个人物,一个是华盛顿,前面已经提到过。他在七年战争中曾率领殖民地民团帮助英国军队打仗,在第二次大陆会议上

波士顿倾茶

托马斯·潘恩

受命领导大陆军，成为大陆军的最高领导人。另一位是托马斯·潘恩，他写了《常识》，在这本书中他公开说殖民地人是美洲人，美洲应成为独立的国家。该书出版后立刻轰动整个殖民地，销售量很大，对形成"美洲人"这个观念起了推动作用。可以说，没有《常识》这本书，就没有美国独立。

顺便介绍潘恩这个人。潘恩的思想非常激进，他要建立一个没有国王、没有贵族、没有上院的国家，全体人民享受平等公正的政治权利，并且得到生活保障。在18世纪法国大革命爆发前，这些思想是十分前卫的，比美国国父中最激进的一位、第三任总统杰斐逊更激进。这样的激进立场使他付出重大的代价。潘恩是美国独立的功臣，但后来美国不收留他，把他看作危险分子。他无处可去，就跑回故乡英国。当时英国正好发生议会改革运动，他就卷入运动之中，并写了一本书叫《人权》。书中提出打倒国王、打倒贵族、打倒上院，要求改革下院，给每个人包括下层劳动者议会选举权。他希望通过议会改革改变劳动者的生存状态，并提出了一系列具体建议，今天看起来好像是20世纪的福利制度。这本书激发了英国劳动人民的政治热情，促成了工人阶级的政治改革运动；英国政府非常恼火，于是开始迫害他，使他在英国也无法安身。此时恰逢法国发生大革命，他就跑到法国去参加革命，但雅各宾派不喜欢他，结果他被以反革命的罪名关进监狱，差一点丢了性命。在狱中他又写了一本书名叫《理性时代》，一出版就轰动法国。他在书中公开反对一切宗教，咒骂《圣经》，主张"无神论"（其实只是自然神论），在这方面他比同时代的任何人都走得更远。后来他在美国政府帮助下回到美国，但美国人也被他的亵渎神明激怒了，同样不接受他。最后，他在饥寒交迫中死去，下葬时只有几位素不相识的陌生人在场。一位美国的缔造者，卓越的思想家，只因为他的思想领先了同时代人200年，就不被所有国家接受，包括他参与创建的美国。美国至今也没有向他致敬，没有他的殿堂，没有为他树碑立传；而他的朋友兼战友杰斐逊却因为远比他平和、不像他那样激进，并且坚定地站在美国国家的立场上，因此在全美国都可以看见杰斐逊的雕像。

1776年美国宣布独立，一个新的国家出现了。在那个时代，这个国家有点怪：它建国的依据是什么，凭什么可以成为国家？人们知道它是英国的殖民地，为什么它可以脱离英国，谁给它这样的权利？现代人都明白它是靠战争获得独立的，这种情况后来在世界上多得很；但是在美国独立的时候，殖民地摆脱母国、独立建国却没有先例。那么，它凭什么独立呢？这是一个合法性问题，美国人必须解决。以前，欧洲人将君主的统治权归于上帝，是上帝给君主们授权，让他们以上帝的名义管理人间，这就是所谓的"君权神授"。"君权神授"已经有千百年历史了，自从基督教在欧洲成为正统，人们就对此深信不疑。但18世纪的欧洲已经不信这一套了，启蒙运动泯灭了神学的光环，人们不相信权力来自上帝，也不相信统治权由上帝授予；那么，一批人想摆脱英国的统治、建立一个新国家，谁给了他们权利？他们凭什么这样做？

为解决这个问题，美国的建国之父们煞费苦心，经过无数次辩论和探讨，终于找到一种新说法，所谓"我们的权力是人民给的"，即"人民主权"。其实"人民主权"的观念在英国革命时期就已经产生：当议会处死国王、建立英吉利共和国时，就宣布国家的最高权力属于人民选举出来的议会，议会有权处理国家的一切事务。北美殖民地开始反抗英国统治时，就模仿英国议会召开大陆会议，称其是由人民选举出来的代表机构，得到人民的认可。在英国历史上也出现过不经国王征召而自行召开全国会议的情况，叫"代表会议"（convention），现在美洲人召开大陆会议，就是在仿效英国的先例。1776年，大陆会议发布《独立宣言》，其中说："我们，在大陆会议上集会的美利坚合众国代表，以各殖民地善良人民的名义并经

托马斯·杰斐逊执笔的《独立宣言》经五人小组审定后上呈大陆会议

他们授权,吁请世界最高裁决,说明我们的严正意向,同时郑重宣布:这些联合的殖民地是而且有权成为自由和独立的国家。"这样,一个新的合法性理论就被创造出来了,那就是"人民授权"。

以"人民授权"取代"上帝授权",是政治理念的巨大变化,在当今这个世界上已被广泛接受。"人民授权"和"上帝授权"看起来有天壤之别,但其实又异曲同工。如果有人问上帝在哪里,没有人知道。可是很多人相信上帝的存在,相信他是最高的权威(世界的最高裁判),因此可以授权。可是如果有人问人民在哪里,同样没法回答。这是因为"人民"是一个集合词,每一个人都属于人民,又都不是"人民";每一个人都认为他是人民,但他却不是"人民"。"人民"只是一个抽象概念,正如同"上帝"也是个抽象概念一样,可想象而不可即。上帝可以被随意解释,"人民"也可以被随意解释,从这个意义上说,两者有异曲同工之妙。美国人用一个抽象的概念置换了另一个抽象概念,非常巧妙地解决了合法性问题。这样一来,美国这个新国家就可以出现了。

由此可见,美国建国伊始就在运用英国传统,使其服从美国的需要。美国不是在没有传统、没有文化、没有历史的土地上建立的,它建立在英

342　　| 风起云飞扬 |

国文化的土壤上，英国传承是它的根，英国历史是它的源。仔细辨认美国制度，它与英国制度无比相似。举例来说：英国有国王；美国没有国王但有总统，总统的权力比国王大。英国有议会，议会分两院，即上院（贵族院）和下院（平民院）；美国也有国会，国会分两院，分别是参议院和众议院。英国下院由选举产生，不实行选举的上院则权力很小；美国两院都由选举产生，两院于是都有实权。英国议会控制立法权，议会立法是最高权力；这个情况在美国也是一样的。英国施行普通法司法体系（the Common Law System，其中"Common Law"更准确的翻译应该是"通用法"），美国也施行普通法司法体系。英国有强大的地方自治传统；美国也沿用地方自治方式，州及以下行政区划有很大的自主权。总之，美国制度脱胎于英国。

但美国制度也有别于英国。第一，美国是共和国，它没有国王，这在当时世界上是唯一的，显得很特别。第二，美国在构建自己的国家机器的时候采用了一种原则，叫三权分立，让立法、行政、司法三种权力互相制约，同时又协同运作，这是大家知道的。我在这里想问的是："三权分立"从哪里来？很多人回答从法国来，是孟德斯鸠提出了"三权分立"理论。但孟德斯鸠是向英国政治学家约翰·洛克学来的，是洛克最早提出"三权分立"的理论；只不过洛克的"三权"是立法权、行政权、联盟权（相当于外交权），而孟德斯鸠的"三权"是立法权、行政权、司法权。

也许在制度方面英、美最大的区别就在"三权分立"问题上：英国是三权不分立的，不仅不分立，而且三权归于一体，都在议会里。英国政府由议会多数党组成，内阁成员必须是议员，所以行政权在议会；美国政府是由总统组建的，总统选举和国会选举是分开的，分头得到"人民授权"，所以行政权不在国会，而在国会之外。英国最高司法权在上院，只是几年前才另设一个最高法院（这是向美国学的）；美国的司法权从来就很独立，最高法院有解释宪法的权力，而英国没有成文宪法，所以也不存在解释宪法问题。英国的制度叫议会制，美国的制度叫总统制。很多人以为三权分立是所有西方国家的共同特征，其实不是；在所有发达资本主义国家中，只有美国有真正的三权分立。美国的建国之父们在设计新国家的蓝图时特别害怕权力集中，在他们看来权力是万恶之源，没有权力最好，但在现实中又不可能没有权力；于是美国人说权力是不得不保留的邪恶，千方百计要约束它。

但现实的发展大为讽刺：出于对权力的反感（也许是恐惧），建国之父们设计了一种制度叫"邦联"。13个州（原先的13个英属殖民地）组成一个松散的政治体，各自保留原有的各种职权，互不干扰，只是在有关全体的事务上才召开会议进行讨论和制定政策；政策制定后是否真正执行，却仍旧由各州决定。于是，这样一个邦联实际上相当于13个政治体有事才坐在一起开会，开完会仍旧各行其是。这种制度如果持续下去，就会像南美洲在独立后那样分解成十几个国家——当然，就不会有现在的美国了。

很遗憾，美国人很快就意识到问题的严重性了，他们迅速采取措施，重新制定宪法（1787年），把"邦联"改成了"联邦"。联邦最大的特点就是中央权力很大，有一个强大的总统、一支强大的军队、一个强大的最高法院，还有统一的税收。军队由总统统率，最高法院法官由总统任命，行政官员由总统提名，所有重大决策由总统制定，所以美国总统的权力是非常大的。人们经常说，英国有国王所以很落后，美国没有国王所以很先进。我不知道"先进"和"落后"的标准是什么，是以名称来判断，还是以实质来判断。英国的国王是没有实权的，美国的总统权力特别大。联邦宪法确立了中央集权的原则，而不是分权的原则。中央政府掌握了国家最重要的权力，包括财政、外交、内政、司法，还有更重要的——军队。

1787年美国宪法签署时的情景

每一个州，甚至州以下的区划如县、市有自治权，负责处理本地事务，包括自来水、电力、公共卫生、教育等，警察权也属于地方政府。在这个制度安排下，一个高度统一的美国就出现了，它是联邦（the United States），直接翻译成中文是"联合的邦"。

新宪法的制定奠定了美国后来作为超级大国的制度基础，美利坚合众国（美国）真正的建国，应该是从这个时候开始。当然，美国人到现在仍然说他们不喜欢中央政府，因为权力是一种邪恶。不过在美国两百多年的历史上，人们看到的却是权力越来越集中，中央政府日益壮大；21世纪的人观察美国政治结构时，都明白美国是一个高度集权的国家。

1783年美、英签订《巴黎和约》，英国承认美国独立。这个年份很有讲究，一般书籍都没有关注到这个年份，也没有意识到它的隐喻。前面曾说过：美国在独立之前是跟着英国走过来的，英国的历史也是它的历史。如果还记得这个情况，就可以回顾在1783年这个年份，英国正在做什么。从政治方面看，英国的专制制度早已不存在，光荣革命以后就消失了，乔治三世试图加强国王个人的权力，但受到反对派的强烈抵制。正因为如此，作为跟着英国一路走下来的新独立国家，美国是不会接受君主专制制度的，它一定是个立宪国家；立宪制度在英国已经存在近一百年，美国不会反其道而行之。历史的传承一旦形成就很难打破，走回头路是很难的。由此可知，作为国家独立的第一功臣，华盛顿是不可能成为拿破仑的，也不会建立军事独裁，更不会成为专制君主。可以设想，即使华盛顿被推举为国王，他也只能是立宪君主，和英国的国王很类似，而不是法国那样的国王。华盛顿选择不做国王，更不做专制国王，固然和他的个人品质有关，但更是由历史惯性决定的。在光荣革命之后近一百年爆发的英属北美殖民地的独立战争，不可能重演查理一世的专制统治。

从经济方面看，1783年这个时间点还有一个隐蔽的意义，很少有人意识到它的存在。18世纪下半叶，工业革命已经在英国启动了，这是一场改变世界的伟大经济革命。我们一直在说，英属北美殖民地跟着英国一路走

― 美国发展：强国的形成 ―

下来，走到独立。从经济层面理解，其逻辑必然是：美国也具备发动工业革命的基本条件，这些条件在英国成熟，导致英国爆发工业革命；这些条件在英属北美殖民地也是基本成熟的，但缺少一个重要的前提，即独立自主的国家。美国独立恰恰提供了这个前提，于是，发动工业革命的所有条件在美国也都具备了，美国这个新生国家于是迅速开始工业化，其顺利的程度是其他国家所没有的。

美国立国后进入早期发展阶段，有两件事非常重要。第一件事是西进运动。美国立国时，领土范围仅限于以前的13个英属殖民地，沿着大西洋海岸从北向南一字排列。殖民地时期，英国禁止移民越过阿巴拉契亚山脉向西发展，使殖民地感到愤怒。美国独立之后，英国禁令不存在了，向西的发展不可抑制，大量欧洲人从旧世界来到新世界——从"肮脏浑浊、尔虞我诈"的旧大陆来到"干干净净、美好纯洁"的新大陆。一批又一批的移民，十万百万的欧洲人跨洋越海来到美洲，目的是寻找土地，寻找自己的新家园。到美洲来的大部分是穷人，他们在自己的家乡——英格兰、苏格兰、爱尔兰、德意志、意大利等地一无所有，于是背井离乡来到美洲，到了美洲就有土地。最早来的人在最靠近海边的地方落地生根，后来的人就会往西走，一拨又一拨，不断往西走，如潮水那样一浪又一浪，不断向西推进，这就是西进运动。来的人越多，被开发的土地也就越多，硕大的荒原被占领、被居住，美国的疆界也不断向西推，最后抵达太平洋。西进运动完成时，现代美国也形成了。有一种理论叫"边疆理论"，在19世纪末20世纪初的时候非常流行。它说西进运动造就了美国，疆界越往西，美国离欧洲就越遥远，欧洲的传承就越少，美国的特性就越多。这个理论在精神上塑造了美国，而理论的物质基础是西进。曾在1901—1909年担任美国总统的老罗斯福也是一位历史学家，他非常欣赏边疆理论，恰恰是他第一个对美国人说：美国已经是世界大国了。

西进运动造成两个结果。第一个结果是有形的、看得见的，那就是国土扩张和人口剧增。美国立国时国土面积大约是97万平方千米，现在的美国有937万平方千米，扩大至原来的近10倍。美国立国时人口约300万，现在的美国已经是3亿多人口，增长至原来的约100倍。这些都是西进运动的结果，为美国的大国地位提供了基础。

第二个结果是无形的、看不见的，在西进运动中，一种所谓的"美国精神"形成了。当时，一批又一批穷苦的欧洲人迁徙到美洲，他们原本身无分文，都属于社会底层，到美国

在俄勒冈小径上休憩的旅人。俄勒冈小径是19世纪美国西进运动中的一条重要道路，在19世纪初主要由探险家和毛皮商人开发利用

之后立刻获得土地，成为小有产者和小农场主，原先的无产者变得有产了，只看他能不能吃苦、愿不愿意吃苦。一个人若舍得拼命、愿意流汗，一块土地就被开垦出来，成为他的私人农场。久而久之人们开始认为：在美国，只要肯干、肯吃苦、肯流汗，每一个人都会有美好的未来。这种通过自己的努力追求幸福的信念是在西进运动中形成的，孕育出"美国精神"。"美国精神"是一种个人奋斗的精神。马丁·路德·金曾经说我有一个梦，那是一个美国梦。每一个到美国来的人都怀揣这个梦，幻想丑小鸭能变成天鹅——而这个梦，正是在西进运动中培养出来的。

第二件事是南北战争，发生在1861—1865年，这时，西进运动已硕果累累，美国的疆土已抵达太平洋。在国家成长的过程中内部矛盾日益尖锐，最终引发南北战争。战争的导火线是亚伯拉罕·林肯当选为新一届总统，南方各州表示不满。它们不接受林肯反对奴隶制的公开立场，并表示林肯一旦就任，它们就脱离联邦，自行立国。北方采取严厉措施阻止南方独立，并宣布南方叛乱，派军队攻打南方，南北战争就此爆发。

一般教科书都说南北战争的性质是废除奴隶制，北方反对奴隶制，南方坚持奴隶制，所以北方的战争是正义的，南方的战争是非正义的，正义

打败非正义是必然结果。然而奴隶制问题只是表层现象，南北战争有更深层的原因。美国立国后一直存在经济体系方面的对立，南方是农业经济、是种植业经济，北方是工业经济、是制造业经济，两种体系本来就有矛盾，而一个国家内部同时存在两个体系就很容易引起冲突。更值得注意的是：南方的种植园经济和欧洲，尤其和英国的联系非常紧密，其农产品，主要包括棉花、甘蔗、烟草等，被大量送往欧洲特别是英国，作为工业原料，而不是送往北方，为北方的制造业提供原料。北方对此非常恼火，在同一个国家里出现这种情况是很难让人接受的，北方与南方形同陌路。此外，当时美国工业刚刚起步，面对英国制造品的强大竞争力，北方希望施行高关税保护政策，以保护美国弱小的工业。这和南方的要求正好相反，南方农产品流向欧洲，恰恰需要自由贸易、反对施行关税保护政策。双方的利益针锋相对，几乎你死我活。

如果说马克思关于经济基础决定上层建筑的理论揭示了社会行为的基本准则，那么南北方在经济利益上的根本对立就决定了双方的矛盾是难以调和的，最终发展为战争也是可以预测的。南方脱离联邦的举动给了北方一个机会，北方于是以维护国家统一、反对分裂为名，发动了战争。奴隶制问题在战争中被突出了。林肯总统在宣布战争行动时，理由是镇压南方分裂、保卫美利坚国家的统一；他并不希望强行废除奴隶制，尽管他不赞成奴隶制。但战争进程逼迫他改变态度，为了战争的胜利他颁布《解放宣言》，以扭转北军在战场上的颓势。《解放宣言》发布后，大量南方黑奴投奔北军，彻底瓦解了南方的军事力量，最终使北方获得完全胜利。因此可以说，解放黑奴是战争进程的副产品，但北方因此而占据了道德制

1862年7月22日，林肯总统向其内阁宣读《解放宣言》初稿

高点，在一定程度上遮掩了这场战争所具有的利益冲突的本质。

结果就出现以下这个怪现象：北方说它维护"自由"，因为它给黑奴人身自由、解放了奴隶；南方也说它维护"自由"，因为它维护财产的自由和选择政府的"自由"。按照南方的说法，废除奴隶制违反财产自由的基本理念，而加入联邦或退出联邦则是政治选择的自由。双方都用"自由"为自己辩护。于是，同一个概念被赋予多种解释，尽管两种解释都符合盎格鲁-撒克逊的文化传统——在英国历史过程中形成的文化传统。但战争结果是北方的"自由"压倒了南方的"自由"，暗示着"人的自由"高于"财产自由"，这似乎意味着两百年来约翰·洛克所推崇的财产神圣性——盎格鲁-撒克逊文化中一个最基本的原则，在南北战争中被美国人颠覆了。然而同时被颠覆的还有一个美国原则，即自愿加入联邦的原则。这个原则在美国立国时就确定了，当时英国在北美的13个殖民地自愿联合组成邦联，至1787年邦联改为联邦；在很多人理解中，既然可以自愿加入，也就可以自愿退出，但南北战争的结局宣告：美国这个国家是可以加入的，却不可以退出——与苏联建国时明确写进宪法的可进可出的"自决权"原则相比，确实让人唏嘘不已！

南北战争给美国带来两方面成果。第一个成果是美国维护了国家统一，没有被分裂。如果战争结局是另一个情况，是南方获胜，美国就分裂了，南方会成为一个新国家。南方分裂会引发骨牌效应，首先会影响西南大片土地，包括加利福尼亚、得克萨斯、新墨西哥、科罗拉多、亚利桑那、犹他等州的全部或部分，那些地方最早是西班牙的殖民地，南美独立战争后属于墨西哥。19世纪40年代美国发动美墨战争，战后美国夺取了这些地方，其面积占现在美国的五分之一，并将美国国土疆界延伸到太平洋沿岸。但这些地方的离心倾向从来很强，至今仍然是"拉丁裔"聚居区，当地有很多人其实不说英语，而是说西班牙语——南方如果打败北方，这一大片地区很可能效仿南方从美国分离出去，独自建立国家。其次，西北的俄勒冈地区（包括现在的俄勒冈州、华盛顿州、爱达荷州全部，以及蒙大拿州一部分、怀俄明州一部分）也是一个不稳定地区，它曾长期被英、美两国争夺，只是美国用武力相威胁，英国才妥协，同意划归美国管理。而如果南方脱离美国，这个地区也可能不稳。总之，南方如果战胜了，我们现在知道的美国就不存在了，相反会分裂成若干个"美国"；如果出现这种情况，那么现在这个超级大国就没有了，有的是许多小国。由此可见对美国来说，南北战争的结局是何等重要！

平心而论，维护统一是任何一个主权国家拥有的权利，反对分裂也是任何一个主权国家分内的事。联邦政府出手制止南方独立，从任何角度说都是正当的，美国官方从来就不否定其正当性，并且对林肯政府大加褒扬。问题是：当美国面临分裂危险时，政府可以出兵攻打南方，发动了持续四年之久的南北内战，造成重大人员伤亡和财产损失，而美国官方一直对此大唱赞歌；可是后来（尤其是20世纪）当其他国家面对分裂危险而采取任何措施，哪怕是非战争的手段时，美国却横加干涉，站在分裂的一方肢解其他国家，甚至鼓动这些力量制造分裂，理由是捍卫"人权"。如果这确实是"人权"，那么南方选择脱离美国，它的权利为什么得不到保护呢？

北方胜利的第二个成果是经济方面的，而这是北方求之不得的。北方的胜利意味着工业的胜利，南方的失败意味着农业的失败，工业经济与农业经济之间的尖锐矛盾通过战争解决了。战争结束后南方必须服从北方，农业也必须服从工业。联邦政府很快就启动对南方的"重建"，其实就是派驻军队实行军管：一方面组建新政府，保证南方在政治上的忠诚；另一方面强制释放奴隶，摧毁南方的种植园经济。对工业发展来说，打败南方是多重利好：首先是把以前的奴隶从种植园里驱散出来变成自由劳动力，逼迫他们自由流动，填补工业发展急需的劳动力缺口；其次是强迫把南方农产品输往北方，为北方的工业生产提供原料；再次是打破由种植园经济造成的自给自足状态，把南方变成北方工业品的销售市场。在具体问题上，战后美国长期执行高关税政策，平均税率由战前的37%上升到战后的47%，1890年提高到49.5%，1897年更提升至57%，并且延续到第一次世界大战爆发前夕。这个时候，美国不是自由贸易的鼓吹者，而是贸易保护主义的坚定践行者。总之，北方胜利把整个美国都推上了工业资本主义的发展道路，因此在南北战争结束后，美国工业化急速发展，到19世纪末已成为全世界最大的工业国，也是全世界最大的经济体。到这个时候，美国强大的经济力量充分展现在世人面前，一个新的经济大国出现了。

看以下这些数字：1900年，美国工业生产总量超过德、英、法三国总和，占全世界约三分之一；到1913年，美国工业生产总量占全世界总量的38%，而这一年德国是16%，英国是14%，法国是6%，日本只占1%，四国加起来不如美国。1871年美国钢产量大约10万吨，1900年超过1000万吨，到1913年超过3000万吨，占世界总量的41%。1870年美国煤产量443万吨，1900年将近2.7亿吨，1920年超过6.5亿吨。石油方面，1859年美国打出全世界第一口工业油井，到19世纪70年代初，宾夕法尼亚石油谷地生产量已经达到当时世界的四分之三。能源工业的发展推动了电力工业的迅速发展，到19世纪末，电气已普遍用于生活设施，如普通照明、城市交通、家庭消费等。这个时候，以新能源（石油）和新动力（电力）为特征的新工业体系已基本成型，机械、光学、化工、飞机、汽车等部门，都建立在这两根支柱上。到20世纪初，美国已是高度现代化的工业国家，而这一切都是以南北战争为基础的，没有南北战争就没有这一切。

所以，南北战争最大的成果，是解决了一个国家内部存在两个对立的经济体制的问题，用一个体系的完全胜利消灭二元对立，这以后，美国就在工业资本主义的道路上飞速发展了。战争是解决问题的方式，美国用战争手段解决了内部矛盾，同时，也用战争手段来处理对外关系，完成领土扩张。

1859年埃德温·德雷克（右）开采出的德雷克油井标志着现代石油工业的开端

一
美国扩张：
帝国的
道路
一

美国立国时是个小小的国家，国土面积不到100万平方千米。现今它已是横跨北美大陆的庞然大物了，国土面积增长至原来的近10倍。

扩张得益于西进运动，前面已经提到过这个事件。无数的移民来到美国，一拨又一拨向西挺进，最终穿越北美大陆，塑造了今天的美国。在很多局外人心目中，西进浸染浪漫之情：远方的来客怀揣梦想来到美国，坚定不移地向西挺进，他们追逐自己的理想，在荒原上寻找家乡。一旦扎下根，就要抛洒汗水，经过若干年努力，他们成为土地的主人，荒原变良田，无产变有产，美国也被开发出来，成为幸福的家园。

但西进并没有那么浪漫，西进的过程充满了暴力。1783年英国承认美国独立，1784年这个暴力过程也就开始了。西进的第一个障碍是印第安人。

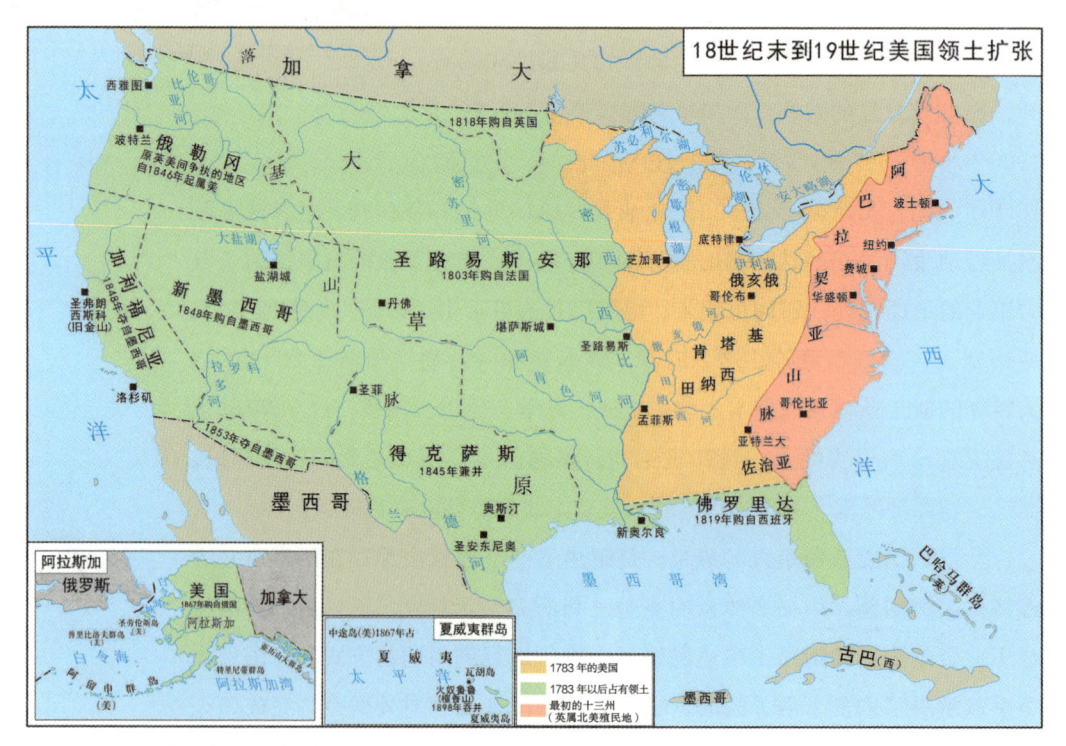

18世纪末到19世纪美国领土扩张

他们分布在北美广阔的原野上，虽然人口分布稀疏，但总人数并不算少；每一个部落都有自己的生存范围，是自己土地的天然主人。西进运动开始后，首先要夺取这些土地，白人用先进的武器屠杀和驱赶当地土著，然后将土地据为己有。在这个过程中发生过无数暴力冲突，印第安人也进行过激烈的反抗。据美国历史学家自己的统计，1784—1820年白人和印第安人之间爆发过50多场战争，平均每年至少一次，而美国军队经常介入其中。上图表现了美国军队与印第安人作战的场面，虽然是绘画，但画中的激烈程度，不亚于其他美术作品中描绘的那个时代欧洲军队相互之间的厮杀。

美国军队与印第安人战争的场面

"战争"之外的暴力冲突或杀戮行为几乎每天都有，在白人眼里，印第安人形同野兽，可以任意捕杀。到西进运动告一段落时，北美大陆的印第安人已经屈指可数了；他们的土地落入白人手里，而美国政府将其规定为"国有土地"，廉价拍卖给欧洲来的移民，美国的疆界也因此而不断向西移动。后面第354页这幅地图是美国学者绘制的战争分布地点和侵占土地的情况，美国这个国家就是这样长大的。

用武力夺取印第安人的大片土地之后，美国试图跨越落基山脉，向太平洋挺进。当时，落基山脉以西的大片土地，北部较小的一块叫俄勒冈（不是现在的俄勒冈州，而是包括俄勒冈州、华盛顿州、爱达荷州全部，以及蒙大拿州一部分、怀俄明州一部分在内的大片土地，面积为70万平方千米），当时仍是英国殖民地，但美国提出声索，并以发动战争为要挟，迫使英国交出管治权。南部更大的一块属于墨西哥，包括现在美国西南部东起得克萨斯州、西至加利福尼亚州、北抵犹他州、南达得克萨斯州和亚利

| 第十三讲 | 美国（上）：从美国到美帝国 | 353

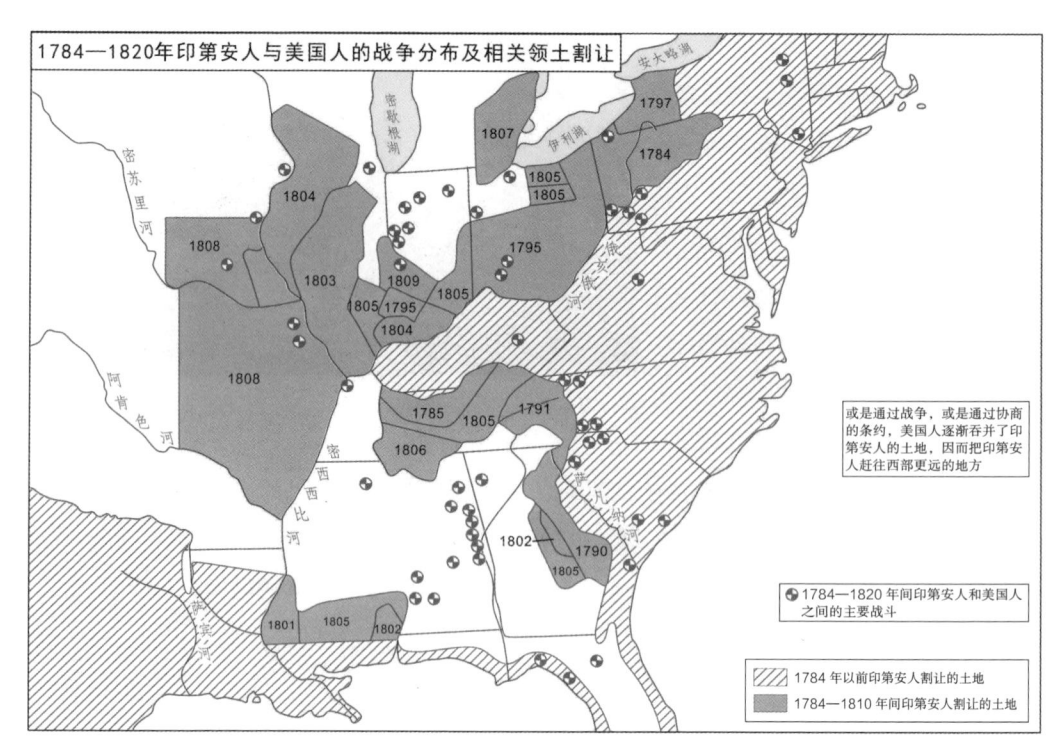

1784—1820年印第安人与美国人的战争分布及相关领土割让

桑那州的全部土地，总面积约190万平方千米，相当于现在美国领土的五分之一。美国决意拿下这些土地。19世纪中叶美国对墨西哥发动战争，先是利用移民向这些地区渗透，进而煽动移民暴动推翻当地政府（用现在的话说就是发动"颜色革命"），继而公开向墨西哥宣战，占领其首都墨西哥城，迫使墨西哥割让土地。这次"西进"完全是美国政府用有组织的战争手段从其他国家手里夺取土地，也是美国在对外关系中第一次使用武力并斩获丰硕成果，让美国尝到了甜头。这以后美国在对外关系中就不断使用武力，将美国变成了战争机器。这样，大陆美国就算定型了，这就是我们在地图上可以看到的大陆美国。

这时，美国国土从东海岸到西海岸连成一片，形成一个庞大的国家。

一般书上说,"西进运动"到此结束,移民通过和平的方式、辛勤的劳动开发了美国,一个伟大的国家出现了。但事实显然不是这样。美国是在暴力冲突中出现的,先是对英国开战,然后与印第安人打仗,接着是对墨西哥的战争。打完这些战争,美国继续向西走,"西进运动"也拉开了新的一幕——挺进太平洋。

在很多人印象中,太平洋是一望无际的海洋,那里只有水,其他什么也没有。其实太平洋上有很多岛屿,特别在西南部和西北部,有美拉尼西亚岛群、密克罗尼西亚岛群、阿留申群岛等等。澳大利亚大陆介于太平洋与印度洋之间,与地球上其他大陆比较起来,它只是个大岛。

这样一个太平洋,在人类历史上曾是无声无息的,多少年来世界各地的人们几乎不知道太平洋,乃至在他们的想象中,那里是神仙住的地方,充满神秘的色彩。1513年,西班牙殖民者巴尔沃亚穿越巴拿马地峡,第一次来到太平洋沿岸,他把这片海称作大南海。1520年年底,麦哲伦船队穿过麦哲伦海峡,看到一片渺无边际的水域平静如镜,就给它起了一个新名字——太平洋。确实,在几万年时间里,太平洋真的很太平,没有人去打扰它。以澳大利亚大陆为例,人们迄今为止没有发现它产生过原生人群。也就是说,澳大利亚大陆没有发生过从猿到人的演变过程,这个大陆上的原始人类是从亚洲大陆迁徙过去的,时间大约在4万年前。太平洋众多岛屿上的土著差不多也是在那个时候迁居岛上的,岛和岛之间有水相隔,人与人缺少交往,因此社会发展很缓慢,文明久久不出现,致使在几万年时间里太平洋上相当平静,无甚争端,世界其他地方不知道太平洋,更不知道岛上的人。

但太平洋的平静被地理大发现打破了。地理大发现时期,葡萄牙人沿着非洲西海岸绕过好望角,来到世界东方;西班牙人则穿越大西洋"发现"了新大陆,来到美洲。但西班牙人"发现"的不仅是新大陆,他们还"发现"了太平洋。从此后,宁静了几万年的太平洋就再也不太平了。自16世纪20年代到19世纪20年代的大约300年时间里,太平洋大体由西班牙人控制。他们以跨洋贸易为主要活动方式,虽然其他国家的人也会在太平洋上出现，但这个舞台的主角是西班牙人；尤其在西班牙占领菲律宾之后，它的跨太平洋贸易就有了立脚点。因此，在很大程度上，可以把这个时代称为西班牙时代。

19世纪上半叶，西班牙美洲殖民地爆发独立运动，经过20多年的解放战争，西班牙在美洲的殖民帝国彻底瓦解，西班牙也失去了对太平洋的控制权。这个时间点对美国来说无比重要，因为几乎就在同时（19世纪三四十年代）美国人来到太平洋沿岸，他们面对的是一个没有主人的巨大空间，一个天赐良机摆在面前。老帝国的崩溃和新帝国的崛起几乎同时，太平洋即将更换新主人。这样，新的"西进运动"开始了。美国人没有在太平洋海岸停留太长时间，他们很快就继续西进，并踏上了东亚土地。

东亚对西方人的吸引力太大了。从16世纪开始西方人就觊觎东亚，东亚有太多的财富，令西方人垂涎。美国是其中的后来者，但仍旧对东亚垂涎不已。1844年美国趁《中英南京条约》之机与清政府签署不平等的《中美望厦条约》，1853—1854年又以炮舰（黑船）打开日本国门，这些就是美国在东亚的早期活动。不过，当时美国人走了一条大弯路：他从美国东海岸出发，越过大西洋，绕行非洲南部进入印度洋，再沿着印度洋的海岸线到达南亚，穿过马六甲海峡到新加坡，经停琉球，绕了大半个地球才到达中国和日本。可是，为什么不直接穿越太平洋呢？毕竟，东亚和美国隔水相望，虽说中间相隔太平洋。对美国来说，太平洋的航线是现成的，西班牙人已经开发300多年了。于是，在那个"无主"的大洋上，美国人开始建立据点。起先，美国只占领了几个小岛（比如贝克岛、贾维斯岛），到19世纪60年代又有两大斩获：首先是占领地处太平洋正中、具有重要战略地位的中途岛；接着又获得了阿拉斯加和阿留申群岛，成功控制了北太平洋。19世纪70年代，美国又染指朝鲜半岛和萨摩亚，这时美国已是个"太平洋国家"了。

关键的一步是美西战争，这是向西太平洋、向亚洲大陆迈出的坚实一步。1898年美国向西班牙开战，理由是帮助古巴摆脱西班牙的殖民统治。

战争结束后，美国成功夺取古巴，把它置于自己控制下，古巴成了美国事实上的殖民地；美国顺手又把西班牙在亚洲的殖民地菲律宾夺了过来，把它变成了自己的殖民地。战争期间美国还兼并了夏威夷、关岛和威克岛，将它们变成美国领土。由于得到了这些岛屿，可以说太平洋的一大部分已经在美国的控制之下了。

但美国还没有完全控制太平洋，更没有进入东亚大陆。在过去几百年中，葡、荷、英、法、德等欧洲国家都先后图谋亚洲殖民地，它们沿着葡萄牙人开辟的海上通道，从大西洋到印度洋，进入亚洲南部和东部，建立了各自的殖民帝国。到第一次世界大战爆发前，英国占据着印度和马来半岛；法国控制了印度支那；荷兰占领印度尼西亚；德国抢到了西南太平洋

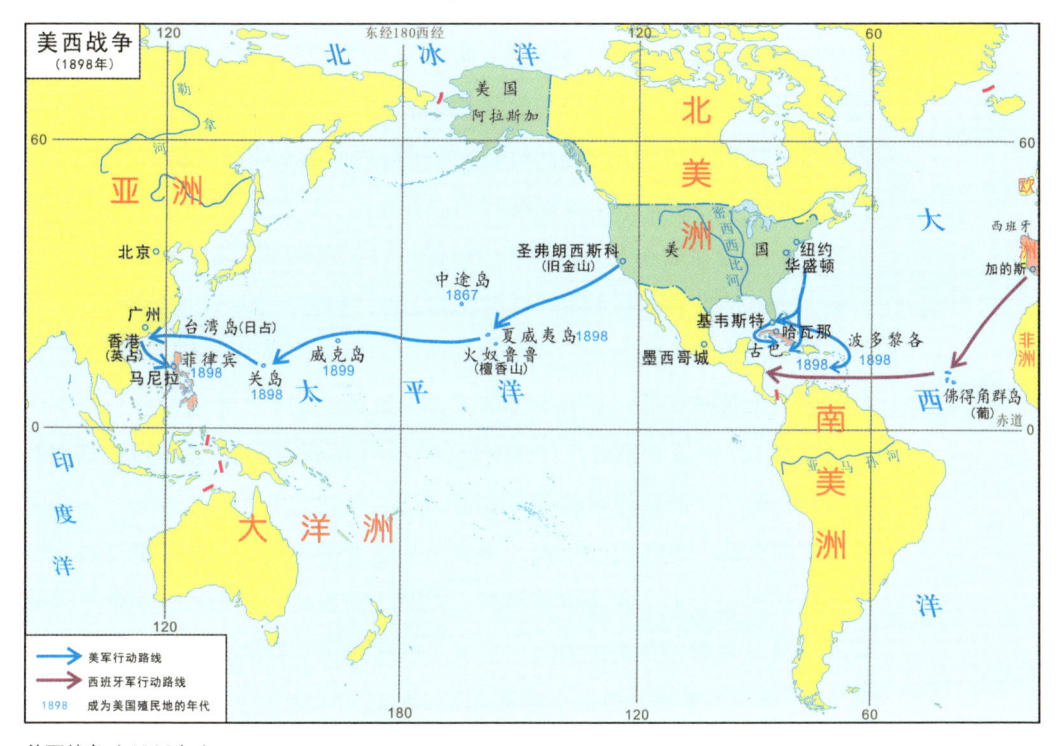

美西战争（1898年）

描绘美国门户开放政策的漫画，山姆大叔拿着与中国的贸易协定站在中国地图上，周围是忙着瓜分中国的德、意、英、奥、俄、法统治者

的马绍尔、加罗林、马里亚纳等群岛；日本后起直追，吞并了中国台湾地区和朝鲜、琉球等国，成为新兴的帝国主义国家。在今天所说的"第一岛链"上，只有菲律宾在美国手里，所以尽管美国打赢了美西战争，控制了半个太平洋，却没有得到太平洋的全部，更不能踏上东亚大地。

与此同时，东亚最古老、最强大也最富裕的中华帝国正在沉沦，欧洲列强在中国划分了势力范围，却没有给美国留下一份。其中原因，部分在于美国是后来者，错过了争夺东亚殖民地的早班车；部分也在于美国自称它是反对殖民主义的（尽管它自己也抢夺殖民地），因此不好意思公开下手抢地盘。然而面对中国沦落、列强群起瓜分的局面，美国也不愿无动于衷，它使出聪明的一招，祭出所谓的"门户开放"，要求列强"利益均沾"，其实质是：无论在哪一个列强的势力范围内，美国都可以均沾利益。凭着这一手，美国挤进了东亚大陆而未费吹灰之力，不可不谓是高明绝顶！

第一次世界大战改变了西太平洋的权力格局。德国作为战败国，其所有的殖民地都被瓜分，在太平洋的大部分殖民地成了日本的托管地，小部分划拨给澳大利亚和新西兰（其实是给了英帝国）。因此，日本在太平洋的势力被强化了，英国也获得部分利益。但英国对太平洋兴趣不大，它关注的是亚洲大陆，是印度和中国。事实上，对太平洋最有兴趣的是日本。一战以后日本在太平洋的势力不断扩大，第一岛链几乎全部被日本拿下（菲律宾群岛、大巽他群岛除外），西南太平洋的几个群岛也成了日本的"托管地"。对美国来说，由太平洋进入亚洲的最大障碍成了日本。可以说，美日矛盾在一战以后已经酿成，争夺太平洋是必然趋势。

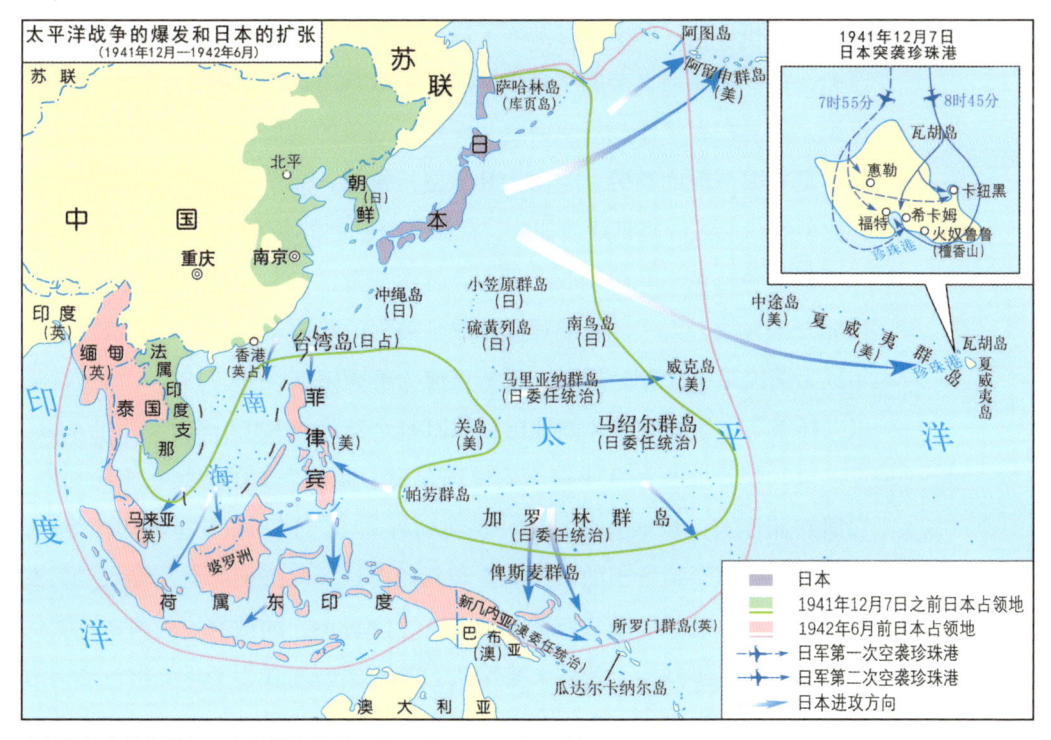

太平洋战争的爆发和日本的扩张（1941年12月—1942年6月）

1941年12月太平洋战争爆发了，美国的"西进运动"到了决战时刻。从以上地图可以看出，在太平洋战争爆发之前，日本已经能够控制西太平洋的广大海域；只要它愿意，就可以封锁前往东亚大陆的海洋通道，从而对美国的西向战略构成阻拦。美日间的对抗成蓄发之势，而珍珠港事件的发生，则标志着日美之间公开动武。起初，日本的南下政策十分顺利，它不断拓展占领区，包括中国东部，以及英、法在东南亚的殖民地，并且占领了美军控制的菲律宾。所以在太平洋战争初期，日本已全面控制西太平洋，甚至中太平洋，直指中途岛。

美国于是集全国之力进行反击，美日在太平洋上全面冲突，战争规模宏大，形成了第二次世界大战中最重要的战场之一。尽管太平洋战场的主

| 第十三讲 | 美国（上）：从美国到美帝国 | 359

角是美国和日本，但中国也发挥了巨大作用；如果没有中国作为美国的同盟国，在中国战场上牵制了日本陆军的半数兵力，并消耗日本的大量战争资源，美国在太平洋战场上会更加艰难，战争的结局也更难揣测。战胜日本不是美国一国的功劳，中国十几年坚持抗战，战争末期苏联出兵，亚洲其他国家和地区的抗日武装斗争，都是战争胜利的基本因素。

但战争结束后，美国收获最大。日本战败了，它想控制太平洋的战略目标完全失败，太平洋就顺理成章成了美国的势力范围。阿拉斯加在1959年成为美国第49个州，同年，夏威夷成为美国第50个州。1945年以后，美国"托管"之下的太平洋领地已包括2141个岛屿和300万平方英里的水域。可以说，整个太平洋几乎完全由美国包揽。此外，美国持续在东亚扎根，它回到菲律宾，派兵驻扎日本，发动朝鲜战争，控制和驻军韩国，等等。二战后，原属于英帝国的澳大利亚和新西兰选择与美国结盟，导致"美澳新同盟"的出现，即今日所谓"奥库斯"（Aukus）的前身。美国在亚太地区维持大量军事基地，派驻大量军队；其海军舰船在太平洋上出没形同内海，两大舰队驻守太平洋。总之，第二次世界大战后，太平洋就算是美国的地盘了，谁也别想去摸老虎胡须。"西进运动"把太平洋变成了美国的后花园，从19世纪40年代美国"西进"太平洋起，经过大约100年的扩张，美国终于独霸太平洋。所以，如果把"西进运动"放在泛太平洋的视角下观察，我们就会发现，传统的叙事结构太狭小了，"西进运动"蕴含着更宏大的时空寓意，它从西班牙"发现"美洲开始，一直延续到现在。它意味着以大西洋为中心的近代世界格局向以太平洋为中心的现代世界格局转换，而这种转换的过程仍在继续。它也意味着以陆地为中心的霸权争夺向地海空一体化霸权转变，旧的帝国向新的帝国让渡。这些变化把我们从18世纪一直带到今天的21世纪，从美洲一直带到我们所生活的亚洲。往日宁静的太平洋再也不太平了，因为有太平洋，美利坚合众国变成美利坚帝国，成为当今世界上最大的霸权国。

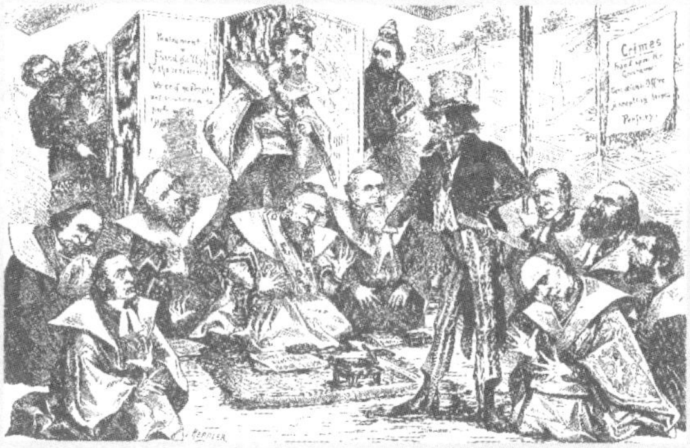
Crimes

在经济体制方面，美国声称它创造了最完美的自由市场经济，国民经济按市场规律运行，从而打造了全世界最强大的经济体。然而事实却并非如此。美国的经济体制经历过剧烈变化，当今美国的经济体制是一种新型资本主义经济体制，可称为"当代资本主义集大成"。而正是在这一点上，美国引领了现代资本主义的变化潮流，成为资本主义国家的典范。

第十四讲

美国（下）
当代资本主义集大成

◎ 政治制度演变

◎ 经济体制转型

◎ 美国的现在和未来

20世纪六七十年代，美国兴起一股新的学术潮流，名为"现代化研究"。这股新潮后来扩散到世界很多地方，成为世界性的学术领域。有意思的是，美国的"现代化研究"只针对别人，不针对自己；因为在美国人看来，"现代化"只是发展中国家的事，美国不需要"现代化"，美国生来就是"现代"的，所以不必"现代化"。这种古怪的想法直接起因于"美国特殊论"：既然美国是上帝的恩赐，是"山巅之城"，那么上帝创造它，就是让它成为世界所有国家的榜样，"现代化"自然就是"美国化"。"山巅之城"的说法深嵌在美国人的脑子里，他们坚信美国就是"现代化"。

此处不讨论什么是"现代化"，也不讨论为什么要"现代化"和如何进行"现代化";此处只说明:"现代化"是一个全球性现象,每一个国家都会经历这个过程,美国并不例外。美国在独立前,就作为移民殖民地随着英国走过了一段现代性过程;独立后,则以国家的身份继续完成现代化。美国一直在变,一直在进行现代化转型,如果拿现在的美国和独立时的美国甚至更早的殖民地时期作比较,其变异是巨大的、明显的,判若两国。以下就讨论美国这个国家的现代化过程。

一 政治制度演变

在政治制度方面,美国标榜自己是民主的标兵,标榜它生来就是个民主国家,为全世界树立了典范。这里的"民主"是指现代西方国家普遍实行的多党制议会选举制度,其衡量标准是选民资格。具体而言,一方面,选民比例越高就越"民主",全体国民(未成年人除外)的普选权是"民主"的标志。另一方面,选举必须是"竞争性的",也就是多党竞选,谁获多数票谁就当选。可是恰恰在这个问题上,西方"民主"存在着说与做的背离,选举中所谓的"多数"往往是少数,这个问题此处不展开。就美国而言,还有另外一个问题必须说清楚:在所有西方发达国家中,美国是最后一个达到"民主"标准的国家,当西方其他主要国家都完成"民主"变革时,美国仍然在为"全民"的选举权而斗争。

美国制度来源于英国,起源于殖民地时代。上文提到,英国移民来到美洲时带来了英国的一切,包括英国的政治制度。当时英国对北美殖民地的管理重经济、轻政治,也就是经济上管得很严,政治方面却比较松动,让各个殖民地自己管自己。英国本来就有地方自治传统,在英国本土就是这样;而殖民地在建立之初必须依赖母国的保护,所以英国不担心殖民地离心离德,放手让它们自我管理。相比之下,英国对殖民地经济的管制却非常严厉,不允许殖民地直接与其他国家贸易往来,也不允许和其他国家的殖民地直接通商,这些都是重商主义的基本要求。在英国眼里,殖民地是为母国提供原料和市场的附属地,经济上必须依附英国。由于这个原因,英国对殖民地采取"经紧政松"的原则,让殖民地依据母国传统建立自治机制。具体情况是下面这样的。

英国向各殖民地派驻总督，总督虽然代表英国政府，但他必须与各殖民地的参事会共同管理当地事务。参事会一般由地方望族组成，他们大体上相当于英国本土的乡绅，像华盛顿、杰斐逊这些人都属于这个阶层。光荣革命以后，英国专制王权被推翻，殖民地和英国本土一样也接受君主立宪制度，但殖民地的治理机制却没有太大变化，政权结构仍旧是"总督+参事会"。总督执行英国政府的指令，由英王任命（虽然英王必须服从议会的决定）；参事会由殖民地居民通过某种方式选举产生，选举资格受到严格限制，只有少部分人享有选举权。

首先，财产资格是最大的限制，只有拥有一定财产的人才能参加选举，这就使多数人被排除在选举资格之外，因为他们达不到财产标准。其次是宗教限制。意思是，信仰某些宗教的人是没有选举权的。移民到美洲的人会有各种宗教信仰，于是一部分人就因为信仰的原因被排斥在政治权利之外。此外还有种族限制。黑人是被排除的，其他有色人种多数也被排除，在北美殖民地这些人占很大比例，所以排斥面相当大。而性别的限制就更加突出了，所有女性都没有选举权，于是人口的一半就被排斥在政治权利之外了。除以上这些限制之外，还会有一些其他限制，比如说必须在某一个地方居住一定年限——半年、一年甚至两三年，期限不到就没有选举权。这项规定把那些以流动工作谋生的人都排除在外了，出外打工、流动贩卖的人都失去了选举资格。品行不好也是理由，比如说酗酒、打架、小偷小摸、有犯罪前科等等，这些都属于品行不好，也会被剥夺政治权利。

总之，把以上那些人统统排除之后，有资格参加选举的人就相当少了。这种情况和英国在同一时期的情况大体差不多。英国在1832年议会改革之前选民比例非常低，大概是百分之三或四；殖民地稍高一点，体现着它的自治性质。美国独立后出现一些变化，财产资格降低了，宗教限制也放宽了，但是其他规定仍然存在，所以独立以后的美国并不是"民主国家"。换句话说，美国在它刚出现的时候不存在"民主制度"，它不是天生的"现代化"。

半个多世纪以后，到19世纪上半叶才出现比较大的变化，美国各州相继实行了白人男性选举权,也就是说,白人男性都可以有投票权,各种限制也相继放宽。这些变化发生在法国大革命和英国1832年议会改革之后,英法的变革显然影响了美国。这时,选举资格是由各州制定的,没有全国统一标准,在时间方面也有先后。即便如此,人口中多数仍然被排除在选举权之外,因为女性没有选举权,黑人和其他少数族裔也没有选举权,等等。这些问题不解决,"民主"是谈不上的。

解决这些问题用了很长时间,其速度之慢令人难以想象。女性问题是到1919年联邦宪法第十九修正案才解决的,直接的压力来自第一次世界大战。战争快结束的时候美国派出军队去欧洲作战,国内劳动力突然变得很紧张,于是很多妇女被征用,到工厂和其他岗位上去工作,顶替走上战场的男子。等到战争结束的时候,大家都说妇女们很不错,她们做了不少工作,干了很多活,为战争胜利做出很大贡献,所以不能小看她们。这样,妇女选举权问题被提上议事日程,第十九修正案获得通过。新法案规定公民权利的性别平等,不得以性别为理由剥夺公民参政权利。为争取选举权,美国女权主义者进行了半个多世纪的斗争,甚至发生过暴力抗争。有意思的是,英国妇女在1918年获得有条件的选举权,其主要原因也是战争的推动。大西洋两岸的盎格鲁-撒克逊人又一次同步而行,但美国的妇女选举权则仅限于白人,有色人种是不在内的。

有色人种选举权是最难解决的问题,其中最主要的是黑人选举权问题,这是美国政治制度中的癌症,也是美国社会的一颗毒瘤。从理论上说,黑人选举权问题在南北战争结束以后就解决

1919年6月4日,美国参议院投票通过联邦宪法第十九修正案,参议院议长托马斯·马歇尔在女性参政论者见证下签字确认

了，当时北方对南方进行军事占领，国会也通过了联邦宪法第十五修正案，时间是在1869年。这个法案宣布：任何美国公民不得因为肤色的原因而被剥夺选举权。所以在法律上，黑人和其他有色人种都获有选举权。但事实上可以用各种办法剥夺黑人的选举权，比如进行人品审查，"品行不好"就被剥夺选举权。也可以对文化水平提出要求，不识字就不能投票；这项规定很厉害，因为当时多数黑人不识字。投票的时候，拿一个英文句子让人读，读完了还要用英文解释是什么意思，达不到要求就不能投票。这种做法不仅能把许多黑人排斥于选举之外，新移民甚至老移民的后代都可能被剥夺政治权利。例如在纽约唐人街，里面有很多19世纪或20世纪初移民到美国的华人后代，他们不会说英文，于是也就无法投票，在事实上被剥夺了选举权。

解决有色人种选举权问题要到20世纪的六七十年代。从20世纪50年代起，马丁·路德·金领导民权运动，将黑人的权利问题展现在世人面前，让全世界都看到了美国的真实状况。为取得平等权利，几十万甚至数百万黑人走上街头，在华盛顿纪念碑、林肯纪念堂下面聚会，而且一拨接一拨，持续不断。在强大的国内外压力下，肯尼迪政府和约翰逊政府终于下决心解决有色人种的平等权利问题，通过立法规定任何美国公民都不得因为肤色原因而被剥夺政治权利，不得用任何方式对他们的政治权利进行实质性剥夺，比如进行文化考核。1970年这些立法全面生效，直到这时，美国才真正实现了全民普选，走完了它从殖民地时期就开始的那个非常

1963年6月，时任美国副总统林登·约翰逊、司法部长罗伯特·肯尼迪与马丁·路德·金等民权运动领袖会面

缓慢的"民主化"过程。在所有西方发达国家中美国最晚完成这个转化，对于动辄以"民主标兵"自诩的美国来说，是有一点嘲讽。

需要说明，西方的"民主"概念，是古希腊哲学家亚里士多德的概念。亚里士多德说，人类政治制度有三种形式：一个人的统治，少数人的统治，多数人的统治——多数人的统治是"民主"。按照这种说法，西方政治理论家把从英国起源的两党（或多党）选举制解释为"民主"制度，其中有两项标准：第一，实行全民普选权；第二，选票多数决定胜负。

按照这些标准衡量美国的选举制度，第一项终于达标了，但历时长久，在西方发达国家中是最慢的。然而用第二项标准来衡量，美国却是不及格的，因为美国实行"选举人制"，而不是直接选举制。总统选举时，选民不是把票投给候选人，而是投给"选举人"，由"选举人"来选举候选人。按照这种安排，一个选区选出的选举人，哪一个党占了多数，这个党就"通吃"，把该区所有选票都归到该党名下；一个州各选区结果都出来后，哪一个党得到了更多的"选举人"，这个州的全部选票就都归这个党，而不顾事实上有许多选民把票投给了另外一个党。这以后，再用同样的办法在全国计票。这种"通吃"的做法有可能使少数选民支持的候选人变成由"多数"当选的候选人，再用多数的名义进行统治。美国历史上曾多次出现这种情况，最近一个例子就是2016年的特朗普vs希拉里。特朗普比希拉里少了近290万张普选票，但他却赢了，因为他得到了更多的选举人票。选举人制度把"少数服从多数"的原则扭曲了，造成说的和做的不一致的情况。

这种现象不是美国独有的，在实行多党选举的西方各国都存在同样情况，此处不展开讨论这个问题。我想说的是：亚里士多德的"多数人的统治"在古代希腊城邦，尤其是伯里克利时期的雅典是存在的，然而在实行代议制的现代西方国家则基本不存在。现代西方理论家用亚里士多德的说法来界定"民主"，结果就造成理论与现实脱节。就其实质而言，现代西方政治制度仍旧是"少数人的统治"，只不过用复杂的选举程序加以包装，结果就把"少数"变成了"多数"。在人口众多、地域广大的现代国家，实行希腊城邦小国寡民式的直接民主是不可能的，于是就用"代议"来代替，而"代议制"必定是"少数人的统治"。

在经济体制方面，美国声称它创造了最完美的自由市场经济，国民经济按市场规律运行，从而打造了全世界最强大的经济体。然而事实却并非如此。美国的经济体制经历过剧烈变化，当今美国的经济体制是一种新型资本主义经济体制，可称为"当代资本主义集大成"。而正是在这一点上，美国引领了现代资本主义的变化潮流，成为资本主义国家的典范。

许多人认为美国从来都是自由市场经济模式的践行者，是亚当·斯密理论的坚守者，正因为如此，美国才发展出今天这样强劲的经济实力，但这是一种误解。美国经济发展的历史说明，真实情况要比这复杂得多。

殖民地时期，英国执行重商主义路线，美洲殖民地被放在英国的重商主义经济体系内，为英国的重商主义政策服务，前面已经介绍过这个情况。美国独立后摆脱了英国的殖民统治，却没有摆脱英国的经济发展路线。18世纪下半叶重商主义仍在英国有很大影响，亚当·斯密的自由主义经济理论刚刚产生，尚未成为主流思想。美国独立时有两种经济思想彼此对立：一种以汉密尔顿为代表，主张发展工商业，走工业发展之路；另一种以杰斐逊为代表，主张发展农业经济，走小农经济道路。杰斐逊的理想社会是小农社会，国家由小农场主组合而成，每一个农户都是独立的、自由的、自食其力的，他认为这样的社会最符合平等原则。但汉密尔顿的思想在北方获胜，美国联邦政府致力于发展工商业，而北方也确实适合发展工业，其制造业基础也比较好。但是，和当时的英国一样，亚当·斯密的经济理论尚未流行，重商主义路线仍占上风；并且，美国作为刚刚摆脱殖民统治的一个新生国家，工业基础相对薄弱，没有办法与欧洲国家特别是英国进行竞争，所以它采取重商主义手段保护弱小工业。具体做法就是高筑关税壁垒，限制外国进口，扩大国内市场。为此，国家发挥重要作用甚至关键作用，与亚当·斯密的理论大相径庭。

— 经济体制转型 —

第1任美国财政部长亚历山大·汉密尔顿　　第3任美国总统托马斯·杰斐逊

　　南方则主张自由市场经济。如前所述，南方的农产品主要输往欧洲，同时又从欧洲进口大量工业品，所以它希望商品能够自由流通，出口欧洲的产品不受高关税阻拦，从欧洲进口的商品则越便宜越好，因此也不能受关税阻挡。自由贸易是南方的期待，却恰恰又是北方所不愿看到的。南北双方在经济利益上的对立是南北战争爆发的根本原因，这个问题在前面已经交代过了。

　　南北战争的结局使工业发展路线彻底战胜农业发展路线，美国在工业化道路上飞奔向前，到19世纪末成为世界上第一大工业国，也是最强大的经济体。美国的商品价廉物美，可以推销到全世界，到这个时候，它已经不惧怕竞争了，就如同19世纪上半叶的英国那样，以自由贸易为武器打开各国的大门。而美国也就在这个时候高举起亚当·斯密的旗帜，把自己打扮成自由主义天生的卫道士。南北战争以后，美国在30年时间里完成了工业革命。作为经济发展的基本国策，自由主义经济路线是在这个时期逐渐形成的。

与英国一样，美国的自由主义经济路线一方面取得巨大成功，另一方面也造成严重的社会经济问题。有两个问题非常突出：第一，是定期出现的经济危机，每隔10年左右出现一次，这在美国十分明显；第二，是劳动者承受太多的苦难，付出太大的代价。这两个严重问题曾在英国工业革命时期出现过，现在在美国也出现了。

美国工业化快速发展的时代被称为"镀金时代"，也就是南北战争结束到19世纪末那段时间。"镀金时代"看起来金光闪闪，却金玉其表、败絮其里，社会问题层出不穷，并且愈演愈烈。正因为如此，美国著名小说家马克·吐温把这个时代称为"镀金时代"，他写了一本书，书名就叫《镀金时代》。书中描写了那个时代的疯狂和混乱——大鱼吃小鱼、小鱼吃虾米，人人都在追逐暴利，官场商场腐败不已，是一个典型的社会不公正时代。

"自由竞争"的结果是大资本垄断，大财团、大企业控制国家的经济命脉，各类"大王"比如"石油大王""汽车大王""钢铁大王""金融大王"等等纷纷现身，洛克菲勒、摩根财团、福特汽车、卡内基钢铁公司等著名企业财力雄厚，而中小企业在垄断资本压力下则纷纷破产。随着垄断不断加剧，贫富差距也日益加大，贫穷问题越来越突出。大量破产的还有农民。他们的祖先漂洋过海来到美国寻找乐园，经过几代努力成了农场主；然而在"镀金时代"，这些人很可能丢失土地、丢失财产，沦为城市贫民，成为大企业扩张的廉价劳动力。

随着垄断势力恶性膨胀，财团不仅控制物价，而且操纵商品销售，致使商业欺诈屡见不鲜，假冒伪劣司空见惯，食品掺假、以次充好、质量低劣、套取钱财等现象在当时非常普遍。有一个著名的例子。一位记者假扮求职者卧底食品厂，在长达几个月的现场观察中发现生产过程中的一系列劣迹；且不说不卫生甚至肮脏，因工伤事故造成的人体残肢等竟可以混杂在食品原料中被加工成香肠！这位记者把他的发现写成文章公开发表，在美国社会引起巨大反响。据说老罗斯福总统读到这篇文章时正在吃早餐，当时他惊讶得不知所措，竟把盘中的餐点扔到窗外去了。

钱权交易是那个时代的特征，大资本的形成既得益于钱权交易，又反过来进一步助长金钱政治。据有案可查的事例，当时贪污腐败盛行，上至总统、下至普通收税员，都可以是贪污分子。有两个著名案件，一个是威士忌酒帮事件，另一个是联合太平洋铁路公司破产案。威士忌酒帮事件涉及美国第18任总统格兰特，他是南北战争的英雄，曾率领北军打败南军。他的亲信利用他的名义隐瞒威士忌酒的生产量并从中偷税，给国家造成的损失按现在的币值换算达到400亿美元。案发之后，格兰特还作证为其亲信开脱，人们普遍怀疑格兰特早就知情，甚至牵连其中。

联合太平洋铁路公司破产案涉及一大批国会议员、白宫发言人，以及时任副总统、后来成为美国第20任总统的加菲尔德。为修建铁路，国会向联合太平洋铁路公司提供巨款，换算成现在的币值，相当于数十亿美元。马萨诸塞州国会众议员埃姆斯是该铁路承包方的大股东，他将公司大量股票低价卖给国会议员，换取他们向公司不断拨款，然后用欺诈手段做假账、贪污巨款。案发后，由于有大量议员收取过埃姆斯的贿赂，结果居然不了了之，而加菲尔德也未因此在日后的总统竞选中受到影响。

在"镀金时代"，财团和政界的勾结几乎到了公开的地步。比如说修铁路需要征地，没有土地就修不成铁路，但征地是要审批的。谁负责审批？是国会。国会通过立法程序审批征地，一旦立法通过，土地征用就不可抗拒了。大公司拿着国会的法律文件去征地，而一旦征地，受害的一定

威士忌酒帮事件漫画。最上面是格兰特总统，整个画面大有"一人得道，鸡犬升天"的气势

372　｜　风起云飞扬　｜

是小土地所有者和小农场主；对他们来说，几代人开垦的土地一夜之间就被征用了，因此极易引发社会冲突。同时，国会的审批很有讲究：为什么征这块地、不征那块地，为什么批给这个人、不批给那个人，这些都有"学问"。这就涉及"院外集团"这个机制。院外集团的任务是代表某个利益方（比如铁路公司）去说服国会议员，让他们投票支持或不支持某项提案。但用什么方法去说服议员呢？最简便的做法就是贿赂。

联合太平洋铁路公司破产案漫画。该丑闻曾在当时的报刊上广泛报道

这种做法不仅发生在"镀金时代"，其实在任何时代都会有。即便在当代美国政治中，它仍旧是有效的润滑剂，只不过在"镀金时代"是不加掩饰的，而在现在则是心照不宣。

如此种种造成严重的社会矛盾，各种冲突此起彼伏。比如工人罢工，可以一个接一个，一年损失上千万个工作日。再比如农民抗暴，一旦他的土地被没收，或被低价征购，农民就会反抗，很多西部题材的电影中会出现这样的镜头。还有知识分子发动的所谓"进步运动"，俗称"扒粪"，他们撰写文章或发表演讲揭露财团的种种劣迹。在那个时期，美国的社会冲突是非常严重的。

为了维护社会稳定，就需要有针对性地进行改革，其中有两任总统起了很大作用。一位是西奥多·罗斯福，即通常所说的老罗斯福；另一位是富兰克林·罗斯福，即小罗斯福。老罗斯福在1901—1909年担任美国总统。当时，美国的社会矛盾相当尖锐，人们对垄断财团非常不满；老罗斯福采取了很多措施打击财团，包括坚定地执行反托拉斯法。反托拉斯法很早就存在了，但形同虚设，人们不敢得罪大财团，大财团的势力太大、太厉害，谁都不敢碰，碰了就可能出问题，甚至会丢掉性命；况且在那个贿赂

第26任美国总统西奥多·罗斯福

盛行的时代,财团有足够的手段规避法律。老罗斯福上任后对大财团痛开杀戒,而且下手的第一个对象就是洛克菲勒石油财团。在那个时代,洛克菲勒是一个呼风唤雨的人物,他不择手段兼并其他企业,使用包括黑道、黄道的各种方法。当时的漫画家把洛克菲勒财团画成一条大章鱼怪,整个美国都被抓在它的八个吸盘下。老罗斯福运用反托拉斯法起诉洛克菲勒石油公司,经过好几年艰难的斗争,最终公司被强制分解,分成了若干小企业,从而削减了它的力量。从那以后,分解垄断企业成了美国的惯例,直到现在仍然如此。

表面上看,分解石油公司是通过执行法律化解社会矛盾、缓和社会冲突;但看得更深一点,却发现老罗斯福的这些做法开始背离亚当·斯密提倡的、美国工业革命中一直执行的自由放任政策,尽管这个信号在当时并不明显。亚当·斯密反对国家介入经济领域,但老罗斯福却动用国家力量对经济领域采取措施,阻断资本主义经济体制必然导致的垄断过程。这是美国经济运作中发生变化的一个信号,尽管是悄无声息地、以法律的名义进行的。

但这只是开始,不久后情况就更清楚了。1933年富兰克林·罗斯福出任美国总统,即中国人更熟悉的小罗斯福。小罗斯福是老罗斯福的远房堂弟,他出任总统时美国正遭遇前所未有的经济大危机;1929年华尔街股市崩溃后引发世界性经济危机,而美国遭受的打击特别大。根据统计数字,小罗斯福上任时,美国的工业生产能力下降了近一半,像钢铁、汽车这些行业几乎受到毁灭性打击。1000多万人口失业,占整个劳动力总数的20%甚至更高,到处都是流浪人口。这种情况对于任何国家都是无法承受的,

洛克菲勒石油财团犹如章鱼怪,势力触及美国政商各领域

美国的资本主义正濒临崩溃。而恰在此时,苏联的社会主义工业化建设正如火如荼,取得重大成就。两相比较,美国的前景愈加黯淡。小罗斯福接任总统,事实上就肩负了拯救美国,甚至拯救资本主义制度的重任,人们对他抱有期待。

为拯救美国经济,小罗斯福采取了一系列措施,概括起来就是人们所说的"新政"。"新政"的实质是彻底放弃亚当·斯密的自由放任经济路线,转而实行政府干预政策,用行政的力量推动经济发展。举一些例子,比如说兴办大型国家工程。当时有一个很大的国家工程,叫"田纳西河流域综合开发工程"。田纳西河是美国的一条大河,流域面积达到10万多平方千米。在如此广阔的范围内开展国土整治,开沟挖渠,排涝减旱,修筑水坝,建设水电站,铺设公路,发展航运,开办大量基建工程,上百万个工作机会被创造出来,许多企业得以复苏,萎靡的产业部门重获生机。庞大无比的工程计划是任何私人资本,即便是财团也无力支持的,必须由国家立项、政府投资,因此是国家工程。很明显,美国政府一改过去不干预经济领

第32任美国总统富兰克林·罗斯福

域的基本国策，而执行国家主义干涉政策了。

公路建设也是国家介入经济活动的典型例子。为解决大规模失业问题，罗斯福发起公路建设高潮，几年中基本完成覆盖全国的公路网，使美国成为世界上公路里数最长的国家。公路建设会推动一系列上下游产业发展，如钢铁、汽车、机械等等。同时，大量失业人员投入建设工程。比如说，组织工人敲石头，把大石头敲小，小石头敲碎，然后再敲成沙子，用沙子铺路。这种"以工代赈"的做法解决了大量失业人员的问题，不仅使受到严重打击的美国经济迅速复苏，并且消弭了社会危机，缓解了社会冲突。为扩大就业，政府甚至组织失业人员到国家公园里去"护林"。在美国，所谓的国家公园其实只是荒山野岭，受到国家保护，不允许私人开发而维持其原生状态。所谓"护林"，只是到国家公园里去转转，早上进去，晚上出来，一出来就发工资。所以无论是敲石头还是"护林"，看起来有点可笑，但事实上就是发钱；通过发钱增加民众的购买力，既能提升经济，又能缓和社会矛盾，用政府的力量摆脱危机，这就是"新政"。

但钱从哪里来？从政府来。政府的钱又从哪里来？很简单，就是印钞票。1933年罗斯福取消金本位制，将美元从黄金的束缚下解放出来，政府于是可以放开手脚印钞票，迅速刺激了股票市场。发钞票又使美元迅速贬值，而持有美元的国家则遭受损失。在一定意义上，发钞票就是通货膨胀，从而刺激生产。这个做法后来一直延续下来，且不看以后历届美国政府用操纵汇率的手法刺激或抑制经济活动，仅看2008年金融危机爆发后美国政府一再实行的"量化宽松"做法，其实就是滥发钞票和转嫁危机。

1933年从事田纳西河流域综合开发工程的美国工人

　　罗斯福"新政"印证了一个理论，这个理论是凯恩斯主义。凯恩斯最著名的著作是《就业、利息和货币通论》，其内容是讨论失业与经济状况之间的关系。凯恩斯从失业问题谈起，分析为什么会失业。按照他的逻辑：为什么会失业？是因为没有工作。为什么没有工作？是因为工厂不开工。为什么不开工？是因为商品卖不出去。为什么商品卖不出去？是因为没人买。为什么没人买？是因为没钱。为什么没有钱呢？是因为失业！这个逻辑很有意思，转了一圈又回来了。

　　但一圈转完之后，解决问题的办法就有了：在严重的经济危机中，摆脱危机的办法其实很简单，就是给人们工作，让人们就业。一旦能就业他们就能有钱，有了钱就会买东西，买了东西工厂就开工，工厂开工了经济也就复苏了，危机解除了，失业没有了，一切都好了。但这里有以下大难题：工作从哪里来？当经济萧条严重、工厂纷纷倒闭的时候，谁向失业者

凯恩斯

提供工作？凯恩斯说：国家提供工作，也就是制造就业；在市场调节不能创造足够就业的时候，由国家出面采取措施提供工作，保证充分就业，从而摆脱危机。

罗斯福"新政"是凯恩斯主义的具体运用，证明了凯恩斯主义行之有效。凯恩斯是英国人，罗斯福是美国总统，两人认识，但私人关系并不融洽。然而"新政"措施的内在逻辑和凯恩斯理论的基本原理却高度重叠，罗斯福的"新政"印证了凯恩斯主义的合理性。从那以后，凯恩斯主义被一个又一个西方国家接受了。二战结束后，凯恩斯主义在西方世界大行其道，美国可以被看作领跑人。亚当·斯密曾要求国家远离经济领域，绝不干预经济事务；但事实证明，单凭亚当·斯密那只看不见的手是不足以解决经济问题的，不能保障市场经济的完全正常运行，凯恩斯于是进场了。他提出国家应该进入经济领域，从而在看不见的手旁边加一只看得见的手，即国家干预，两只手共同操作，共同保护市场经济的正常运行。这样，一种新型资本主义模式出现了，可称其为混合经济。通过罗斯福"新政"，美国开这种资本主义之先河，其他资本主义国家则在二战结束后跟上。这是一种当代形式的资本主义，美国引领了当代之先。

但随着时间流逝，凯恩斯主义的缺点又慢慢暴露了。二战之后，西方发达资本主义国家都构建福利社会，其背后的理论支撑正是凯恩斯主义。但福利政策的过度执行使国家的负担日益繁重，最终达到不堪重负的地步。而国家的负担来自民众，于是税务就变得非常沉重，经济也逐渐失去活力，到20世纪70年代开始出现滞胀现象。尽管这个现象在英国表现最明显，美国却也出现经济危机，凯恩斯主义不能解决新的问题。在这种情况下，出现了所谓的"新自由主义",其主张政府在经济领域放手,让市场单独发挥作用。一些修补凯恩斯主义的经济学说也应声而起,其中货币主义和供应学派最受青睐,成为美国引领西方经济的新理论;"里根经济学"一时受捧,被视为资本主义的又一次"革命"。可是当2008年金融危机爆发时,人们却发现是新自由主义在惹祸。这次金融危机对美国造成的伤害相当严重,美国政府不得不借鉴小罗斯福总统在1933年开始的"新政",迅速用国家调控手段拯救正在崩溃的金融体系,并且用大量发行货币(即印钞票)的方式,把危机转向国外。奥巴马政府一连抛出三个半"量化宽松",其实质就是国家干预,通过强有力的干预措施,才避免了美国再次陷入1929年那样的严重经济危机。由此可见,自小罗斯福总统提出"新政"以来,用"看不见的手"和"看得见的手"共同维持资本主义市场经济,已经是美国经济的常态模式了。里根和奥巴马的区别,仅仅是在不同的时代背景下,根据当时的需要,向"看不见的手"或"看得见的手"更加倾斜而已。"两只手"的经济模式即我们所说的当代资本主义新模式,美国是这种模式的集大成者,并且在将近一个世纪的时间里引领了资本主义世界。

我们来总结一下资本主义发生、发展的全过程。最早出现的是重商主义,在重商主义阶段,国家是经济发展的主推动力,葡萄牙、西班牙和荷兰都是在这个阶段上发展起来的,而先后成为世界大国。重商主义阶段结束时,工业资本主义在西欧出现,英、法是其旗手。亚当·斯密用自由主义经济理论取代重商主义,提倡政府退出经济领域,让"看不见的手"指引经济发展,实行"自由放任"。可是自由放任的缺陷很快就暴露了,它只适用于最早起步而且有能力控制世界市场的国家。于是像德国这样的后发展国家就不买账了,它们在理论和实践上都推翻自由放任,而把"国家"这个政治力量重新引入经济发展,开辟了国家工业化的新路径。在20世纪,以美国为旗手的当代资本主义形成了,其触发点是20世纪30年代世界经济大危机,但深层原因是资本主义内在矛盾,即生产的社会性与私人占有性造成的无序性相互脱节,及由此形成的贫富分化和阶级对立。与此同时,苏联社会

一 美国的现在和未来

主义工业化的成功对资本主义制度构成挑战。在这个背景下，罗斯福对自由资本主义的修正在美国出现，使美国成为当代资本主义的集大成者。

通过以上讲解可以知道，美国这个国家并不是天生"现代化"，并非一诞生就是今天这个样子，它经历过许多变化。美国的国家特点与英国一样，即不断变化；变化给它新的活力，这是美国的一个优点。

但许多人，特别是美国人自己，很愿意让别人相信一个说法，即美国从一开始就十全十美，是上帝的恩赐，是"山巅之城"。但历史的真实不是这样。美国的发展得益于许多因素，其中包括地理位置：它的周边没有强国，它用武力征服了北美，又用武力威慑和金融资本控制了南美。美国从来都不是十全十美，它有许多问题，有些问题是无法解决的，比如种族歧视、枪支犯罪、两党恶斗，以及越来越明显的从极端个人主义向民粹主义发展的趋势。美国的种族歧视根深蒂固，"平等"是口头上的，内心深处的歧视是顽固的。如果在美国生活比较长的时间，就会发现许多问题；生活时间越长，发现问题就越多。

举一个小例子。美国警察很厉害，谁都不敢惹，在美国老百姓不敢打警察，而警察打老百姓的情况比较多。"黑人的命也是命"这种针对警察施暴的抗议在美国经常发生，但没有人能解决。警察总是有理的一方，因为他是法律的执行者。美国自诩是法治国家，法律是国家的最高权威。但法律自己不会说话也不会行动，它需要有人去执行；警察恰恰是执法者，可以用法律的名义去行动，结果就把自己变成了"最高权威"的体现者。在美国，警察是不可侵犯的，美国人都明白这个道理。

美国是目前唯一的世界超级大国，许多因素成就了这一点，其中有主观原因，也有客观原因。20世纪初美国已经是世界第一大经济体，它的工业生产总量超过了德、法、英、俄四国总和。当时，威尔逊总统认为美国的大国地位已经奠定了，他带着美国的方案参加1919年的巴黎和会，试图让世界接受美国的领导。不过美国人没有做好思想准备，他们不愿意领导那个世界，于是否决了威尔逊的方案，宁愿让美国退回美洲，关起门来搞

"孤立主义"，领导世界的负担又交还给英国和法国了。第二次世界大战完全改变了世界，也改变了美国对世界的看法，它不仅打算领导世界，而且想把整个世界都置于自己的控制下，建立一个无所不在的美利坚大帝国。

两次世界大战对美国大国地位的确立起了巨大作用。一战之前，美国还是一个债务国，尽管它的生产能力已首屈一指，但世界金融中心仍在欧洲，美国仍欠着欧洲的债，高达60亿美元。然而到第一次世界大战结束的时候，美国已经变成债权国了，欧洲反欠美国100多亿美元的债，华尔街也成了新的世界金融中心。金融中心是非常重要的位置，它把控着世界经济命脉，一个时代的世界大国必须是那个时代的世界金融中心，这个问题我们在前面就说过了。所以说，第一次世界大战是一个转折点，它标志着美国走到了世界舞台中心，尽管多数美国人自己无意识。

第二次世界大战使美国成为一号世界大国。二战结束时，之前被称为世界大国的那些欧洲国家全都受到严重伤害。轴心国被打败了，它们作为战败国，其实力被摧毁，这是毫无疑问的。但即使是战胜国，像英国那样的国家也受到严重伤害，以致当时有人说，英国打赢了一场战争，却丢掉了一个帝国。事实上，它不仅丢掉了帝国，还丢失了自己。战争期间英国在经济方面完全依赖美国，如果不是美国提供大量财政支持，特别是用《租借法案》给英国提供物质帮助，英国是坚持不下去的。

法国的情况就更不用说了，战争爆发一个半月内就投降了。几乎所有欧洲国家都受到重创，只有美国在战争中发了财。两次大战中美国都发了战争财，这是美国很大的特点。回顾两次大战的经过，美国军队都是在交战双方已经打得筋疲力尽、胜负只差一步的时候才下战场；这时候美国站在哪一边哪一边就赢，所以它永远是战胜国。战争中美国永远是武器输出国，它可以向战争双方出售武器，让别人打仗，自己获利。美国人很愿意这么做，直到今天依然如此。第二次世界大战结束后，美国的财富总量已占资本主义国家的二分之一，黄金储备占四分之三；更重要的是建立了布雷顿森林体系，形成以美元为中心的世界货币体系，美国由此控制了全世界的经济命脉——而这种情况，一直延续到现在。

布雷顿森林体系的核心是美元和黄金直接挂钩，其他货币则与美元挂钩，这就使美元等同于黄金，持有美元相当于持有黄金。黄金属于贵金属，储藏量很小，很难开采，也很难提炼。由于这些原因，黄金的价格非常稳固，其保值能力很高，自古就被看作最理想的等价交换物，即最好的货币。二战后美元跟黄金挂钩，使美元等同于黄金；但黄金是不可能无限生产的，而美元却可以无限印刷，只要开动印刷机，美元就被源源不断地制造出来。将美元与黄金等同，意味着制造美元相当于制造黄金，也就是美国可以通过印刷美元而无限制地"制造"黄金，从而轻而易举地增加本国财富，同时把通货膨胀的风险转移到世界各地。为防止出现这种情况，布雷顿森林体系曾规定美元与黄金固定比价，在这个前提下，其他国家的货币与美元挂钩，国际贸易以美元计价，各国可随时用美元向美国兑换黄金。按照这些规定，美国无限制印刷美元的可能性是被限制的，因为在固定比价下，美国有多少黄金就只能印制对应数量的美元纸币，美国政府不可以

美国财政部高级官员哈里·迪克特·怀特（左）与英国经济学家凯恩斯（右），怀特是1944年布雷顿森林会议的主导者

无限制发行美元。

然而美国却背信弃义，违背诺言。尼克松总统时期，由于出现严重的经济危机，美国政府单方面取消美元与黄金的固定比价，允许美元自由浮动。造成的结果是，美国开动印刷机不断印制钞票，于是美元越来越多，充斥于整个世界，美元对黄金的比价也越来越低，通俗地说就是美元越来越不值钱。比如说，假设某一个时期可以用300美元兑换一盎司黄金，后来下跌到500美元，甚至800、1000美元兑换一盎司黄金，结果，谁手上的美元越多，谁的损失就越大，因为美元不值钱了。美国通过这种手段把经济危机转嫁出去了，以后就再也不收手，凡是碰到经济危机，美国政府就加紧印美元。2008年金融危机爆发后实行的一次又一次"量化宽松"，就是通过印美元转嫁危机，结果在全世界造成通货膨胀。

从各方面看，我们可以用八个字概括美国当前的国家地位，前面四个字是"绝对优势"，后面四个字是"相对下降"。"绝对优势"非常明显，美国是当今世界唯一的超级大国，可说是一强独大。在经济方面，2022年美国国内生产总值（GDP）是25.47万亿美元，是全世界唯一超20万亿美元的国家。但它在世界总产值中的占比却在下降，下表反映出二战以后美国GDP比例的下降趋势：

二战以后美国和欧共体在世界总产值中的占比（%）

	1955年	1960年	1965年	1970年	1974年
美国	36.27	33.73	31.27	30.21	24.36
欧共体	17.54	17.53	18.68	19.32	20.12

以后这个趋势继续下滑，尤其随着发展中国家群体的崛起，美国的优势更加减弱。目前美国在世界生产总值中的占比不到1/4，大概是22%—23%。2022年中国GDP按当年人民币兑美元的平均汇率换算，大约是17.91万亿美元，大体是美国的70%。但是从历史上看，任何一个国家的GDP达

到美国的70%，这个国家就成为美国的打击对象，所以，中国现在从美国那里受到巨大的压力应该属于"常态"。

在企业实力方面，根据2022年福布斯全球企业100强排名名单，有40家美国公司榜上有名；然而在2002年，有45家在美国，可见数量在这20年间整体呈下降趋势。中国内地企业上榜数在2002年是2家，2022年是14家，增长是明显的，与美国的差距也很清楚。

在科学技术方面，美国的优势几乎是绝对的，在各项尖端科技领域全面领先，包括航天、宇宙、生物、计算机、人工智能、材料、核物理、能源等等方面都是如此。在信息技术方面，世界十大软件公司有7家在美国（也有说8家的），电脑产业是被美国人控制的，特别是其核心部位，这个情况我们都知道。但最近20年它在科技方面的优势正在下降，有些国家赶了上来，其中比较突出的包括中国和印度，欧洲的能力也不可小觑。美国的科技优势得益于二战前后大量欧洲科学家移民美国，以及美国从发展中国家大量招收优秀留学生。一旦这些来源受到影响，美国的科技优势也会受影响。

在军力方面，美国的军事力量是它维护大国地位的根本保障，从这个角度看，可以把它看作建立在武力之上的霸权帝国。美国在2021年的军费开支接近排在它之后的10国的总和，达到8000多亿美元，2022年的军费预算也达8700多亿美元。美国有世界上最庞大的海军舰队、最庞大的空军部队、最多的航空母舰和巨大的核武库；它有无数的军火，向全世界输送武器，近十几年又组建了网络部队和太空部队；它在外太空布置星链，准备打"星球大战"；它在全球驻军，仅公开的海外军事基地就有500多个；它在世界多地进行生物武器和化学武器的开发试验，多数活动都是秘密进行。有美国学者统计：美国建国240多年，其中有近220年在打仗，包括内战和对外战争。二战结束后美国就打了许多场重要战争，包括朝鲜战争、越南战争、科索沃战争、阿富汗战争、伊拉克战争，以及所谓的"反恐战争"等等。美国本身就是一部庞大的战争机器，靠着这部机器，大财团发财，政客们争权，美国则统治世界。

以上这些，就是美国的"绝对优势"。

但"相对下降"的态势也非常明显，首先表现在世界经济多极化。二战后许多国家急起直追，在经济发展方面取得重大突破。在这个过程中出现了所谓"二十国集团"、"金砖五国"（2024年1月已扩容为十国）、"新兴经济体"这些概念，发展中国家已经成了世界经济结构中的重要力量。不像在第二次世界大战刚刚结束的时候，世界经济只有两强，一个是美国，一个是苏联，现在的趋势是群雄并起。苏联解体后俄罗斯经历了一个非常困难的时期，美国就成了超级强大的世界经济体。但在2021年各国GDP排名表中，金砖五国中有四国进入前十二名，这四国的GDP之和已超过美国，可见新兴经济体的实力已相当强大。欧盟在2022年的GDP总量是16.64万亿美元，总量排在美国、中国之后。东盟2022年的GDP总量也达到3.6万亿美元，是另一个正在崛起的地区性经济结构。

其次，与经济力量多极化同步，世界政治力量也向多极化方向发展。苏联解体后美国的国家力量急剧膨胀，形成一国独大的局面，这种情况在世界历史上并不多见。但美国的绝对优势事实上只维持了十几年，很快就受到多方面的挑战。首先是发展中国家快速进步，通过几十年的努力，开始成为地区性大国，甚至可能成为世界性大国。印度、土耳其、南非、巴西、伊朗这些国家摆脱了西方殖民主义的影响，正在向现代国家迈进，而中国的发展更是有目共睹。俄罗斯正在从苏联解体的打击中恢复，成为与美国对抗的一支力量。欧盟、东盟的成长标志着地区性政治中心的形成，这使得世界多极化态势愈发明显。近几年，美国也意识到以美国为中心的单极世界事实上已经不存在了，它于是试图打意识形态牌，再次把世界分成两个阵营，用打群架的办法来维护它的霸权。不过这种努力是不会成功的，多极化的趋势已不可阻挡。进而，非传统政治力量的出现使多极化态势更为复杂，"九一一"事件是典型案例。总之，由一个国家主宰世界的时代已经过去了，美国必须承认这个事实。

再次，美国的军事力量其实是有限的，并没有想象的那么强大。美国在第二次世界大战中展现出强大的军力，而战后美国又不断发动战争，但除了科索沃战争，美国在所有重大战争中都没有打赢——不是说打输了，是说没打赢。比如在朝鲜战争中，美国没有打赢，最终各方签署停战协议。在越南战争中，美国没有打赢，事实上是打败了，不仅败得很惨，还引起国内大规模的反战运动，造成政局动荡。在古巴猪湾事件中，美国人丢了脸，以至于古巴的社会主义政权在美国的鼻子底下一直生存到现在。阿富汗战争没打赢，伊拉克战争没打赢，"反恐战争"越反越恐，美国不仅没有消灭"恐怖分子"，反而陷在泥潭里难以自拔。事实说明美国的军事力量确实是有限的，特别是在应对非传统挑战时，美国的先进武器、战略战术都很难发挥作用。

最后，美国正在丢失"软实力"，这对美国来说是最大的威胁。长期以来美国构筑了一套"价值观"说辞，包括"公平竞争""自由贸易""言论自由""人权法治"等等，这些被许多人看作文明的结晶、努力的方向，尤其是在苏联解体后，美国被视为人类的未来——这些就是美国的"软实力"所在。但最近这十几二十年，人们越来越感觉"美国变了"，变得越来越"不像美国"了，发现它说的和做的不一样，背离了自己的"价值观"。确实，当美国动用国家力量，用黑道摧毁外国公司时，哪里还有"公平竞争"？当美国制定国内法，用"长臂管辖"破坏国际产业链时，怎么能够"自由贸易"？当美国用它的超强科技手段在全世界搞窃听，包括窃听其盟国的领导人，同时又对揭露这些做法的人实行无情追杀时，如何可以"言论自由"？而当无数美国人游行示威、高呼"黑人的命也是命"时，人们禁不住要追问："人权法治"在哪里？还有，两党恶斗，只是为争夺权力，是不是"民主"？当美国在国际舞台上"只许自己放火，不许别人点灯"时，有没有"平等"？如此等等，都让人感觉这不是那个理想中（或者想象中）的美国。美国在变，变得越来越不自信了，它的行为和自己的说教越来越相反，让人感觉是个伪君子。这恰恰是它的大国地位"相对下降"的映象；但越是这样，对它自己的伤害会越大。

所以，用"绝对优势、相对下降"这几个字来总结美国当前的大国地位，应该是准确的。尽管如此，美国仍然是当今世界上唯一的霸权国家，也是最强的世界大国。美国的大国地位仍会维持一段时间，很难说在什么时候发生逆转。反观过去几百年世界大国此衰彼盛、此落彼起的过程，一个称雄世界的强势国家一般周期是一二百年，随后新的大国会兴起。我们不知道美国的大国地位还能维持多久，但有一点是知道的，即世界大国的地位不可能永久维持，有兴必有衰，有起必有落，所谓"此事古难全"。如果说20世纪初美国已经聚集了大国的能量，只是因为没有做好准备而不愿走到世界舞台的中心；那么第二次世界大战为它准备好中心舞台，那以后它开始扮演霸权国角色。但70多年过去了，美国的上升态势已越过顶峰，拐点出现在21世纪开始的时候，"九一一"事件、阿富汗战争、伊拉克战争、国会山事件——这些都是拐点的表征。现在，美国正在打一场"大国保卫战"，这对美国来说很艰难，对世界来说则危机重重。美国自己也意识到这个情况了，无论是特朗普的"美国第一"，还是拜登的"美国回来了"，都表明美国的地位正在发生变化。但美国的大国之路能走到哪一天，却是个无法预测的问题，需要历史来解答。美国之后是哪一个国家，或哪几个国家去接替它，成为新的世界大国，则更是一个未知数。有可能成为新的世界大国的国家不止一个，这是当今这个多极世界的特点之一。许多国家都在发展，许多国家都有可能最终成功。许多因素在起作用，既有客观因素，也有主观因素，其中一个重要因素是不犯错误或少犯错误，犯错误最少的国家最容易出线。美国已经犯了很多错误了，这才是它自己最强大的敌人。

结语：世界新变局

21世纪正在经历重大重组，四条线在当今世界交汇，形成了"百年未有之大变局"。

第一条线是生产方式的演变和社会形态的变化。人类生产方式历经四次重大变化：最早的生产方式是渔猎采集，那是原始的生存状态；后来发展出农业生产，包含耕作和饲养家畜，那是在大约8000—10000年之前；然后，在200多年前，人类从农业社会进入工业社会，发展出工业生产力，推动了社会的巨大变化；最后，从20世纪七八十年代起，人类开始进入信息时代和智能时代，一种新的生活方式正在形成。所以，从生产方式演变的角度看，我们正处在一个新的转型过程中。生产方式的转变决定着人类社会的变化，这是世界新变局中最重要也是起决定性作用的一条线。

第二条线是文明的发展和世界格局的演变。人类最早的文明出现在两河流域，以及尼罗河、印度河、黄河与长江流域，它们彼此之间很少有联系，各自发展成熟，这是远古时期文明初生时的情况。进入上古时期，东亚的汉王朝和西欧的罗马国家成为古典文明的典范，其发展程度不相上下、旗鼓相当，这个时候的世界格局呈现出东、西双方平衡的态势。然而到公元5世纪前后，由于"蛮族"入侵，西罗马帝国灭亡，古代的希腊、罗马文明由此告终，不再恢复；东方也出现"蛮族入侵"，即所谓"五胡乱华"。这以后，中国经过魏晋南北朝乱局，到7世纪又进入新的繁荣期，唐王朝的崛起表明东亚文明不仅没有中断，反而更加辉煌。从此后东方和西方就拉开距离，西方进入所谓的"黑暗的中世纪"，致使在近1000年时间里"东方先进、西方落后"的态势始终不变。

大约在15世纪时西方开始崛起，最终翻转了"东方先进、西方落后"的态势。在这个过程中西方找到了两件法宝：一是建立新型统一国家即现代民族国家，结束了中世纪的分裂，清除了西方落后的根本原因；二是发动工业革命，创造出巨大的财富，把农业社会改造成工业社会，由此奠定了"西方发达、东方不发达"的局面。在工业力量和殖民手段的配合下，到19世纪末西方控制了整个世界，其他文明则似乎失去了生存的空间，处于生死存亡之际。但就在这个时候，从20世纪开始，全世界掀起了摆脱殖民统治、努力追赶现代化的热潮。时至今日，现代化在很多国家已经取得重大成就，其中成就最大、最引人注目的，几乎都是人类古老文明的核心区，如伊朗、土耳其、印度、俄罗斯等等——当然还有中国。我们说这是一种"文明回归"，其结果将改变"西方发达、东方不发达"的世界格局，这也是21世纪正在上演的世界大变局。

第三条线是国际体系的演变。从15世纪西方开始崛起，到21世纪世界新变局，这段时间就是本书讨论的"大国崛起"时期；随着各个"大国"的兴衰起落，此衰彼长，形成了一个又一个"国际体系"。国际体系是在大国竞争中达到的平衡产物，每一个国际体系都是在激烈争斗后，重新组合国际地位的结果。人们一般认为，1648年《威斯特伐利亚和约》签署后形成第一个现代国际体系，确立了早期欧洲强国的大国地位。但从大国兴衰的角度来看，《威斯特伐利亚和约》之前就已经有过好几次国际权力重新分配的先例了。最早的一次应该是葡萄牙、西班牙两国在教皇主持下划定

"教皇子午线"以瓜分世界（1493年），这是西方国家第一次划分势力范围。1609年的《安特卫普条约》，标志着荷兰独立战争的胜利，也标志着荷兰这个新兴国家的崛起，荷兰的海上霸权即将到来。1648年签订的《威斯特伐利亚和约》，标志着法国获得欧陆霸权，法国的大国地位终获承认。而1688年的"光荣革命"，则表明荷兰和英国之间正在上演霸权交接，英国将成为世界大国。

拿破仑战争的结束和维也纳体系的形成（1815年），表明英国的世界霸权地位得以确立；此后一百年，是英国霸权的独占期。一战结束后形成的凡尔赛体系（1919年）是一个不稳定的世界体系，新的大国正在兴起，老的大国却在衰落，但结局并未分明，仍在酝酿新的争夺。二战结束时形成了雅尔塔体系（1945年），奠定了美苏两强主宰世界的格局。然而在20世纪末，以苏联解体为标志，雅尔塔体系崩塌了，美国成为一强独大；可是，这种局面却未能维持很久，世界很快进入多国并起的时代。现在这个时代，是个体系空缺的时代，老体系解体了，新体系尚未出现，人们正等待新体系形成。以上三条线在21世纪开始时交叉汇聚，剧烈碰撞，这是人类历史上从未有过的。

第四条线是中国发展这条线。 中国从1840年鸦片战争以后就逐渐落入西方列强的控制下，慢慢变成了半殖民地。现在，经过一百多年的奋斗和自我更新，中国在现代化道路上成绩斐然。在现代化过程中，所有国家都面临三项任务：一是构建现代国家。现代国家是现代化的机构保障，没有现代国家就没有现代化，这是西方的经验，也是非西方国家汲取的基本教益。二是发展现代经济。从传统农业经济体系转变为现代工业经济体系，这是现代国家面临的第一要务，其任务更加艰巨，需要更多努力。三是建设现代社会。这项任务涉及社会的方方面面，几乎触及社会的各个层面，与前面两项任务相比，这项任务最难完成，却必须完成，否则有可能前功尽弃。

中国目前是什么情况？在三项任务中，第一项任务基本完成了，标志是中华人民共和国的成立，除台湾仍待统一之外，一个现代国家已经出现。在第二项任务即发展现代经济方面，中国已取得举世瞩目的成就，一个现代化的经济体系已经建成；需要继续努力的是，打造更强、更先进、更坚实的经济能力，在全球范围内领先。但第三项任务却处在刚刚开始的阶段，中国现在面临的最艰巨的任务是建设现代社会。最近十几年，社会各界都意识到各种社会问题的存在，也正在努力解决这些问题。但社会问题太多、任务太重，我们必须把工作重心的很大一部分放到社会发展方面来，努力建设现代社会。总之，中国现代化已经走到了关键点，中国发展这条线和上面三条世界历史大格局线恰巧在21世纪的今天汇合，由此而触发了真正的"世界新变局"。在人类历史长河中，从来没有出现过四条线同时交汇的情况，这是一个发生巨大变化的时刻，我们应做好充分准备应对变局。

讲到这里，"大国崛起"这门课可以告一段落了。最后稍作总结：

什么是"世界大国"？它们和时代变化息息相关，每一个时代都有"大国"，每一个"大国"都是它那个时代的特征的体现，也是那个时代的精神的表征。这意味着，"世界大国"是引领时代潮流的国家，它们开启新时代，成为被模仿的榜样。随着时代变化，新的潮流出现，引领新潮流的国家会成为新的"世界大国"；原有的大国若不能跟上潮流变化，更不能引领新潮流时，它就会衰落，会被超越，会被新的"大国"所取代。而新的"世界大国"最主要的特征一定是引领了新的潮流。换句话说，新出现的"世界大国"体现着新的世界潮流所带来的新的世界变化的特点，而这些特点恰恰是新时代的标志。"大国"更替的过程并未结束，它仍然在延续。

后 记

本书是我在北京大学开设的"大国崛起"课程的讲课录音整理稿，可视为《西方那一块土》的姊妹篇。2012年我第一次开设这门课，完全是因为学生的兴趣太高，要求太强烈。我在"开课申请表"关于"基本目的"这一栏是这样写的："通过对世界九强的大国兴衰史的考察，了解近代以来世界格局的变化，了解'世界强国'发展和演变的历史，考察'大国兴衰'的时代机制和规律性特点，更深刻理解国家兴盛的条件与过程，总结经验，反思教训，为中国现代化提供有益的思考。"国人对这个题目的高度关注一直让我印象深刻，显然，这是时代的铸造。每次我开这门课，教室都塞得满满的，到处是人。听同学说，为了抢一个位子，他们会提前几个小时到教室，或者在桌上留一个书包、附一张纸条，算是"先来拿票"。我第一次开这门课设定150个选课名额，显然大大低估了同学的热情，结果把教室"挤破了"。后来每次开课我都增加名额，最后提高到500个，这是最大的座椅容量了，但走进教室却发现：地板上、台阶上、窗台上都坐了人，还有学生站着听课。我一直为北大学生这种"家事国事天下事事事关心"的情致所感动，这是北大的传统，也是当代中国大学生的情怀。

有一个小小的花絮借此"后记"与读者分享：一次学期结束之后，网上出现这样一本"书"，厚厚的102页，每一页密密麻麻的五号小字，"封面"上写着："2012—2013年秋季学期课堂笔记《大国崛起》，钱乘旦教授口授，燕园33楼632宿舍出品"。作者是法学院2010级一位学生，内容是这位学生的听课记录。让我诧异的是，这位学生呈现给我们的不是简单的课堂笔记，而是对笔记进行整理，插入自己的思考，而后用自己的文字加工出来的一本真正的"书"。在"前言"中作者这样写道：

> 这是钱乘旦老师2012—2013年秋季学期在北京大学开设的通选课"大国崛起"的笔记。这个学期是钱老师第一次开设这门通选课，每节课都相当火爆，人满为患。我想一个重要的原因是钱老师讲课通俗易懂，有感召力，像讲故事一样，能满足大家了解历史的好奇心。这一点上，大家喜欢听钱老师的课大概跟很多人喜欢听《百家讲坛》是一样的。
>
> 但我觉得钱老师的课之所以讲得好，还有更重要的原因。这门课可以让大家了解近代以来的历史框架，搞清一些我们经常接触却又实际上不甚了了的概念，乃至于思考一种历史观。什么是民族国家，什么是世界体系，它们的本质是什么，对世界的影响是什么，这门课可以帮助我们去除一些表面共识。大国崛起有没有规律，历史是必然的还是偶然的呢？在讨论课中很多同学涉及了这样的思考，钱老师也给出了他的看法。这些思考或许是我们能够从这个学期的课程中获得的更深层次的收获。

教师能够从学生那里听到这样的反馈，应该是很受鼓舞的。很显然，这位学生开始思考了，而且思考得很深，这就是我开设"大国崛起"课程的初始目标。培养学生的思考能力是教师的第一要务，讲一门课，传授知识是必要的，但仅仅传授知识是不够的，需要让学生学会思考，跳出人云亦云。教师的思考只是帮助学生思考，而不是灌输自己的思考。我很高兴有学生说，我帮助他们进行思考。确实，有许多我们经常接触的概念，是需要思考和再思考的；历史是一个流动的过程，历史思考也需要和历史同时流动。在历史的长河中一切都在变，而理解历史之变，才能稳稳把握当今之变。中国古代先贤们早就明白这个道理了，所谓"知古明今"即为此意。

把课程内容转写成这本书，也是这个目的，它可以让更多的人了解大国兴衰的机理。几百年来，大国兴衰来去往复，其中规制何在？这是许多人关心的事。我的答案是，领一个时代之先的国家是这个时代的"大国"，丢失领先能力就丢失大国地位。历史长河无休无止，大国兴衰也是不断演绎的历史剧。书名《风起云飞扬》出自刘邦《大风歌》，而《大风歌》一唱两千年，见证了多少风起云落。

燕园培文为本书的出版提供最优越的支持，在此表示最诚挚的感谢。于铁红和张文华两位编辑为本书付梓付出辛勤劳动，她们是书的真正栽培人。

钱乘旦，于北京
2023年9月15日